Entscheiden

Uwe Schimank

Entscheiden

Ein soziologisches Brevier

 Springer VS

Uwe Schimank
Universität Bremen
Bremen, Deutschland

ISBN 978-3-658-37195-1   ISBN 978-3-658-37196-8 (eBook)
https://doi.org/10.1007/978-3-658-37196-8

Die Deutsche Nationalbibliothek verzeichnet diese Publikation in der Deutschen Nationalbibliografie; detaillierte bibliografische Daten sind im Internet über http://dnb.d-nb.de abrufbar.

© Der/die Herausgeber bzw. der/die Autor(en), exklusiv lizenziert an Springer Fachmedien Wiesbaden GmbH, ein Teil von Springer Nature 2022
Das Werk einschließlich aller seiner Teile ist urheberrechtlich geschützt. Jede Verwertung, die nicht ausdrücklich vom Urheberrechtsgesetz zugelassen ist, bedarf der vorherigen Zustimmung des Verlags. Das gilt insbesondere für Vervielfältigungen, Bearbeitungen, Übersetzungen, Mikroverfilmungen und die Einspeicherung und Verarbeitung in elektronischen Systemen.
Die Wiedergabe von allgemein beschreibenden Bezeichnungen, Marken, Unternehmensnamen etc. in diesem Werk bedeutet nicht, dass diese frei durch jedermann benutzt werden dürfen. Die Berechtigung zur Benutzung unterliegt, auch ohne gesonderten Hinweis hierzu, den Regeln des Markenrechts. Die Rechte des jeweiligen Zeicheninhabers sind zu beachten.
Der Verlag, die Autoren und die Herausgeber gehen davon aus, dass die Angaben und Informationen in diesem Werk zum Zeitpunkt der Veröffentlichung vollständig und korrekt sind. Weder der Verlag, noch die Autoren oder die Herausgeber übernehmen, ausdrücklich oder implizit, Gewähr für den Inhalt des Werkes, etwaige Fehler oder Äußerungen. Der Verlag bleibt im Hinblick auf geografische Zuordnungen und Gebietsbezeichnungen in veröffentlichten Karten und Institutionsadressen neutral.

Planung/Lektorat: Cori Antonia Mackrodt
Springer VS ist ein Imprint der eingetragenen Gesellschaft Springer Fachmedien Wiesbaden GmbH und ist ein Teil von Springer Nature.
Die Anschrift der Gesellschaft ist: Abraham-Lincoln-Str. 46, 65189 Wiesbaden, Germany

Einleitung

Sich entscheiden können – sich entscheiden müssen: In nichts drückt sich markanter aus, was Akteure in der Moderne als Chance, aber auch als Druck fortwährend verspüren. Das können individuelle Akteure in banalen Alltagsfragen ebenso wie bei biographischen Weichenstellungen sein: Welche Marmelade am Hotelbüfett? Welches Fach wo studieren? Es kann sich aber genauso gut um Organisationen oder Staaten als Entscheidungsakteure – manchmal durch Individuen repräsentiert – handeln: Sollte Bayer Monsanto aufkaufen, trotz der ins Haus stehenden Schadenersatzklagen von Glyphosat-Opfern? Und war Angela Merkel gut beraten, als sie in der Flüchtlingskrise 2015 für Deutschland die Devise „Wir schaffen das!" ausgab? Es ist klar: Je wichtiger im Sinne von folgenträchtiger eine Entscheidung für ein Individuum, eine Organisation oder eine Nationalgesellschaft ist, desto schwerer lastet die Ambivalenz des Entscheidens auf den betreffenden Akteuren: Wenn man's richtig macht, ist man die Heldin, der alle huldigen – andernfalls ist man der totale Versager, den alle für den Schaden verantwortlich machen.[1]

Im Alltagsdenken von Entscheidungsträgern – egal, ob Familienväter, Managerinnen oder Politiker – wird das Sich-entscheiden-können schnell als quasi anthropologische Auszeichnung des Menschen verstanden. Auch wenn man sich

---

[1] Zur gendergerechten Sprache in diesem Buch: Ich folge keiner einheitlichen Doktrin und versuche vielmehr, Schrift- und Sprachverunstaltungen zu vermeiden. Insbesondere bitte ich zu bedenken: Wenn jeder Leserin, die sich nicht ideologisch verbohrt begriffsstutzig stellt, klar sein muss, dass ich (so wie an dieser Stelle) nicht nur eines der – wie viele inzwischen? – Geschlechter meine, sondern alle, schreibe ich mal im männlichen, mal im weiblichen Genus, ohne eine feste Quotierung einzuhalten.

vor Augen führt, wie viel menschliches Handeln nicht entscheidungsförmig verläuft, sondern mehr oder weniger dumpfen Gewohnheiten des ‚Immer-schon-so' folgt, ist man stolz darauf, dass man solche Gewohnheiten jederzeit in Frage stellen und sich dann ganz anders entscheiden könnte – auch wenn das nur sehr selten tatsächlich passiert. Soziologische – und auch psychologische – Beobachter verweisen umgekehrt darauf, dass Sich-entscheiden-können häufig eine Selbsttäuschung ist. Wir machen uns und anderen im Nachhinein weis, dass wir uns mit guten Gründen für diese und keine andere Alternative entschieden haben; aber das sind oft nur ex-post-Rationalisierungen von Handlungswahlen, die völlig anders abgelaufen sind.[2] Was stimmt? Die heroisierende Alltagsvorstellung vom „Entscheidungsträger" – oder die ernüchternde Einsicht, dass das ein Selbstbetrug ist?

Wie so oft, liegt die Wahrheit in der Mitte. Wir sind weniger entscheidungsfähig, als wir denken – doch unsere Entscheidungsfähigkeit ist deutlich größer als Null. Wie viel größer, variiert mit der Schwierigkeit der Entscheidungsprobleme, mit denen wir konfrontiert sind, und mit unserer Einsicht in das Spannungsverhältnis von Entscheiden-wollen und Entscheiden-können. Paradox formuliert: Wer die Grenzen des eigenen Entscheiden-könnens in Rechnung stellt, vermag besser zu entscheiden als derjenige, der versucht, das Entscheiden-wollen maximal zu realisieren.

Dieser Erkenntnis folgend will ich im Weiteren darlegen, was die sozialwissenschaftliche Forschung über Entscheiden herausgefunden hat. Ich tue dies aus einer soziologischen Perspektive, beziehe aber Erkenntnisse aus anderen Disziplinen – insbesondere der Politik- und der Geschichtswissenschaft – sowie aus dem interdisziplinären Feld der Organisationsforschung ein. Nach wie vor ist die Entscheidungsforschung am stärksten in der Wirtschaftswissenschaft verankert. Für deren Akteurmodell des Homo Oeconomicus wird oft geradezu ein Monopolanspruch erhoben, wenn es um die Analyse von Entscheidungshandeln und Empfehlungen zum ‚guten' Entscheiden – keineswegs auf wirtschaftliche Entscheidungen beschränkt – geht. Es wird sich aber zeigen, dass das meiste tatsächlich stattfindende Entscheiden mit diesem Modell nicht viel zu tun hat; das Modell führt geradezu in die Irre, wenn es insbesondere auf schwieriges Entscheiden anzuwenden versucht wird. Daran ändern auch neuere Versuche der

---

[2] Die praxistheoretische Betrachtung von Entscheidungen verabsolutiert diese Sichtweise – als ob es überhaupt kein ‚wirkliches' Entscheiden gäbe (Schmidt 2019).

„behavioral economics" nicht, dem Homo Oeconomicus mehr Psychologie einzuhauchen.[3] Insbesondere kognitionspsychologische Forschungen haben zahlreiche „Denkfehler" (Dobelli 2011) herausgearbeitet, die wir – nicht zuletzt aufgrund bestimmter evolutionär entstandener Arbeitsweisen des menschlichen Gehirns- immer wieder beim Entscheiden machen. Viele dieser „Denkfehler" sind schillernd: Sie können sowohl ‚schlechte' Entscheidungen hervorbringen, aber auch „simple heuristics that make us smart" (Gigerenzer et al. 1986) sein, also etwa Abkürzungen, um in Situationen hoher Zeitknappheit dennoch mit einer gewissen Wahrscheinlichkeit halbwegs ordentliche Entscheidungen hinzukriegen. Man denke z. B. an den „authority bias" (Dobelli 2011: 37-39). Wir vertrauen oft anerkannten Fachleuten wie z. B. Ärzten oder Fondsmanagern, deren Erfolgsbilanz bei genauerem Hinsehen gar nicht so gut ist, wie wir denken. Der „authority bias" hat schon viele ihr Geld oder gar ihr Leben gekostet. Aber erstens wissen wir selbst es keineswegs besser als die irrtumsanfälligen Experten, unsere Entscheidungen wären also im Schnitt nicht besser, sondern noch schlechter ausgefallen; und zugleich sparen wir Zeit und den Aufwand des eigenen Entscheidens, wenn wir den Experten folgen. Blindes Vertrauen in Autoritäten ist sicher ein Fehler – doch ein gewisser Vertrauensvorschuss macht einem das Entscheiden leichter.

Die hier vorgestellte soziologische Perspektive auf Entscheiden positioniert sich in vielen Hinsichten als – wie ich denke: brauchbarere – Alternative zur wirtschaftswissenschaftlichen Sicht. Hier besteht also ein Konkurrenzverhältnis, das man von vornherein offen ansprechen sollte. Die Erkenntnisse der psychologischen Entscheidungsforschung liegen demgegenüber auf einer anderen Ebene. Generell bemüht sich Soziologie, mit so wenig Psychologie auszukommen wie möglich. Das hat aber nichts damit zu tun, dass psychologische Erkenntnisse aus soziologischer Sicht dubios wären. Es ist nur so, dass jede wissenschaftliche Beschreibung und Erklärung von Sachverhalten, um informativ zu sein, immer nur eine sehr begrenzte Menge von Aspekten des jeweiligen Betrachtungsgegenstands aufgreifen kann. Wird diese Obergrenze überschritten, werden wissenschaftliche Aussagen überkomplex und führen zu Konfusion statt zu Klarheit. Das bedeutet aber, etwas vereinfacht ausgedrückt: Jeder psychologische Aspekt, der in ein soziologisches theoretisches Modell eingebaut wird, muss mit dem Verzicht auf einen soziologischen Aspekt erkauft werden. Wenn man aber eine genuin soziologische Perspektive auf Entscheiden ausarbeiten will, muss man daher den Anteil psychologischer Aspekte so gering wie möglich

---

[3] Siehe nur als zentralen Vertreter Daniel Kahneman (2011) sowie als Überblick Hanno Beck (2014).

halten, sonst läuft man Gefahr, in Richtung einer bloßen Verdopplung der psychologischen Perspektive abzugleiten. Anders gesagt: Beide Perspektiven sind komplementär, jede vermittelt andere wichtige Einsichten in Entscheidungsgeschehen. Deshalb können Entscheidungsträger – also Akteure, die regelmäßig wichtige Entscheidungen zu treffen haben – auch aus beiden Perspektiven etwas lernen.

Damit ist die primäre Zielgruppe dieses Buches angesprochen: Entscheidungsträger und angehende Entscheidungsträger. Es richtet sich also nicht primär an andere Forscher, die sich mit Entscheiden beschäftigen, sondern an Praktiker des Entscheidens bzw. solche, die es werden wollen. Ihnen soll eine soziologische Perspektive auf Entscheiden – als Möglichkeit der Reflexion des eigenen Tuns – nähergebracht werden. Entscheidungsträger sind übrigens nicht nur Managerinnen, Politiker, höhere Verwaltungsbeamte oder Generalstäbe beim Militär. Ärzte, Richterinnen, Wissenschaftler, Journalisten oder auch Handwerkerinnen oder Taxifahrer – beispielsweise – treffen regelmäßig in ihrer Berufsausübung Entscheidungen und können dies besser oder schlechter tun. Buchstäblich jeder Mensch ist heutzutage überdies mit immer mehr und immer folgenreicheren Lebensentscheidungen konfrontiert – etwa die Studien- und Berufswahl, die Wahl des Arbeitgebers und der Lebenspartnerin, bis hin zur Entscheidung für bestimmte Freizeitaktivitäten, von denen manche wie z. B. Schachspielen wiederum aus Entscheiden bestehen. Der Status des Entscheidungsträgers ist also in unserer Gesellschaft ein ubiquitärer. Jede und jeder kommt in verschiedensten Rollen immer wieder in Situationen, in denen Entscheiden angesagt ist.

Man muss nicht gleich soweit gehen, dass man Entscheiden als zusätzliches neues Schulfach fordert. Doch ein wichtiger Aspekt, den man in vielen Fächern an passender Stelle hervorheben könnte, ist es zweifellos – auch in der Hauptschule. Das gilt erst recht für Studiengänge: Entscheiden sollte für alle Akademiker eine der Schlüsselqualifikationen sein, die sie mit Blick auf ihre spätere berufliche Tätigkeit in geeigneter Form lernen müssen. Denn wie jede andere Fähigkeit auch will Entscheiden gelernt sein. Man kann viel falsch machen. Zwar machen die meisten von uns durchaus schon vieles ganz richtig bei ihrem Entscheiden – weil sie es anderen abgeschaut oder deren Ratschläge befolgt haben oder aus eigener Erfahrung klug geworden sind. Fast jede kann ihr Entscheiden aber noch verbessern, wenn sie ernsthaft darüber nachdenkt. Dieses Nachdenken soll hier angeregt und mit Denkstoff versorgt werden.

Entscheidungsträger haben freilich – erstens – zumeist wenig Zeit. Dem wird hier in Gestalt eines Breviers Rechnung getragen – also eines möglichst kurzgefassten Überblicks anstelle einer enzyklopädischen Aufbereitung der überaus reichen Forschungslandschaft. In solch einem Überblick kann es naturgemäß nicht darum gehen, möglichst viele oder gar alle Erkenntnisse der sozialwissenschaftlichen Entscheidungsforschung zu präsentieren. Das könnte nur in wenig hilfreicher Oberflächlichkeit enden. Vermittelt werden soll vielmehr eine generelle Betrachtungsweise komplexer Entscheidungssituationen: Wie gehe ich an sie heran? Wo Detailerkenntnisse dazu herausgezogen werden, dient das exemplarischen Zwecken und sollte nicht so missverstanden werden, dass gerade diese Detailerkenntnisse wichtiger als andere sind.

Entscheidungträger wollen – zweitens – praktisch nutzbares Wissen. Zwar wird hier – wie gerade schon gesagt – kein detailliertes Rezeptwissen wie etwa in einem Störungsdiagnose- und Reparaturhandbuch geboten. Man erfährt also nicht, was man ganz konkret in welchen Schritten tun muss, um zu einem spezifischen Problem eine möglichst gute Entscheidung zu treffen. Wie sich zeigen wird, wäre das angesichts der Vielschichtigkeit des Phänomens Entscheiden unseriös. Das hier vermittelte Wissen hat eher den Charakter von Orientierungswissen. Es macht aufmerksam auf wichtige, in manchen Fällen oft übersehene Aspekte und Wirkungszusammenhänge – auch hier einschließlich derer, die sich ‚hinter dem Rücken' von Entscheidern abspielen. Wenn es im Teil II des Buches dann um Praktiken des Entscheidens geht, werden diese zwar bewusst im Duktus von Devisen formuliert, was doch in Richtung einer Anleitung geht – aber eben gerade nicht mit dem universellen Anspruch a la ‚Sieben Schritte zur perfekten Entscheidung'.

Bevor es um Entscheidungspraktiken geht, bedarf es allerdings eines Teils I, wo zunächst geklärt werden muss, was eine Entscheidungssituation ausmacht, hinsichtlich welcher Merkmale sie zu betrachten ist und welche Ausprägungen diese Merkmale haben können. Denn die Hauptthese der hier vorgelegten Perspektive lautet: Es gibt nicht einen einzigen Modus des ‚richtigen' Entscheidens, der in jeder Art von Situation adäquat wäre; sondern je nach Beschaffenheit einer Entscheidungssituation sind andere Arten von Entscheidungspraktiken adäquat. Man kann, um dieses grundlegende Charakteristikum zu betonen, von einer *Kontingenztheorie des Entscheidens* sprechen.[4] Das bedeutet: Die genaue Charakterisierung der jeweiligen Entscheidungssituation entsprechend den im Teil I vermittelten Gesichtspunkten ist der notwendige erste Schritt des Entscheidens,

---

[4] Analog zur Kontingenztheorie der Organisationsforschung, die dann auch treffend „situativer Ansatz" (Staehle 1973) genannt worden ist. Ihre Grundaussage lautet: „Es gibt ... keine universell effizienten Organisationsstrukturen. Um effizient zu sein, müssen Organisationen ihre Strukturen an ihre jeweiligen Situationen anpassen: Große Organisationen müssen sich eine andere Struktur geben als kleine, Organisationen in dynamischen Umwelten eine andere als solche in statischen, Organisationen mit Werkstattfertigung eine andere als Organisationen mit Fließbandfertigung usw." (Kieser 1998: 169).

der dazu verhilft, die passenden Entscheidungspraktiken auszuwählen. Im zweiten Schritt gilt es dann, diese Praktiken kunstgerecht zum Einsatz zu bringen, wofür man sie im Einzelnen kennenlernen muss, was im Teil II geschieht.

*

Dieses Buch basiert in seiner Argumentationslinie und in einer ganzen Reihe kürzerer oder längerer, oft fast wörtlich übernommener Passagen auf Schimank (2005), wo der damalige Stand der Forschung ausführlich aufgearbeitet und dokumentiert wurde. Die dort zu findende gesellschaftstheoretische Kontextualisierung des Entscheidens fehlt hier allerdings; dort konnten darüber hinaus viele einzelne Punkte vertiefter behandelt werden, die im hier vorliegenden Brevier nur knapp angerissen werden können. Wer also nach Lektüre dieses Buchs zu bestimmten Aspekten der Gesamtthematik mehr – einschließlich zusätzlicher Literaturhinweise – erfahren möchte, kann nach wie vor in vielen Fragen in Schimank (2005) fündig werden.

Neu in diesem Brevier – basierend auf Schimank (2019) – ist insbesondere die Systematisierung der als „Coping" titulierten Entscheidungspraktiken, deren Behandlung in Schimank (2005: 371-427) noch sehr ungeordnet und lückenhaft erfolgte. Des Weiteren bietet dieses Buch – abgesehen davon, dass hier der aktuelle Stand der Forschung mit einer Auswahl neuerer Literatur einbezogen wird – vor allem in einer Hinsicht mehr als Schimank (2005). Es gibt wie dort zahlreiche Beispiele aus der Literatur, die bestimmte Phänomene plastisch verdeutlichen sollen. Vereinzelt finden sich dort auch bereits Beispiele, die aus Hausarbeiten von Studierenden stammen. Hier kommt jedoch nun eine Vielzahl von konkreten Beispielen aus der Entscheidungspraxis meiner eigenen Studierenden hinzu. Hintergrund dafür ist, dass die Universität Bremen seit dem Jahr 2017 einen interdisziplinären Weiterbildungs-Masterstudiengang „Entscheidungsmanagement" anbietet, in dem ich fünf Jahre bis zum Eintritt in den Ruhestand das Modul „Soziologie des Entscheidens" gelehrt habe – zunächst stark orientiert an Schimank (2005), aber nach und nach zum nun vorliegenden Brevier hinführend. Die Studierenden waren fast ausschließlich MitarbeiterInnen der Bremischen öffentlichen Verwaltung, aus den unterschiedlichsten Dienststellen. Sie brachten zwar in der Regel keine soziologischen Grundkenntnisse mit, waren aber zum einen durchweg engagiert und wissbegierig, zum anderen mit allen Wassern des Verwaltens gewaschen. Die Diskussionen mit ihnen haben zahllose nützliche Hinweise ergeben, die die Überlegungen dieses Buches, einschließlich der Verständlichkeit der Darstellung, deutlich verbessert haben. Dabei waren oftmals konkrete Beispiele von Entscheidungssituationen, die die Studierenden erlebt hatten, Ausgangspunkte für kritische Rückfragen oder kreative Interpretationen. Für die Hausarbeiten, die die Studierenden am Ende des Moduls verfassten, stellte ich Themen, die ebenfalls den Bezug auf eigenes berufliches Entscheiden nahelegten – was mir nun ermöglicht, eine ganze Reihe solcher treffender Beispiele aus der Verwaltungspraxis als Illustrationen heranzuziehen. Da die meisten der Studierenden – gerade wenn sie aus dem eigenen Berufsalltag berichten – bevorzugen, anonym wiedergegeben zu werden, gebe ich bei solchen Beispielen auch für wörtliche Zitate keine Quelle an. Das sollte nicht so missverstanden werden, dass ich das Recht der Studierenden auf ihr geistiges Eigentum missachte.

Über diesen reichen Erfahrungsschatz hinaus, den sie mir zur Verfügung gestellt haben, sind die Studierenden des „Entscheidungsmanagements" noch in einer viel grundsätzlicheren Hinsicht diejenigen, denen dieses Buch am meisten verdankt: Ohne sie wäre ich nicht auf die Idee gekommen, es zu schreiben. Die ständigen Auseinandersetzungen mit ihren Nachfragen, ihrer Kritik und ihren Anregungen haben mich dazu gebracht, über buchstäblich alles immer weiter nachzudenken.

Weiteren Dank schulde ich schließlich noch drei studentischen Hilfskräften, die in verschiedenen Phasen durch Recherchen und umfangreiche redaktionelle Arbeiten tatkräftig an der Erstellung des Buches beteiligt waren: Katharina Soemer, Theresa Freund und Cathrine Frerichs.

Sehr viele haben also mitgewirkt und können sich deshalb freuen, wenn das Buch – hoffentlich – auf Interesse stößt. Ärgern über verbliebene Schwächen und Fehler muss sich hingegen nur einer.

Inhaltsverzeichnis

Teil I Entscheidungssituationen

1	**Entscheiden**	3
1.1	Alternativen abwägendes Handeln	3
1.2	Abwägen – nicht Berechnen	5
1.3	Zwei Qualen der Wahl	8
1.4	„Lob der Routine"	9
1.5	Wechselspiel: viele Routinen, wenig Entscheiden	11
2	**Rationalität**	13
2.1	Effizienz	14
2.2	Effektivität	14
2.3	Bewährung gegen spezifische Skepsis	14
2.4	Ergebnisrationalität und prozedurale Rationalität	17
3	**Komplexität**	19
3.1	Sachdimension	20
3.2	Sozialdimension	22
3.3	Zeitdimension	25
3.4	Ressourcen	26
3.5	Wirkungsgefüge des Entscheidens: Intentionalität und Transintentionalitäten	27
4	**Komplexitätsprofile**	29
4.1	Acht Arten von Entscheidungssituationen	29
4.2	„Wicked problems"	33

		4.3	Was tun?	33
Teil II		**Praktiken des Entscheiden**		
5		**Perfekt rationales Entscheiden**		37
6		**Begrenzt rationales Entscheiden**		43
	6.1	Problemdiagnose		44
	6.2	Kriterienformulierung		45
	6.3	Alternativensuche		48
	6.4	Alternativenbewertung und -auswahl		50
	6.5	Implementation		52
	6.6	Evaluation		53
	6.7	Rationalität trotz Komplexität		55
7		**Inkrementalismus**		61
	7.1	Reaktive Problemfixierung		63
	7.2	Reduzierte Informationsverarbeitung		67
	7.3	Partisan mutual adjustment		72
	7.4	Satisficing		77
	7.5	„Sich-durchwursteln"		81
	7.6	Zwischen Planung und Coping		86
8		**Planung**		87
	8.1	Aktive Problemsondierung		90
	8.2	„Mixed scanning"		93
	8.3	Partizipation und Kreativität		99
	8.4	Verständigungsorientierung oder Mehrheitsentscheidung		105
	8.5	„Something better"		111
	8.6	Planung als Wagnis		114
	8.7	Als-ob-Planung		116
9		**Coping**		119
	9.1	Schein-Entscheiden		120
	9.2	Zielausdünnung		128
	9.3	Abwarten		132
	9.4	Zugreifen		135
	9.5	Sich-umfreuen		138
	9.6	„Opening" und „closing"		142

10	**Reflexives Entscheiden**	143
	10.1 Gestaltung von Entscheidungssituationen im Prozess	144
	10.2 Strukturelle Gestaltung von Entscheidungsprämissen	147
	10.3 Nicht-Entscheiden	149
11	**Schluss**	153
Literatur		155

Teil I
Entscheidungssituationen

Ärztliches Entscheiden umfasst zwei wohl unterschiedene Schritte: Diagnose und Therapie. Erst wird eine Krankheit diagnostiziert; dann wird, der Diagnose entsprechend, eine Therapie konzipiert und umgesetzt. In Wirklichkeit geht es zwar zumeist nicht so schrittweise voran, sondern das Entscheiden springt zwischen Diagnose und Therapie hin und her. Dennoch kann man diesen Zweischritt erst einmal Entscheiden generell unterlegen. Salopp formuliert: Was ist das Problem? Und was sollte ich tun? Deutlich wird wieder, dass die Beantwortung der zweiten Frage eine Antwort auf die erste Frage voraussetzt. Nur wenn ich weiß, wie das Entscheidungsproblem beschaffen ist, kann ich problemangemessen reagieren.

Dementsprechend geht es im Teil I um die Diagnose von Entscheidungssituationen und den ihnen innewohnenden Entscheidungsproblemen. Für diese Diagnose ist zunächst die Klärung von drei Begriffen erforderlich: Entscheiden – Rationalität – Komplexität. Was ist eine Entscheidung – im Unterschied zu anderen Arten des Handelns? Was bedeutet Rationalität als Gütekriterium, an dem sich Entscheiden orientiert? Und wie wird rationales Entscheiden dadurch erschwert, dass Entscheidungssituationen komplex sind? Diese drei Begriffe bilden das Analysedreieck einer soziologischen Perspektive auf Entscheiden. Mit ihrer Hilfe lassen sich Entscheidungssituationen und die in ihnen anstehenden Entscheidungsprobleme hinsichtlich ihres Komplexitätsprofils charakterisieren. Wenn dies geklärt ist, kann man abschätzen, welche Praktiken des Entscheidens erfolgversprechend und welche zum Scheitern verurteilt sind.

Entscheiden

Inhaltsverzeichnis

1.1	Alternativen abwägendes Handeln	3
1.2	Abwägen – nicht Berechnen	5
1.3	Zwei Qualen der Wahl	8
1.4	„Lob der Routine"	9
1.5	Wechselspiel: viele Routinen, wenig Entscheiden	11

Soziologisch betrachtet ist das, was Akteure – Individuen, Organisationen, Staaten – ständig tun, Handeln. Dieses Handeln ist meistens soziales Handeln – also ein Handeln, das ein interferierendes Handeln anderer in Rechnung stellt. Ich weiß, dass viele andere mit mir um dieselbe Wohnung konkurrieren; ich verlasse mich darauf, dass andere mir helfen werden, wenn ich auf offener Straße zusammenbreche; ich gehe davon aus, dass die Verkäuferin mir das gewünschte Brot aushändigt, wenn ich den verlangten Preis bezahle; ich muss befürchten, dass jemand mir nach dem Leben trachten könnte. Was ist ein entscheidungsförmiger Umgang mit solchen Situationen?

1.1 Alternativen abwägendes Handeln

Entscheiden ist ein – meist soziales – Handeln, das Alternativen abwägt. Der Akteur erkennt, dass er so oder so oder so handeln kann – und muss vor dem Hintergrund von Kriterien dazu, was ihm wichtig ist, wählen, wie er handelt. Mindestens zwei Alternativen müssen ihm vor Augen stehen; und ihm ist nicht von vornherein klar, welche die bessere ist. Ich will beispielsweise möglichst wenig Zeit für den Weg von zu Hause zur Arbeit aufwenden, und es soll mich möglichst wenig Geld kosten und vielleicht auch noch möglichst umweltverträglich sein: zu Fuß – Fahrrad – Bus – Auto?

Nicht selten bestehen die Alternativen darin, entweder weiterzumachen wie bisher, oder etwas zu ändern. Anders gesagt: eine Änderung des Status quo zu unterlassen oder sie vorzunehmen. Beispielsweise weiterhin wie seit Jahren den Bus um 8:17 Uhr zur Arbeitsstelle zu nehmen oder doch als Corona-Vorsichtsmaßnahme aufs eigene Auto umzusteigen?

Es gibt keine Handlungssituation, in der keine Alternativen existieren. Insofern ist jedes Handeln eine Wahl. Selbst wer die Pistole auf die Brust gedrückt bekommt, kann sich widersetzen, wenn es vielleicht auch sehr viel ratsamer ist, das zu befolgen, was ihm befohlen wird. Und auch wer das große Los zieht, kann die Annahme des Gewinns verweigern. Solche Extremsituationen zeigen, dass die Situation einem Akteur niemals etwas aufzwingt, dem er sich auf keine Weise entziehen kann. Aber natürlich gibt es immer wieder Alternativen, die ‚jeder vernünftige Mensch' allen anderen Alternativen ohne lange zu überlegen vorzieht. Anders gesagt, muss man dann schon sehr spezielle Gründe haben, um eine andere Wahl zu treffen. In vielen Situationen ist es sogar so, dass nur eine der Alternativen in den Blick gerät und gewählt wird, ohne dass das als Wahl erfahren wird, weil man eben die anderen Alternativen gar nicht oder gar nicht mehr sieht. Das gilt etwa für eingefahrene Routinen. Wenn der Wecker wie jeden Morgen um 7:30 Uhr klingelt, gibt es nichts zu überlegen, was nun zu tun ist; man taumelt vielmehr im Halbschlaf ins Bad, unter die Dusche, dann in die Küche, um sich das immer gleiche Frühstück zu bereiten … – damit man den Bus um 8:17 Uhr nicht verpasst. Es bedarf gehöriger Erschütterungen, vor allem durch sich wandelnde äußere Umstände, um solche Gewohnheiten als auch anders mögliche Handlungswahlen wiederzuerkennen. Nicht einmal Schocks wie plötzliche Arbeitslosigkeit reichen manchmal aus, den Trott zu verlassen.

Wenn jedes Handeln eine Wahl ist, kommt es dafür, ob es sich dabei um Entscheiden handelt, darauf an, wie sich die Wahl vollzieht. Oft wird Entscheiden als eine solche Wahl zwischen Alternativen verstanden, die sich des Wählens bewusst ist, also die Alternativen vor Augen stehen hat – anders als wenn jemand unreflektiert Routinen folgt. Diese Abgrenzung ist aber noch nicht genau genug. Wenn ich z. B. im italienischen Restaurant gewohnheitsmäßig jedes Mal wieder Nudeln und nicht Pizza oder Risotto bestelle, obwohl ich beides durchaus ebenfalls mag und mir zu Hause koche, dann sind mir diese Alternativen beim Wählen bewusst, weil sie schließlich auch in der Speisekarte stehen; ich schiebe sie nur ganz schnell beiseite, weil mir ‚heute' mal wieder der Sinn nach Nudeln steht. Und wenn ich in einem plötzlichen Wutanfall ‚ausraste', dann gibt es meist noch den Moment, in dem ich die Bedenken überwinden muss, dass mir das schaden könnte; in diesem oft kurzen Augenblick sehe ich noch Alternativen, die ich dann aber ganz schnell vom Tisch wische. Sowohl routineförmiges als auch emotionales Handeln können also durchaus alternativenbewusst und damit bewusstes Wählen sein. Was ihnen aber im Vergleich zum Entscheiden fehlt, ist Abwägung: ein Modus der Handlungswahl, der zunächst einmal Zeit benötigt. Ein rasches Durchblättern der Speisekarte, das einen zwar daran erinnert, dass es neben Nudelgerichten auch Pizzen und Risottos gibt, reicht dafür nicht aus. Man muss schon ins ernsthafte Nachdenken über Alternativen kommen, um von Abwägung zu sprechen. Wer sich also, vielleicht von der Partnerin angestoßen, wirklich überlegt, ob er nicht dieses Mal ‚zur Abwechslung' eine Pizza bestellt, trifft eine Entscheidung – selbst wenn er im Ergebnis wieder bei Nudeln landet.

1.2 Abwägen – nicht Berechnen

Abwägung bedeutet weiterhin: Welche Alternative man wählt, wird bedacht – nicht berechnet. An diesem Punkt besteht eine fundamentale Differenz von soziologischer und wirtschaftswissenschaftlicher Perspektive auf Entscheiden.[1] Der Homo Oeconomicus ist ein berechnender Akteur. Er ordnet jeder der Alternativen, die ihm in einer bestimmten Situation zur Verfügung stehen, quantifizierte Grade und Wahrscheinlichkeiten der Zielerreichung sowie Kosten der Umsetzung – einschließlich mit bestimmten Wahrscheinlichkeiten vorhergesehener negativer Nebenfolgen – zu; und er wählt jene Alternative, die in dieser Kosten-Nutzen-Berechnung am besten abschneidet. Was sollte er auch anderes tun! Alles andere wäre ja ‚suboptimal'. Natürlich weiß die wirtschaftswissenschaftliche Entscheidungsforschung zur Genüge, dass sich das einfacher anhört, als es in den allermeisten Entscheidungssituationen ist. Ganz oft erweist es sich als äußerst schwierig und sehr willkürlich, Wahrscheinlichkeiten, Kosten und Nutzen zahlenförmig auszudrücken – was aber die Voraussetzung dafür ist, die elegante universelle Entscheidungsformel zum Einsatz zu bringen. Hier ist viel Mut zum ‚educated guess' gefragt, der oft in ausgesprochenen Übermut ausartet, der sich aber hinter ehrfurchterheischendem mathematischen Formelwerk gut zu verschanzen weiß.

Der Übergang zwischen ausrechenbaren Handlungswahlen und dem, was hier Entscheiden heißen soll, ist ein allmählicher, wie die folgenden Beispiele verdeutlichen:

---

[1] Die soziologische stimmt hier mit einer kulturwissenschaftlichen Perspektive auf Entscheiden überein, wie sie Ulrich Pfister (2019: 13–15) skizziert.

- Jemand hat zwei Alternativen: Er kann – bei identischen Bedingungen – 100 € oder 120 € bekommen. Es ist klar, dass die zweite Alternative die bessere ist.
- Jemand kann 5,2 L Wein für 18,60 € oder 7,8 L für 23,10 € bekommen. Die Qualität des Weins ist identisch. Auch hier lässt sich ausrechnen, welche Alternative die bessere ist.
- Jemand muss zwischen zwei Wohnungen wählen, wobei er drei Eignungskriterien zugrunde legt. Wohnung X erfüllt das Kriterium 1 sehr gut, das Kriterium 2 gut und das Kriterium 3 mäßig; Wohnung Y schneidet bei Kriterium 1 gut, bei Kriterium 2 gut und bei Kriterium 3 schlecht ab. Hier ist die Sache ebenfalls klar, weil die Alternative X in jeder Hinsicht besser als Alternative Y oder mindestens gleich gut ist.
- Jemand will ein Buch antiquarisch kaufen. Das Angebot 1 kostet 100 € und weist „einige Gebrauchsspuren" auf; das Angebot 2 kostet 120 € und ist „neuwertig". Wie verrechnet man Preis und Qualität miteinander? Diese Handlungswahl lässt sich nicht einfach ausrechnen. Es hängt davon ab, ob jemand „einige Gebrauchsspuren" in Kauf zu nehmen bereit ist, um 20 € zu sparen, oder nicht. Dafür gibt es keine allgemeingültige Verrechnungsformel; nicht mal der betreffende Käufer ist da konsistent, sondern kann heute bei diesem Buch so und morgen bei einem anderen anders agieren. Und was heißt „einige Gebrauchsspuren" konkret? Ab wann stören einen diese so, dass man lieber das teurere Angebot wählt?
- Nochmal zur Wohnungswahl: Wohnung X schneidet beim Kriterium 1 sehr gut, beim Kriterium 2 gut und beim Kriterium 3 schlecht ab; bei Wohnung Y sieht es beim Kriterium 1 gut, beim Kriterium 2 sehr gut und beim Kriterium 3 schlecht aus. Auch hier kommt es nun darauf an, die beiden Kriterien 1 und 2 in ihrer Wertigkeit miteinander abzugleichen, was erst dann berechenbar ist, wenn man die Wertigkeiten quantifiziert hat. Aber diese Gewichtungsfaktoren sind nicht einfach da – man muss sie überlegen, und dabei hilft einem Rechnen überhaupt nicht weiter.

Die Wahl zwischen zwei oder mehr Alternativen zu berechnen setzt also voraus, dass die Bewertung der Alternativen entweder hinsichtlich der zugrundeliegenden Kriterien ein völlig eindeutiges Profil dergestalt ergibt, dass eine Alternative bei allen Kriterien entweder mindestens so gut wie alle anderen Alternativen und bei mindestens einem besser ist. In diesen eher seltenen Fällen müssen keine Kriterien miteinander verrechnet werden. Oder man verfügt – wenn kein solches eindeutiges Profil der Alternativen vorliegt – über eine konsistente Verrechnungsformel in Gestalt von Gewichtungsfaktoren, die nicht heute und bei diesen Alternativen so und morgen bei anderen Alternativen anders aussehen.

1.2 Abwägen – nicht Berechnen

Letzterer Fall des uneindeutigen Profils ist aber weitaus häufiger; und dass dann mehrere Akteure wie etwa eine Familie oder eine Arbeitsgruppe, die eine gemeinsame Entscheidung treffen müssen, dieselbe konsistente Verrechnungsformel der Kriterien teilen, oder dass auch nur ein und derselbe Akteur dauerhaft von derselben Formel überzeugt ist, kommt vielleicht noch seltener vor als ein eindeutiges Profil der Alternativenbewertung.

Die weitreichende Schlussfolgerung hieraus lautet: Die allermeisten bewussten Handlungswahlen lassen sich, anders als die wirtschaftswissenschaftliche Perspektive auf Entscheiden mit ihrem Homo Oeconomicus suggeriert, nicht berechnen. Die Beispiele haben angedeutet, was später noch vertieft wird: Berechnen-können setzt simple – was meistens heißt: extrem simplifizierte – Entscheidungssituationen voraus. Genauer gesagt: Situationen, die gar keine Entscheidungssituationen sind, sondern – bösartig formuliert – nur so genannt werden, damit sich die Wirtschaftswissenschaften wichtig tun können. Die ersten der gerade aufgeführten Beispiele sind von der Art, dass es, genau besehen, gar keine Alternativen gibt, weil sich die eindeutig beste Alternative bestimmen lässt. Aber wie Barbara Stollberg-Rillinger (2016: 8) notiert: „A ‚decision without alternatives' is a contradiction in terms, since if a decision followed inevitably from good reasons, this would be a deterministic deduction, an automatism, and not a decision."

Bei genauerer Betrachtung lässt sich der Homo Oeconomicus also in keiner einzigen schwierigen Entscheidungssituation – und das gilt schon für die beiden letzten Beispiele der Liste – trittsicher zum Einsatz bringen, weil es dazu heroischer Annahmen bedarf. Was heißt demgegenüber Abwägen als Essenz des Entscheidens? Abwägen läuft letztlich auf Urteilen hinaus: „There is always a final leap from all rational considerations to the decision itself …" (Stollberg-Rillinger 2016: 8) – worum sich der Homo Oeconomicus mit seinem Berechnen von Handlungswahlen gerade herumdrücken will. Man muss den Hiatus, die Lücke des Nicht-Ausrechenbaren, überspringen, um entscheidungsförmig seine Wahl zu treffen. Der Homo Oeconomicus ist somit ein Feigling, der diesen Sprung nicht wagt; und die wirtschaftswissenschaftliche Perspektive auf Entscheiden ist folglich eine Hilfestellung für Feiglinge. Denn klar ist: Wer springt, sich zu einem Urteil entschließt, statt ein Rechenergebnis vorzutäuschen, ist begründungspflichtig – muss seine Entscheidung verantworten, wenn sie sich als nicht gut erweist. Dabei gilt, dass die Begründung einer Entscheidung niemals so zwingend sein kann wie das Herleiten eines Rechenergebnisses. Man müsste schon die Regeln der Mathematik ändern oder außer Kraft setzen, um mit dem Zweifel daran, dass $(2 + 2) \times 5 = 20$ stimmt, ernstgenommen zu werden. Hier, und auch bei beliebig komplizierteren Berechnungen, gibt es keinen Sprung, ein

Rechenschritt folgt zwingend auf den nächsten bis zum unbezweifelbaren Endergebnis. Je größer aber der Sprung ist, den ein Entscheiden vollführt, um zu einer Entscheidung zu kommen, desto kontingenter die Begründung. Entscheidungsbegründungen sind also stets unvollständig und bleiben damit auf Dauer anzweifelbar, was nichts anderes heißt als: Man hätte immer auch mit Gründen anders entscheiden können.

1.3 Zwei Qualen der Wahl

Das klingt anstrengend, und ist es auch. Donald Schon (1967: 25) charakterisiert Entscheiden als „converting uncertainty into risk". Wir sprechen bei Entscheidungsfragen oft von der ‚Qual der Wahl'. Doch genau besehen handelt es sich um zwei Qualen der Wahl:

- die Qual vor der Wahl: Was soll ich tun? Hier geht es um „uncertainty": eine – wie gerade erläutert – nicht durch Berechnung zu beseitigende Ungewissheit, was man tun soll.
- die oft erst einmal vergessene Qual nach der Wahl: Habe ich das Richtige getan? Sobald man sich für eine Alternative entschieden hat, treten einem all ihre Risiken umso unübersehbarer vor Augen – oftmals nicht zuletzt dadurch unterstrichen, dass einem auf einmal die Vorteile der nicht gewählten Alternativen ins Auge springen.

Wie man sieht, gilt für Entscheiden – um einen Songtitel von Frank Zappa zu zitieren: „The torture never stops".[2] Warum vermeiden Akteure dann nicht Entscheiden? Die Antwort auf diese Frage ist zweigeteilt. Erstens gilt: Bestimmte Handlungswahlen werden als besonders wichtig angesehen; und hier wird vom Akteur erwartet, und dieser erwartet es von sich selbst, dass entscheidungsförmig gewählt wird. Welche Marmelade man am Frühstücksbüfett des Hotels auswählt, und nach welchem Schlüssel man – wenige Stunden später – Flüchtlinge auf Aufnahmeländer verteilt, macht einen Unterschied. Hinter dieser Entscheidungszumutung in wichtigen Angelegenheiten steht die Einschätzung, dass Entscheiden zu besseren, begründbareren Wahlen führt, als wenn man einfach ‚irgendwas' tut, einem ‚Bauchgefühl' folgt oder ‚business as usual' – also Routinen – exekutiert. Zweitens werden Akteure auch mit Entscheidungszwängen konfrontiert, sobald bisher eingespielte Routinen versagen: Man muss etwas tun und kann nicht mehr

---

[2] Frank Zappa, 1976: The Torture Never Stops. Auf: Zoot Allures.

einfach ‚Weiter so' verfahren. In solch einer Situation zu würfeln, was prinzipiell möglich wäre, fährt spätestens dann vor die Wand, wenn die Folgen dessen, was man tut, desaströs sind.[3] Man darf auch nicht ohne Bemühen um Abwägung das ‚Erstbeste' tun. Denn das ‚Erstbeste' hat sich ja als schlecht erwiesen: Die aus Personalknappheit resultierende Routine einer Aufsichtsbehörde beispielsweise, Tierschutzregeln in Schlachthöfen nicht genauer zu kontrollieren, fliegt ihr um die Ohren, wenn „whistle blower" brisante Fakten an die Öffentlichkeit bringen.

1.4 „Lob der Routine"[4]

Wenn somit das Vermeiden von Entscheiden als Modus der Wahl von Handlungsalternativen Probleme mit sich bringt: Sollte man dann nicht immer entscheidungsförmig handeln? Die Antwort darauf lautet: Schön wär's! Entscheiden ist ein viel zu aufwendiger Modus der Handlungswahl, so dass er nur als ausnahmsweiser ‚Luxus' genutzt werden kann. Weit überwiegend handeln alle Arten von Akteuren – ob Individuen in ihrer Lebensführung, als Rollenträger im Beruf oder als Organisationsmitglieder, oder Organisationen als korporative Akteure – routineförmig. Mal sind ihnen dabei die Alternativen zu dem, was die Routine ihnen vorgibt, noch mehr oder weniger bewusst, mal bleiben diese völlig latent. Niklas Luhmann (1968:101–106) nennt Routinen auch „Konditionalprogramme" des Handelns: Eine Wenn-Komponente als Handlungsauslöser ist fest verkoppelt mit einer Dann-Komponente in Gestalt eines bestimmten Handelns. Hierzu ein paar Beispiele:

- Wenn ich einem anderen Hausbewohner im Treppenhaus begegne, dann grüße ich.
- Wenn der Gast im Restaurant Platz genommen hat, dann wird ihm baldmöglichst die Speisekarte überreicht.
- Wenn ein Patient das Symptom X in Verbindung mit Y zeigt, dann wird ihm das Medikament Z verschrieben.
- Wenn der Wecker klingelt, dann läuft – siehe oben – folgendes Skript ab: aufstehen – duschen – Frühstück zubereiten usw.
- Wenn die Prüfung eines Dienstreiseantrags ergibt, dass es keine Fragen und Einwände gibt, dann ist ihm stattzugeben und der Antragsteller zu informieren.

---

[3] Siehe als literarisches Gedankenexperiment hierzu Luke Rhinehartes (1971) Roman über den „dice man".

[4] Luhmann (1964a).

- Wenn ein Studierender seine Bachelorarbeit fristgemäß beim Prüfungsamt abgegeben hat, dann wird diese in folgenden Schritten weiter bearbeitet: Aufnahme und Eingangsbestätigung – Weiterleitung an die Prüfer – Mahnung der Prüfer, wenn die Gutachten nicht fristgemäß vorliegen – Einarbeitung der gemittelten Note ins Bachelorzeugnis und Information des Studierenden über die Note – Fertigstellung des Bachelorzeugnisses und Einholung der Unterschrift des Dekans des zuständigen Fachbereichs – Übermittlung des Zeugnisses an den Studierenden.

Wie man sieht, können Routinen mehr oder weniger viele Schritte umfassen; je mehr es sind, desto größer ist die Wahrscheinlichkeit, dass die Ausführung der Routine nicht von einem Akteur allein, sondern in einem Zusammenspiel mehrerer Akteure vollzogen wird. Routinen können sich aus der puren Wiederholung eines Handelns, das funktioniert hat, ergeben oder aber durch Entscheidung ausgewählt und verbindlich gemacht werden. Routinen sind selten so starr wie Rituale, an deren Choreographie – man denke an Begrüßungen ausländischer Staatsgäste mit militärischen Ehren oder Zeremonien in Gottesdiensten – bis ins kleinste Detail festzuhalten ist. Oft enthalten Routinen vielmehr „sekundäre Elastizitäten" (Luhmann 1964a: 122–125), etwa Ermessensspielräume. Dadurch werden Routinen entscheidungsförmiger – was zeigt, dass Routinen und Entscheidungen keine einander ausschließenden Modi des Handelns sind, sondern fließende Übergänge. Später wird noch deutlich werden, dass umgekehrt vieles Entscheiden Routineelemente enthält.

Routinen haben gegenüber Entscheiden große Vorteile. In der Zeitdimension gehen Routinen schnell, und in der Sachdimension sind sie eindeutig und eingeübt. Man weiß sogleich, was zu tun ist, und kann es abspulen. Hinzu kommt in der Sozialdimension, dass viele Routinen dem handelnden Zusammenwirken Erwartungssicherheit geben. Wenn ich routineförmig handle, wissen zumindest die kundigen Gegenüber, woran sie sind. Noch mehr verzahnt in der Sozialdimension sind aufeinander eingespielte Routinen, etwa in Standarderöffnungen beim Schach oder in Skripten wie etwa wechselseitigem Abschied-voneinander-nehmen. Man hat somit allen Grund, ein „Lob der Routine" anzustimmen. Das geht so weit, dass man sich fragt: Stimmt es also doch nicht, dass – ‚wenn's drauf ankommt' – nichts über Entscheiden geht?

1.5 Wechselspiel: viele Routinen, wenig Entscheiden

Die Antwort lautet: Die Vorteile des einen sind die Nachteile des anderen. Routinen und Entscheiden sind komplementäre Handlungsmodi. Routinen entlasten das Handeln in ganz vielen Situationen, und das schafft in wenigen anderen Situationen Kapazitäten – vor allem Zeit – für das viel aufwändigere Entscheiden. Umgekehrt greift Entscheiden dort ein, wo Routinen nicht mehr funktionieren, weil der strikte Wenn-Dann-Nexus zusammenbricht. Entweder die Wenn-Komponente funktioniert nicht mehr, weil etwa das Auslöserereignis der Routine nicht mehr wie bisher eintritt oder Ereignisse eintreten und Handeln erfordern, die in keiner vorhandenen Routine vorgesehen sind. Oder die Dann-Komponente erweist sich als nicht mehr adäquat, wenn andere Bedingungen die bisher gewählte Alternative erschweren oder verunmöglichen oder wenn andere Möglichkeiten bessere Alternativen in Aussicht stellen. Es kann auch sein, dass gleichzeitig sowohl die Wenn- als auch die Dann-Komponente nicht mehr greifen. In all diesen Fällen wird Entscheiden nötig oder möglich.

Das Handeln von Akteuren ist also ein Wechselspiel von viel Routinen und wenig Entscheiden. Über Routinen braucht man sich – das ist ja gerade ihre Natur – vergleichsweise wenig Gedanken zu machen, wenn man kein soziologischer Beobachter ist, der auch an Routinen viel Interessantes findet. Entscheiden hingegen bereitet Akteuren viel Kopfzerbrechen, weshalb der soziologische Beobachter hier viele praktisch nutzbare Einsichten vermitteln kann.

Rationalität 2

Inhaltsverzeichnis

2.1 Effizienz 14
2.2 Effektivität 14
2.3 Bewährung gegen spezifische Skepsis 14
2.4 Ergebnisrationalität und prozedurale Rationalität 17

Alternativen abwägen heißt: mehr als eine Alternative bedenken, also die Handlungssituation zunächst gezielt veruneindeutigen. Wie kommt man von dort zu einer eindeutigen Entscheidung? Die Antwort ist erst einmal leicht gegeben: indem man sich von Rationalität als Entscheidungsprinzip leiten lässt. Dass Entscheiden Alternativen abwägendes Handeln ist, kann also so fortgeschrieben werden: Entscheiden soll rationales Handeln sein, die Alternativen also hinsichtlich ihres Rationalitätsgrades sortieren und die rationalste auswählen. Anders gesagt, ist Rationalität somit der Maßstab für ‚gutes' Entscheiden.

Was auf den ersten Blick wie ein klares Prinzip erscheint, stellt sich auf den zweiten Blick als mehrdeutig heraus. Im Alltagsdenken findet man zwei explizierte Rationalitätsverständnisse vor, die meist im Widerspruch zueinander stehen: Effizienz und Effektivität. Beide heben Spezialaspekte des Entscheidens hervor und müssen eingebettet in ein umfassenderes Rationalitätsverständnis verstanden werden. Alle drei Weisen, Rationalität zu verstehen, lassen sich in einem Zweck-Mittel-Konzept von Entscheiden verdeutlichen, demzufolge Entscheiden das Bestreben ist, Zwecke – Was will man erreichen? – und Mittel, wie dies geschehen könnte, in ein möglichst ‚gutes' Verhältnis zu bringen. Die Mittel sind also die Alternativen, um den jeweiligen Zwecken Genüge zu tun.

2.1 Effizienz

Mit Rationalität kann erstens Effizienz gemeint sein. Hierbei geht es darum, aus begrenzten Mitteln zur Verfolgung eines bestimmten Zwecks das Meiste an Zweckerreichung herauszuholen. Die Mittel werden als gegeben angesehen – was kann man daraus machen? Das ist das Gütekriterium des Entscheidens, das die wirtschaftswissenschaftliche Betrachtung anlegt, die von der Knappheit der dem Akteur verfügbaren Mittel, gemessen an dessen vielen und weitreichenden Zielen, ausgeht. Wie kann man z. B. ein bestimmtes Kapital – mehr hat man nicht – so auf dem Finanzmarkt anlegen, dass man den höchsten Gewinn erzielt? Oder wie lässt sich das vorhandene Personal eines Unternehmens so einsetzen, dass auf einem bestimmten Qualitätsniveau am meisten produziert wird?

2.2 Effektivität

Rationalität kann aber auch – oft diametral entgegengesetzt – Effektivität heißen. Dann geht es um den maximalen Wirkungsgrad einer Entscheidung. Man will einen bestimmten Zweck möglichst weitgehend erreichen – und bezüglich der Mittel heißt es: Koste es, was es wolle! Dieses Gütekriterium findet man öfter beim politischen oder militärischen, auch beim medizinischen Entscheiden vor. Wenn es militärisch um Sieg oder Niederlage oder medizinisch um Leben oder Tod geht, oder wenn man die Fehlerquote des Entscheidens minimieren will, schaut man nicht mehr darauf, wie viele Mittel man einsetzen muss, um diesen Zweck zu erreichen. Anders gesagt: Effektivitätsstreben lässt Effizienzgesichtspunkte mehr oder weniger oder sogar völlig außer Acht. Bestimmte Zwecke heiligen nahezu jeden Mitteleinsatz.

2.3 Bewährung gegen spezifische Skepsis

Diese beiden Rationalitätsverständnisse haben bei aller Unterschiedlichkeit eines gemeinsam: Sowohl die jeweiligen Zwecke als auch die jeweiligen Mittel sind klar; man sucht dementsprechend die beste Kombination aus beidem: entweder so, dass die Mittel vorgeben, wie viel Zweckerreichung möglich ist, oder umgekehrt so, dass ein bestimmter Grad der Zweckerreichung vorgibt, wie viele Mittel mobilisiert werden müssen. Ein drittes Rationalitätsverständnis unterläuft die gemeinsame Prämisse beider: dass vorhandene Mittel und angepeilte Zwecke klar, am besten quantifizierbar sind, so dass die optimale Kombination beider

2.3 Bewährung gegen spezifische Skepsis

vielleicht sogar ausrechenbar ist, also gar nicht entschieden werden muss. Wenn das nicht der Fall ist: Was gilt dann als rational – wenn unklare verfügbare Mittel zur Verfolgung unklarer Zwecke daraufhin verglichen werden, welche Zweck-Mittel-Kombination die beste ist?

Lässt man Entscheidungssituationen Revue passieren, stellt man fest, dass gar nicht wenige von ihnen diesem dritten Typus entsprechen.[1] Welche Kriterien von Todesfällen bis Bruttosozialprodukt und Arbeitslosenzahlen soll man – als Zwecke – wie gewichtet zugrunde legen, wenn man als Politiker Maßnahmen zur Bekämpfung der Covid-19-Pandemie abwägt? Und was weiß man wirklich darüber, wie die verschiedenen Maßnahmen – als Mittel – wirken werden? Viele wichtige Entscheidungsprobleme von Politikern, Organisationen oder Individuen weisen derartige erhebliche Zweck- oder Mittel-Unklarheiten auf, konfrontieren Entscheider mit „schlecht-definierten Situationen" (Kirsch 1977a: 141–143).

Die Unklarheit der Mittel oder Zwecke kann dabei auch so zustande kommen, dass man bei ursprünglich klaren Mitteln oder Zwecken ins Grübeln kommt, weil einem das, was effizient oder effektiv ist, ‚irgendwie' nicht gefällt. Ich setze mir beispielsweise eine Obergrenze dafür, wie viel ich monatlich als Mietkosten aufbringen will – und dann finde ich eine Wohnung, die deutlich teurer ist, aber mich in vielen Hinsichten, die mir bis dahin gar nicht als so wichtig vor Augen gestanden haben, sehr anspricht! Oder ich komme dadurch, dass mir mehrere sehr schöne Wohnungen angeboten werden, auf den Geschmack, ganz andere Standards für Wohnqualität zu kultivieren. Bleibe ich dennoch ‚prinzipientreu' in Sachen Deckelung der Mietkosten – und wäre das rational?

Ein rationaler Umgang mit solchen Situationen besteht darin, ein kommunikatives Wechselspiel von spezifischer Skepsis und guten Gegengründen zu entfalten. Jürgen Habermas (1981: 27) sieht diesen Nexus von „Kritisierbarkeit und Begründungsfähigkeit" so, dass eine Entscheidung umso rationaler ist, je mehr Einwände gegen die gewählte Alternative man mit Verweis auf die verfolgten Kriterien mit möglichst guten Gründen zurückzuweisen vermag – einschließlich Einwände gegen die Kriterien. Rational ist also, was sich *gegen spezifische Skepsis bewährt*.

Die Betonung liegt hier auf spezifischen Zweifeln (Rescher 1980). Ein pauschaler Skeptizismus ist ein Totschlagargument und bei der Suche nach einer möglichst guten Entscheidung völlig unfruchtbar, weil entmutigend. Einfach nur ‚Das gefällt mir nicht!' oder ‚Könnte es nicht irgendwie ganz anders besser

---

[1] Entscheidungssituationen, in denen das Effizienz- oder das Effektivitätskriterium als oberste Messlatte eingesetzt werden können, erweisen sich, wie sich noch zeigen wird, als Spezialfälle von Situationen begrenzter Komplexität.

sein?' in den Raum zu stellen bringt nicht weiter. Worauf es für ein rationales Entscheiden vielmehr ankommt, sind zielgenaue Gegenargumente, damit die so angegriffenen Entscheidungsalternativen erkennbar verteidigt werden können – oder sich eben als nicht zu verteidigen erweisen. Beide Ausgänge des Streits sind produktiv für eine rationalere Entscheidung. Die Verteidigbarkeit zeigt, dass eine Alternative sich bewährt; und die Nicht-Verteidigbarkeit weist auf offene Flanken hin, die künftig ins Auge gefasste Alternativen nicht aufweisen sollten.

Eine der großen politischen Streitfragen der letzten Jahre darüber, was die richtigen Entscheidungen gewesen wären und heute sind, bezieht sich auf das sogenannte „Flüchtlingsproblem". Wie viele Flüchtlinge aus Kriegsgebieten und mit ganz anderen kulturellen Prägungen ‚verkraften' wir? Rationalitätskriterien der Effizienz oder Effektivität hätten hier der Bundeskanzlerin oder anderen politischen Entscheidungsträgerin allenfalls bei zweitrangigen Aspekten weitergeholfen; für die Beurteilung der für das Entscheiden zentralen Hinsichten hätten sie überhaupt keinen Maßstab dafür geboten, was zu tun ist. Es ging und geht vielmehr um Bewährung gegen spezifische Skepsis – wobei ideologische Brandstifter von Anfang an, und leider nicht erfolglos, alles getan haben, um mit pauschalen Zweifeln publikumswirksam zu punkten. Anstatt mit „Wir" gegen die „Fremden" aufzutrumpfen, aber auch anstelle grenzenloser Gastfreundschaft für alles Elend dieser Welt – beides denkfaule, stattdessen moralisierende Extrempositionen des auf Dogmatismus hinauslaufenden pauschalen Skeptizismus – käme es für ein möglichst rationales Entscheiden darauf an, vielerlei Kriterien (Humanität, Arbeitskräfte, Demographie, Geopolitik, Kulturkonflikte und kulturelle Bereicherung, Kriminalität …) und vielerlei denkbare Maßnahmen von der Bekämpfung der Migrationsursachen vor Ort bis zur breiten, kontrovers beurteilten, Palette der Integration in unsere Gesellschaft abzuwägen und möglichst gut begründete, in sich stimmige Maßnahmenbündel zusammenzustellen.

Nicht nur dieses Beispiel, das uns die politischen Debatten der letzten Jahre breit vor Augen geführt haben, dokumentiert, wie schwer es ist, Rationalität gegen Dogmatismus jedweder Spielart hochzuhalten. Individuelles biographisches Entscheiden oder das Entscheiden von angeblich so rationalen, weil vom Konkurrenzkampf dahin gedrängten Unternehmen ist genauso wenig dagegen gefeit, Vorurteilen, ‚fixen Ideen', Denkfaulheiten und anderen Arten von Kurzschlüssen zu verfallen.

2.4 Ergebnisrationalität und prozedurale Rationalität

Bis zu diesem Punkt könnte man meinen, dass es bei Rationalität als Prüfstein ‚guten' Entscheidens – egal, in welcher der drei Lesarten – um Ergebnisrationalität geht: Als wie gut erweist sich das Endprodukt eines Entscheidungsvorgangs – die an den Zielen der Entscheider gemessenen Resultate einer getroffenen und in die Tat umgesetzten Entscheidung? Das Problem ist allerdings: Zwar sind Entscheider letztlich immer nur an Ergebnisrationalität interessiert – doch Entscheiden als Handlungsmodus stellt dafür weder eine hinreichende noch eine notwendige Bedingung dar. Der Entscheider mag zutiefst überzeugt sein, mit der gewählten Alternative das Beste zu erreichen – und kann sich im Extremfall völlig irren. Vielleicht erkennt er das im Nachhinein; vielleicht bleibt er aber auch auf Dauer im falschen Glauben, dass mehr als das, was er erreicht hat, nicht drin war. Umgekehrt kann ein nicht-entscheidungsförmiges Handeln sehr gute Resultate, also eine hohe Ergebnisrationalität erzielen. Alle Jahre wieder wird – um ein Extrembeispiel zu nehmen – mit ausgewürfelten Lottozahlen tatsächlich der Jackpot geknackt. Freilich gilt, dass die allermeisten Lottospieler dauerhaft eine extrem miserable Ergebnisrationalität erreichen, nämlich ihr Geld zum Fenster rauswerfen.

Dieses Phänomen gibt einen Hinweis darauf, was Rationalität aus der Sicht derer, die sich entscheiden müssen, nur heißen kann. Wenn Ergebnisrationalität nicht zuverlässig direkt angesteuert werden kann, bleibt einem nicht mehr, als sich im Prozess des Entscheidens um prozedurale Rationalität zu bemühen – die bei den Lottospielern nicht zu erkennen ist.[2] Prozedurale Rationalität besteht darin, sich beim Abwägen von Handlungsalternativen an bestimmten Praktiken des Vorgehens zu orientieren, die eine gute Ergebnisrationalität zwar keinesfalls garantieren, aber doch wahrscheinlicher machen. Ein Beispiel: Sofern man Zeit dafür hat, sollte man ein Entscheidungsproblem nicht einfach so hinnehmen, wie es sich einem auf den ersten Blick darstellt, sondern es genauer von verschiedenen Seiten aus betrachten. Diese vielseitige Anschauung des Problems zeigt oft Problemursachen oder Ansatzpunkte für die Problembearbeitung, die sonst verborgen geblieben wären. Im Teil II werden genau solche Praktiken prozeduraler Rationalität ins Zentrum der Betrachtung gerückt.

Das Bemühen um prozedurale Rationalität führt erfahrungsgemäß zumeist zu einer solchen Steigerung von Ergebnisrationalität, für die sich der Aufwand lohnt. Vielleicht liegt die Korrelation nicht höher als 0,4 – ein ziemlich aus der Luft

---

[2] Hier liegt Herbert Simons (1976) Unterscheidung von „procedural" und „substantive rationality" zugrunde.

gegriffener, wahrscheinlich zu hoher Wert. Das hieße: Die Ergebnisrationalität des Entscheidens ergäbe sich immer auch, und wohl überwiegend, unabhängig davon, welche prozedurale Rationalität Entscheider an den Tag legen, aus von ihnen ungesehenen oder unbeeinflussbaren Faktoren. Doch für Fatalismus besteht kein Grund: Wenn man sich strebend um ‚gutes' Entscheiden bemüht, hat man eine nennenswerte Chance auf bessere Resultate.

Ob man angesichts dessen am Ende das Glas halb voll oder halb leer findet, bleibt freilich eine offene Frage. Eine Umfrage der Unternehmensberatung Price–Waterhouse Coopers aus dem Jahr 2004 ergab beispielsweise, dass in einem Sample aus mehr als 200 Firmen in 30 Ländern und verschiedenen Branchen die Hälfte aller etwas ambitionierteren Vorhaben der organisationalen Umgestaltung scheiterten und weniger als 3 % aller Vorhaben als rundum gelungen eingestuft wurden (Mezias/Starbuck 2008: 77). Bei anderen Entscheidern und Entscheidungssituationen dürfte es nicht viel anders sein. Lohnt sich die Anstrengung wirklich? Die bescheidene Antwort, die hoffentlich im Teil II plausibel werden wird: Wenn die Hälfte der Vorhaben nicht komplett scheitern, ist das der Mühe wert.

Komplexität 3

Inhaltsverzeichnis

3.1 Sachdimension 20
3.2 Sozialdimension 22
3.3 Zeitdimension 25
3.4 Ressourcen 26
3.5 Wirkungsgefüge des Entscheidens: Intentionalität und Transintentionalitäten ... 27

Bis hierher hat sich bereits an ganz vielen Phänomenen angedeutet, warum Entscheiden oft so schwierig ist – woran es liegt, dass man meist nicht weiß, was die beste Handlungsalternative in einer gegebenen Situation ist, oder welche der zur Verfügung stehenden Alternativen überhaupt irgendetwas taugt. Der Oberbegriff für fast alle diese Schwierigkeiten lautet: Komplexität. Es gibt zwar, wie ich noch ansprechen werde, einen weiteren Grund dafür, dass man von vornherein weiß, keine gute Ergebnisrationalität erzielen zu können. Doch der ist nicht spezifisch für einen entscheidungsförmigen Umgang mit Problemen, und ziemlich banal.

Soziologisch interessant ist hingegen Komplexität. Bei jedem Handeln und handelnden Zusammenwirken – also auch bei jedem entscheidungsförmigen Handeln – lassen sich drei Dimensionen unterscheiden, in denen es mehr oder weniger komplex sein kann:

- die Sachdimension: Welche Informationsgrundlage des Handelns steht zur Verfügung, wie vollständig und gesichert ist dieses Wissen?
- die Sozialdimension: Wer wirkt bei einem handelnden Zusammenwirken mit, wie stehen die jeweils verfolgten Absichten zueinander, und wer verfügt über welche Möglichkeiten, die eigenen Absichten zu verfolgen?

© Der/die Autor(en), exklusiv lizenziert an Springer Fachmedien Wiesbaden GmbH, ein Teil von Springer Nature 2022
U. Schimank, *Entscheiden*, https://doi.org/10.1007/978-3-658-37196-8_3

- die Zeitdimension: Auf welchen Zeithorizont ist das Handeln ausgerichtet, wie ungewiss ist die Zukunft, und wie knapp ist der Zeitraum, in dem etwas getan werden muss?

Konkrete Handlungs- bzw. Entscheidungssituationen stellen stets Mixturen dieser drei Dimensionen dar, wobei die Gewichtigkeit der Dimensionen variiert. Zwischen den drei Dimensionen gibt es auch vielfältige Wechselwirkungen, wie sich schnell zeigen wird; im ersten Schritt ist es dennoch sinnvoll, sie analytisch auseinanderzuhalten.

Ich gehe daher im Folgenden zunächst die drei Dimensionen für sich genommen durch, um sodann im nächsten Kapitel Komplexitätsprofile von Entscheidungssituationen danach zu unterscheiden, welche Dimensionen im Vordergrund des Geschehens stehen.

3.1 Sachdimension

In der Sachdimension ist ein Problem für einen Entscheider umso komplexer, je unvollständiger und unsicherer seine Informationsgrundlage ist. Das kann zunächst ganz simpel am *Fehlen von Informationen* liegen. Wie ist das Problem beschaffen, und wie wirkt es sich aus? Aus welchen Ursachen ist es hervorgegangen? Welche Maßnahmen könnten sich eignen, um das Problem zu bearbeiten? Das sind die Arten von Informationen, die man benötigt; und je mehr es daran mangelt, desto schwieriger wird es, eine gute Entscheidung oder sogar überhaupt eine Entscheidung zu treffen. Das kann man sich gut an ganz vielen Entscheidungsproblemen – von der individuellen Gestaltung einer Berufskarriere bis zur Eindämmung der Corona-Pandemie – plastisch vor Augen führen.

Sachlich komplex sind Entscheidungsprobleme aber auch dann, wenn Entscheider auf den ersten Blick über ganz viele Informationen verfügen – wenn sich nämlich auf den zweiten Blick zeigt, dass es zu viele sind, so dass die Informationsgrundlage deshalb unvollständig bleibt, weil dieser *„information overload"* (Sutcliffe und Weick 2008) nicht zu verarbeiten ist. Schachspieler kennen das Phänomen: Im Prinzip ließen sich sämtliche denkbaren Folgen aus den in einer bestimmten Spielsituation verfügbaren alternativen Zügen für die nächsten fünf oder zehn oder zwanzig Züge durchrechnen; doch die so einholbaren Informationen explodieren sehr schnell, weil zu jedem möglichen eigenen Zug stets eine Mehrzahl von Zugmöglichkeiten des Gegners zu berücksichtigen wären, so dass selbst geübte Schachspieler insbesondere im Mittelspiel nicht weit voraus kalkulieren können, wenn sie ihren nächsten Zug auswählen. Ein anderes Beispiel:

3.1 Sachdimension

Auch viele Manager, wie empirische Studien zeigen, „… are drowning in data …" (Mezias und Starbuck 2008: 80), weil sie täglich im Schnitt 180–200 Dokumente mit Entscheidungsanlässen und relevanten Informationen auf den Tisch bekommen. Durchtriebene Untergebene, die bestimmte Entscheidungsalternativen verhindern wollen, fluten ihre Vorgesetzten mit irrelevanten Informationen, so dass die für diese Alternativen sprechenden Informationen untergehen.

Sowohl zu viele als auch zu wenige Informationen können also im Ergebnis auf dasselbe hinauslaufen: Entscheidungsschwierigkeiten bis hin zur Entscheidungsunfähigkeit. Neben diesen quantitativen Manifestationen sachlicher Komplexität kann diese auch einen qualitativen Hintergrund haben. Dann sind Entscheidungsprobleme deshalb komplex, weil der Entscheider Schwierigkeiten hat, das, was er über sie weiß, richtig zu interpretieren. *Uninterpretierbarkeit* läuft darauf hinaus, dass der Entscheider sich sozusagen keinen Reim auf das Geschehen machen kann, so wie Bob Dylans (1965) berühmter Mr. Jones: „You know there's something happening but you don't know what it is …"[1] Die Informationsgrundlage gibt dem Entscheider Rätsel auf. Auch hier können Gegenüber im Spiel sein, die genau das bewirken wollen, um Entscheidungsunfähigkeit zu erzeugen oder falsche Entscheidungen zu suggerieren – siehe etwa die Verschlüsselung militärischer Nachrichten, damit der Feind nicht weiß, was man vorhat. Doch auch ohne dahinterstehende gezielte Absicht kann ein Entscheidungsproblem mehr oder weniger opak bleiben – wenn beispielsweise ein Unternehmen registriert, dass seine Verkäufe immer weiter zurückgehen, ohne dass auch intensives Nachforschen zur entscheidenden Ursache vorzustoßen vermag, und sich zu ratlosem Fatalismus verdammt sieht.

Ein Spezialfall sachlicher Komplexität muss noch erwähnt werden: Donald Rumsfelds berüchtigte „unknown unknowns". Die bisher genannten Ausprägungen sachlicher Komplexität sind ja welche, bei denen der Entscheider merkt, dass er es mit zu wenigen, zu vielen oder undurchsichtigen Informationen zu tun hat. Umgekehrt kann es aber auch sein, dass er sich in Sicherheit wiegt, also glaubt, die Komplexität im Griff zu haben – doch tatsächlich ist das Gegenteil der Fall. Manchmal kann dieser Irrtum, wie beim Ritt über den Bodensee, gut gehen oder sogar Voraussetzung für eine hohe Ergebnisrationalität sein. Zumeist jedoch läuft eine solche *unbemerkte Komplexität* von Entscheidungsproblemen darauf hinaus, dass man sie zu leicht nimmt und im Extremfall nicht einmal erkennt, dass man etwas tun muss; oder man denkt, dass das, was man tut, völlig angemessen ist, was sich dann aber früher oder später als Fehleinschätzung entpuppt. Jemand weiß z. B. gar nicht, wie wichtig gute Englischkenntnisse für ein erfolgreiches

---

[1] Bob Dylan (1965): Ballad of a Thin Man. Auf: Highway 61 Revisited.

Soziologiestudium sind. Entsprechend prüft er sich selbst gar nicht daraufhin, entscheidet sich für Soziologie und merkt nach drei Semestern, dass er das Studium nicht schafft.

3.2 Sozialdimension

In der Sozialdimension sind Entscheidungssituationen zunächst einmal in dem Maße komplex, in dem ein Entscheider relevantes Handeln oder Entscheiden anderer nicht einzuschätzen vermag. Man weiß, dass das, was man selbst am besten täte, davon abhängt, was bestimmte Gegenüber tun. Es besteht, anders gesagt, *Erwartungsunsicherheit* bezüglich der für den Erfolg des eigenen Entscheidens relevanten Absichten und Handlungsweisen der anderen. Wenn ich z. B. für meinen Weg zur Arbeit nach drei Tagen Stauerfahrung an einer Baustelle beschließe, am nächsten Morgen früher loszufahren, kann es mir passieren, dass ich wieder im Stau stehe, weil sich viele andere genauso entschieden haben. Ähnlich beruht die Komplexität von Entscheidungen auf dem Finanzmarkt darauf, dass der richtige Zeitpunkt für den Kauf oder Verkauf einer Aktie ganz stark davon abhängt, wie andere Anleger diese Aktie zukünftig bewerten werden – denn das bestimmt, ob deren Kurs steigen oder fallen wird. In anderen Situationen sind es nicht viele andere, deren massenhaftes Handeln ein Entscheider richtig antizipieren muss; sondern es geht nur um ein einziges Gegenüber. Womit beeindrucke ich meinen Chef am nachhaltigsten, so dass er mich demnächst für ‚höhere Aufgaben' empfiehlt: wenn ich stets alle Regeln beachte oder gelegentlich auf „brauchbare Illegalität" (Luhmann 1964: 304–314) umschalte?

Erwartungsunsicherheit kann die zugespitzte Form annehmen, dass ein Entscheider nicht weiß, ob er vom Gegenüber getäuscht wird. Was erzählt mir der Gebrauchtwagenhändler über das Auto, für das ich mich interessiere, und was verschweigt oder überspielt er? Solche strategisch erzeugte Erwartungsunsicherheit kann sich, wie im Beispiel, auf Eigenschaften von Alternativen beziehen, zwischen denen jemand sich zu entscheiden hat. Es kann aber auch um Einflusspotentiale gehen, die zum Einsatz gebracht werden könnten. Wie streikbereit sind die Gewerkschaften wirklich, um ihre Interessen durchzusetzen, und wie lange halten sie durch?

Neben Erwartungsunsicherheiten sind in der Sozialdimension *Konflikte* komplexitätssteigernd. Was bei meinem Entscheiden herauskommt, kann davon abhängen, dass andere es zumindest dulden oder mich sogar aktiv unterstützen; oder andere wollen mich dazu bringen, dass ich mich dafür entscheide, ihr Entscheiden zu dulden oder zu unterstützen; und jeweils kann es sein, dass die

3.2 Sozialdimension

anderen etwas anderes wollen als ich, oder umgekehrt. Man kann mit einer aus der Spieltheorie stammenden Typologie drei Konfliktniveaus mit entsprechend sich steigernder sozialer Komplexität unterscheiden (Esser 2000: 25–108):

- *Koordinationsspiele:* Hier gibt es keine wirklichen Konflikte. Die Beteiligten müssen sich zwar miteinander abstimmen, wer was tut oder lässt; doch die Einigung fällt leicht, weil bestimmte Kombinationen von Handlungswahlen der Beteiligten für alle Seiten gut oder sogar optimal sind. Wenn sowohl die eine als auch eine andere Abteilung einer Organisation zweimal in der Woche einen bestimmten Konferenzraum für Sitzungen benötigt, es beiden Abteilungen aber völlig egal ist, an welchen Wochentagen sie sich dort treffen können, ist es nicht schwer, sich über die Nutzung des Raums zu verständigen; sogar für gelegentliche Sonderbedarfe wären noch Flexibilitäten.
- *Nullsummenkonflikte:* Sie stellen das andere Extrem dar. Hier prallen präferierte Entscheidungsalternativen verschiedener Akteure hart aufeinander. In dem Maße, in dem die eine Seite ihre Absichten durchsetzt, muss die andere Seite Abstriche machen. Entweder Sterbehilfe wird erlaubt, oder sie bleibt verboten. Natürlich gibt es Kompromisse dazwischen; doch auch für sie gilt: Was der eine an Zugeständnissen macht, ist sein Verlust und Gewinn des anderen. Die soziale Komplexität spitzt sich hierbei nochmals zu, wenn es nicht bloß um Interessen-, sondern um Identitätskonflikte – wie bei der Sterbehilfe – geht (Hirschman 1994). Interessen lässt man sich gegebenenfalls durch irgendeinen 'Kuhhandel' abkaufen. Dann gibt man nach, weil die andere Seite in einer ganz anderen Angelegenheit nachgibt oder ‚Bestechungsgeld' zahlt. Bei Identitätsansprüchen, wenn es etwa um Selbstbilder oder moralische Prinzipien geht, heißt es hingegen schnell: ‚Hier stehe ich, ich kann nicht anders!'
- *„Mixed motive games":* Sie sind weder so harmlos wie Koordinations- noch so konfrontativ wie Nullsummenspiele. Es handelt sich um Entscheidungssituationen einer mittleren sozialen Komplexität. Auf der einen Seite kollidieren die eigenen Absichten mit dem, was andere tun wollen; doch auf der anderen Seite gibt es wechselseitiges Bemühen darum, miteinander zu kooperieren und so vielleicht eine „win–win"-Situation herbeizuführen, oder zumindest um eine Schadensbegrenzung hinsichtlich der einander in die Quere kommenden Absichten. Der „Kalte Krieg" der Atommächte USA und UdSSR mit dem sogenannten „Gleichgewicht des Schreckens" war solch eine Schadensbegrenzung: Beide hatten zwar ein Interesse oder sogar den ideologischen Identitätsanspruch, über den anderen zu obsiegen; doch beide mussten einsehen, dass der eigene Versuch, dies mit Atomwaffen zu erreichen, die eigene

atomare Vernichtung nach sich gezogen hätte. Also kooperierte man – und sei es zähneknirschend – miteinander.

Wie man mit Erwartungsunsicherheiten und Konflikten umzugehen vermag, hängt außer von deren Beschaffenheit noch von einem weiteren Faktor in der Sozialdimension ab: dem Modus des handelnden Zusammenwirkens des Entscheiders mit anderen Akteuren. Drei Modi lassen sich unterscheiden:

- Konstellationen *wechselseitiger Beobachtung:* Hier kann der Entscheider seine Gegenüber nur daraufhin beobachten, was sie tun oder wohl tun werden, und muss daraus Schlüsse für sein eigenes Entscheiden ziehen. Da dies wechselseitig so geschieht, geht es um „mutual adjustment" (Lindblom 1965; Scharpf 1997: 109) der Akteure: Jeder reagiert auf das tatsächliche oder mutmaßliche Handeln der anderen – wie etwa auf dem Finanzmarkt. Dies ist eine in der Sozialdimension komplexe Situation, weil eine ununterbrochene Hab-Acht-Haltung erforderlich ist. Jederzeit können Gegenüber ihr Verhalten ändern.
- Konstellationen *wechselseitiger Beeinflussung:* Hier kommt zu wechselseitiger Beobachtung hinzu, dass man einander gegenseitig durch Drohungen oder Anreize, durch Überzeugungsversuche oder durch andere Arten von Einflussnahme zur Fügsamkeit mit den je eigenen Absichten bringen will. Wenn ein Entscheider ein überlegenes Einflusspotential besitzt, kann er seine Absichten durchsetzen, auch wenn sie denen der anderen zuwiderlaufen; je geringer hingegen sein Einflusspotential ist, desto mehr muss er sich deren Absichten beugen. Entsprechend weniger oder mehr komplex ist die Entscheidungssituation für ihn in der Sozialdimension.
- Konstellationen *wechselseitigen Verhandelns:* Hier laufen wechselseitige Beobachtung und Beeinflussung darauf hinaus, bindende Vereinbarungen – z. B. Verträge – miteinander zu erreichen, die hohe Erwartungssicherheit schaffen und Konflikte dauerhaft regeln. Dadurch wird die soziale Komplexität des Entscheidens reduziert, weil man nicht ständig mit überraschenden oder ‚unfreundlichen' Akten der Gegenüber rechnen muss. Verhandlungskonstellationen sind allerdings sehr voraussetzungsvoll hinsichtlich gegenseitigen Vertrauens und gegenseitiger Empathie, so dass bindende Vereinbarungen oftmals nicht möglich erscheinen und Verhandeln dann gar nicht erst versucht wird.

Dass die Sozialdimension hier vielschichtiger betrachtet wird als die Sach- und die gleich anzusprechende Zeitdimension, liegt daran, dass sich die Sozialdimension im Zentrum einer soziologischen Perspektive auf Entscheiden befindet. Die sachliche und zeitliche Komplexität des Entscheidens sind gewissermaßen Randbedingungen dessen, was die Soziologie am Entscheiden vorrangig interessiert: wie mit der sozialen Komplexität von wechselseitiger Erwartungsunsicherheit und wechselseitigen Konflikten umgegangen wird.

3.3 Zeitdimension

In der Zeitdimension ist Entscheiden erstens und vor allem umso komplexer, je größer die *Zeitknappheit* ist. Ein Problem spitzt sich zu, und man muss etwas tun; man hat viele Probleme gleichzeitig zu bewältigen, so dass die Beschäftigung mit jedem von ihnen den anderen die Zeit stiehlt; und je komplexer Probleme sachlich und sozial sind, desto mehr Zeit wäre erforderlich – die man aber nicht hat. Zeitknappheit macht sich oft in Deadlines bemerkbar. Bis Ende der Woche muss etwas entschieden sein. Aber manchmal ist dem Entscheider die sich faktisch aus der Problemzuspitzung ergebende Deadline lange Zeit nicht klar, und er wird erst ganz spät plötzlich damit konfrontiert, dass es fünf vor oder sogar nach Zwölf ist – siehe den menschengemachten Klimawandel.

Das sind hinlänglich bekannte Schwierigkeiten, die in dem Maße weiter gesteigert werden, in dem zweitens der *Zukunftshorizont* des Entscheidens ausgedehnt wird. Je länger die Zeitspanne ist, für die man ein Problem entscheidungsförmig bearbeiten will, desto komplexer wird es – siehe etwa die Frage der Endlagerung atomaren Mülls. Wenn ich dagegen nur bis morgen denke, wird das Alternativenabwägen viel einfacher – aber ich muss mich auf, dann gar nicht überraschende, unangenehme Überraschungen übermorgen einstellen.

Hier spielt drittens *Zukunftsungewissheit* als weitere Manifestation zeitlicher Komplexität hinein – auf zwei Stufen, die nochmals Rumsfelds „known" und „unknown unknowns" ansprechen: Weiß ich, was passieren könnte, mit mehr oder weniger genauen Wahrscheinlichkeiten? Oder habe ich keine Ahnung, was passieren könnte – höchstens das dumpfe Gefühl, dass da etwas sein könnte, womit ich überhaupt nicht rechne?

Sehr viele – nicht alle – Aspekte sachlicher und sozialer Komplexität ließen sich reduzieren, wenn ein Entscheider nur genügend Zeit hätte, also nicht unter Zeitknappheit litte. Je mehr Zeit für eine Entscheidung wäre, desto mehr Informationen ließen sich einholen und verarbeiten, und desto mehr Erwartungsunsicherheiten und Konflikte ließen sich abarbeiten. So gesehen ist die

Zeitdimension der Flaschenhals der Komplexitätsbewältigung des Entscheidens. Mehr Rationalität scheitert an zu wenig Zeit. Doch das ist soziologisch eine wenig befriedigende Antwort: Sie stimmt – aber sie ist wenig überraschend – und man kann so pauschal nicht viel daran machen.

3.4 Ressourcen

Die verschiedenen Arten sachlicher, zeitlicher und sozialer Komplexität von Entscheidungssituationen sind für eine soziologische Perspektive die zentralen Faktoren, die Entscheiden schwierig machen. Ein weiterer Faktor muss zumindest kurz erwähnt werden, der ebenfalls oft mitbestimmt, wie schwierig eine Entscheidungssituation ist. Es handelt sich, ziemlich banal, um die Verfügbarkeit oder Knappheit an Ressourcen, die man bei der Wahl einer Entscheidungsalternative veranschlagen und bei deren Umsetzung einsetzen kann. In der modernen, geldbasierten Gesellschaft geht es zumeist vor allem darum, wie viel finanzielle Mittel man einsetzen kann, um z. B. die Eurokrise politisch zu bewältigen oder die eigene berufliche Karriere durch kostspielige Weiterbildungsmaßnahmen wie etwa einen MBA-Abschluss einer renommierten Universität zu befördern.

Es ist klar, dass mehr Ressourcen eine Entscheidung einfacher machen. Man kann Blockaden in Entscheidungskonflikten überwinden, indem man die Blockierer besticht – was man freilich niemals so bezeichnen wird. Man kann seine Informationsbasis verbessern, indem man beispielsweise Gutachten bestellt, die wichtige Hinweise für die Bewertung von Entscheidungsalternativen liefern. Man kann sich Fehlschläge leisten und hat immer noch eine weitere Alternative in der Hinterhand – jedenfalls dann, wenn die Zeitknappheit nicht nur einen Versuch zulässt. Oder man kann mehrere Alternativen parallel erproben und sich dann für diejenige entscheiden, die am besten abschneidet.

Die verfügbaren Ressourcen spielen also fast immer eine Rolle – und nicht selten eine durchaus wichtige. Als Randbedingung werden sie daher im Weiteren immer wieder zur Sprache kommen. Doch im Zentrum der Aufmerksamkeit wird die Komplexität von Entscheidungssituationen stehen – und hier insbesondere die soziale Komplexität.

3.5 Wirkungsgefüge des Entscheidens: Intentionalität und Transintentionalitäten

Wenn man das Entscheiden eines Akteurs als eine Weise seines intendierten Wirkens auf den für ihn relevanten Weltausschnitt betrachtet, muss man diesen Wirkimpuls im Kontext von drei anderen Arten von Wirkimpulsen verorten. Diese anderen Wirkimpulse können im günstigen Fall das Intendierte verstärken; sie können es aber auch mehr oder weniger konterkarieren. Letzteres soll hier unterstrichen werden – nicht, um Entscheider zu entmutigen, sondern, damit sie entsprechend bedacht und ‚realistisch' agieren. Luhmanns (1988: 330) These lautet: „Wer einen Zweck in die Welt setzt, muß dann mit dem Zweck gegen die Welt spielen – und das kann nicht gut gehen, oder jedenfalls nicht so, wie er denkt." So fatalistisch muss man nicht sein – aber vorsichtig schon!

Noch einmal: Das eigene Entscheiden verfolgt eine spezifische Wirkungsintention. Jemand will eine glückliche Ehe führen und wählt sich dafür eine bestimmte Partnerin aus; ein Unternehmen will eine Umsatzsteigerung erreichen und setzt dafür auf eine neue Marketingstrategie; eine Regierung will die Corona-Pandemie eindämmen und ergreift dafür bestimmte Maßnahmen, die Kontakthäufigkeiten zwischen Menschen verringern sollen.

Der erste Kontext, in dem diese entscheidungsförmige Wirkungsabsicht steht, ist das sonstige Handeln – oder Entscheiden – des betreffenden Akteurs. Zwischen einer bestimmten Entscheidung und anderem eigenen Handeln oder Entscheiden können transintentionale – unvorhergesehene und unerwünschte – Interferenzen auftreten. Ich entscheide mich für ein Soziologiestudium in Bremen – doch wie passt das dazu, dass ich einen guten Job zum Geldverdienen, worauf ich angewiesen bin, in München hätte? Oder dazu, dass ich mich eigentlich nur in Alpennähe wohl fühle und Flachland mir körperliches Unbehagen bereitet?

Widerfahrnisse, die von Dingen – technischen Artefakten oder Naturgegebenheiten – ausgehen, sind ein zweiter Kontext, aus dem transintentionale Interferenzen mit entscheidungsförmig verfolgten Intentionen ausgehen können. Ein grüner Wirtschaftsminister entscheidet sich dafür, Windenergie massiv auszubauen, um Kohlekraftwerke schnell abschalten zu können. Was aber, wenn die Effizienz der Windräder immer noch zu gering ist, um einen so schnellen Umstieg friktionslos vollziehen zu können? Und was, wenn die Klimaveränderungen dafür sorgen, dass sich die Häufigkeit und Stärke von Wind so verringern, dass die Energieausbeute nicht ausreicht?

Drittens schließlich sind Widerfahrnisse durch andere Akteure ein Kontext entscheidungsförmiger Intentionalität. Die Bundeskanzlerin will einheitliche

Regelungen für die Corona-bedingten Reiseeinschränkungen; doch die Ministerpräsidenten der Bundesländer pochen darauf, dass sie in dieser Angelegenheit für ihr Land das Sagen haben. Und meine Freundin ist sauer, weil mein Studium in Bremen eine Wochenend-Beziehung bedeutet, mit der sie sich nicht zufriedengeben will. Auch hier gerät meine entscheidungsförmig verfolgte Intention in transintentionale Weiterungen. Wenn ich diese zu spät bemerke oder nicht ernst nehme, ist das Kind oft schon in den Brunnen gefallen: Die Entscheidung erreicht ihre Intention nur unvollständig oder verfehlt sie ganz und gar; oder sie bringt Neben- und Fernwirkungen hervor, die gewichtig, manchmal gewichtiger als ihre intendierten Wirkungen sind.

Dass Entscheidungen immer wieder in diesen verschiedenen Hinsichten nur eine geringe Ergebnisrationalität aufweisen, muss man hinnehmen. Die Möglichkeit, eine – situationsbedingt variierende – nennenswerte Ergebnisrationalität zu erreichen, ist dennoch oft gegeben. Und wenn es um wichtige Fragen geht, sollte man diese Möglichkeit ergreifen.

Komplexitätsprofile 4

Inhaltsverzeichnis

4.1 Acht Arten von Entschiedungssituationen 29
4.2 „Wicked problems" 33
4.3 Was tun? 33

Bis hierher wurden die drei Komplexitätsdimensionen von Entscheidungssituationen je getrennt behandelt. Konkrete Situationen weisen in jeder der drei Dimensionen ein bestimmtes Ausmaß an Komplexität auf. Um sie entscheidungssoziologisch zu charakterisieren, muss man also ein Komplexitätsprofil erstellen, das die jeweilige Kombination aus sachlicher, sozialer und zeitlicher Komplexität darstellt.

4.1 Acht Arten von Entschiedungssituationen

Sehr vereinfacht lassen sich acht Komplexitätsprofile von Entscheidungssituationen unterscheiden:

- in allen drei Dimensionen geringe Komplexität,
- hervorstechende Komplexität in der Sachdimension,
- hervorstechende Komplexität in der Sozialdimension,
- hervorstechende Komplexität in der Zeitdimension,
- sachlich und zeitlich hervorstechende Komplexität,
- sachlich und sozial hervorstechende Komplexität,
- zeitlich und sozial hervorstechende Komplexität,
- in allen drei Dimensionen sehr hohe Komplexität.

Diese Profile werden nun beispielhaft erläutert.

Eine *geringe Komplexität in allen drei Dimensionen* ist der Grenzfall, der hier nicht weiter interessiert, weil er Entscheider vor keine besonderen Probleme stellt. Wenn ich mich z. B. beim Frühstücksbüffet im Hotel zwischen drei Sorten Marmelade entscheiden muss, ist das nicht nur deshalb eine einfache Entscheidung, weil sie für mich wenig folgenreich ist. Festzustellen, dass man nur die zweitbeste Marmelade ausgewählt hat, ist keine Tragödie. Man schluckt sie im wahrsten Sinne des Wortes einfach hinunter. In sachlicher Hinsicht habe ich eine überschaubare Anzahl von klar umrissenen, bekannten Alternativen; in sozialer Hinsicht hängt diese Wahl nicht daran, wie andere sich entscheiden, und ist auch konfliktfrei, solange keine der Marmeladesorten knapp wird; und in zeitlicher Hinsicht ist es eine Entscheidung für Hier-und-jetzt, die nichts für die Zukunft präjudiziert, und es besteht kein sonderlicher Zeitdruck.

Eine Entscheidung, die *in der Sachdimension hervorstechende Komplexität* bewältigen muss, liegt beispielsweise dann vor, wenn jemand, der sich verirrt hat, auf den richtigen Weg zurückfinden muss, ohne andere fragen zu können, dabei aber nicht unter Zeitdruck steht. Es könnte auch jemand sein, der für sich, ohne Eile, entscheiden will, was er als nächstes tut. Das könnte z. B. ein Künstler – ein Maler, ein Komponist oder ein Schriftsteller – sein, der, ohne auf die Gunst des Publikums oder der Kritiker schielen zu müssen, sein nächstes Werk konzipiert.

Entscheider, die mit einer *in der Zeitdimension hervorstechenden Komplexität* konfrontiert sind, sind z. B. Fußballschiedsrichter oder Notfallärzte. Erstere müssen in Sekunden entscheiden, ob eine körperliche Attacke ein Foul war, das im Extremfall mit einem Platzverweis oder einem Elfmeter zu ahnden ist. Im heutigen Profisport hängen von solchen Entscheidungen ein Weiterkommen in internationalen Wettbewerben oder eine Weltmeisterschaft ab, beides mit hohen Geldsummen für Vereine oder individuelle Spieler verbunden. Notfallärzte, die z. B. bei einem Verkehrsunfall vor Ort entscheiden müssen, was für einen Verletzten zu tun ist oder welchen Verletzten sie sich als erstes zuwenden, bestimmen damit immer wieder über Leben oder Tod. Dieses Komplexitätsprofil ist ein sehr markant anderes als das, in dem die Sachdimension hervorsticht. Bei Ersterem ist Eile, bei Letzterem – weil man Zeit hat – Unentschlossenheit das, worin sich die Komplexität des Entscheidens manifestiert.

Für *in der Sozialdimension hervorstechende Komplexität* sind Identitätskonflikte ein zugespitztes Beispiel – z. B. der jahrhundertelange und noch immer nicht bewältigte Konflikt zwischen Katholiken und Protestanten in Nordirland. Eine dogmatisch vertretene eigene Position, gepaart mit tiefem Misstrauen gegenüber der anderen Seite: Das ist die Grundlage für Todfeindschaft als extremste

4.1 Acht Arten von Entschiedungssituationen

Form von Konflikt. Aber auch bei unvereinbaren Interessen – entweder wird Stadt X oder Stadt Y der Firmensitz eines Großunternehmens – ist die Komplexität in der Sozialdimension hoch. Dasselbe gilt für Erwartungsunsicherheit hinsichtlich des Handelns des Gegenübers, etwa im spieltheoretischen „Prisoner's Dilemma": Wird mein Kumpel mich bei der Polizei verpfeifen, um selbst als Kronzeuge glimpflich davon zu kommen, oder nicht; und soll ich ihn verpfeifen oder darauf vertrauen, dass wir beide einander nicht anschwärzen? Selbst wenn ich Zeit genug habe, darüber nachzudenken, und auch weiß, dass das sachlich seine beiden einzigen Alternativen sind: Was er tun wird, bleibt ungewiss.

Für eine Kombination *hoher sachlicher und sozialer Komplexität* sind viele Personalentscheidungen gute Beispiele. Zum einen weiß man oft nicht genau, welche Qualifikationen für die Aufgaben der zu besetzenden Stellen wie wichtig sind. Muss ein Gruppenleiter z. B. vor allem durchsetzungsfähig oder fachkundig sein, oder beides? Zum anderen ist man sich nicht sicher, welche Qualifikationen die Bewerberin tatsächlich hat und welche sie einem bloß vorgaukelt. Andere Beispiele sind solche politischen Entscheidungen, bei denen Zeitdruck und Zukunftsungewissheit keine große Rolle spielen. Wo soll der Standort einer neu zu gründenden Universität sein? Hier gibt es sachliche – u. a. Studierendenaufkommen, Verkehrsanbindung, vorhandene Infrastrukturen – und soziale Gesichtspunkte. Letztere können sich z. B. darauf beziehen, regionale Wählergruppen zu bedienen. Sachliche und soziale Komplexität können miteinander einhergehen. Dann stimmt das, was die Wählergruppen wollen, mit den sachlichen Prioritäten überein. Aber beide Komplexitätsdimensionen können auch mehr oder weniger unvereinbar miteinander sein. Was sachlich geboten erscheint, stößt sozial auf harte Widerstände – z. B. die Reduzierung des Fleischkonsums oder des touristischen Flugverkehrs.

Eine Kombination *hoher sozialer und zeitlicher Komplexität* wird durch folgendes vielfach durchgeführtes Experiment verdeutlicht: Zwei Personen müssen sich über die Aufteilung einer Torte einigen – und zwar einer Eistorte, die in der Sonne dahinschmilzt. Beide wollen ein möglichst großes Stück der Torte haben; und beide haben ein großes Interesse, sich schnell zu einigen, weil dann die zu verteilende Torte insgesamt umso größer ist. Zwei miteinander konkurrierende Unternehmen, die sich von heute auf morgen zusammenraufen müssen, um sich gemeinsam gegen einen ansonsten übermächtigen dritten Konkurrenten behaupten zu können, wären ein Beispiel für diese Art von Komplexitätsprofil.

Eine Kombination *hoher zeitlicher und sachlicher Komplexität* des Entscheidens liegt z. B. in vielen Prüfungen vor. Unter Zeitdruck müssen viele Fragen beantwortet werden, deren Antworten nicht auf der Hand liegen. Auch „normal accidents" (Perrow 1984), also kritische Störungen in sachlich extrem komplexen großtechnischen Systemen wie etwa Kernkraftwerken, verdeutlichen dieses Komplexitätsprofil – und Reaktorkatastrophen wie in Tschernobyl illustrieren eine den Entscheidern urplötzlich über den Kopf wachsende Komplexität.

Das letzte anzusprechende Komplexitätsprofil besteht in einer Kombination *gleichermaßen hoher zeitlicher, sachlicher und sozialer Komplexität.* Ein Schachspieler im Mittelspiel, der – wie im Turnierschach üblich – nicht nur gegen seinen Gegner, sondern auch gegen die Stoppuhr spielen muss, illustriert dieses Zusammenspiel aller drei Komplexitätsdimensionen. In sozialer Hinsicht besteht zwischen beiden Spielern nicht nur eine Nullsummenkonkurrenz, sondern auch eine – vom Gegner immer wieder durch Täuschungsmanöver strategisch noch weiter gesteigerte – Erwartungsunsicherheit; in zeitlicher Hinsicht ist das Zeitkontingent zum Nachdenken über die eigenen Züge stark limitiert; und in sachlicher Hinsicht können daher eigene Zug-Alternativen nur unvollständig und wenige Züge im Voraus durchdacht werden.

Kleinanleger auf dem Finanzmarkt befinden sich in einer ähnlichen Situation: Sie haben oftmals sehr viele Anlagemöglichkeiten, zu denen ihnen viel zu viele nicht zu verarbeitende Informationen zugänglich sind; welche dieser Alternativen die beste ist, hängt überdies entscheidend davon ab, was andere Anleger tun, weil deren massenhafte Entscheidungen Kurse nach oben oder unten treiben; und man muss angesichts dessen selbst schneller als die anderen antizipieren, wohin bestimmte Kurse gehen werden.

Um noch ein weiteres Beispiel zu geben: Die politischen und administrativen Entscheidungsträger bei der Bekämpfung der Corona-Pandemie müssen ebenfalls an allen drei Fronten mit hoher oder sogar sehr hoher Komplexität kämpfen. In sachlicher Hinsicht ist noch immer vieles unbekannt, was bei der Bekämpfung des Virus hilfreich wäre; erst allmählich haben wissenschaftliche Studien etwas mehr Erkenntnisse darüber gewonnen, wie sich das Virus unter welchen Bedingungen verhält und auswirkt. In sozialer Hinsicht ist die Virusbekämpfung eine beständige Gratwanderung zwischen zu starken Einschränkungen, die den Menschen auferlegt werden und dann zu klammheimlicher Verweigerung oder offenem Protest führen, und zu geringen Einschränkungen, die die Verbreitung des Virus zu wenig stoppen, wobei auch noch die Kombination der eingesetzten Einflussmedien – Verbote, Anreize, Überzeugung – wohl bedacht sein muss. Und all diese sozialen und sachlichen Aspekte, die den Entscheidern das Leben schwer machen, gehen oft genug mit Zukunftsungewissheiten und Zeitknappheiten des Entscheidens einher.

4.2 „Wicked problems"

Eine Art ganz besonders schwieriger Entscheidungsprobleme firmiert unter dem vielsagenden Namen der „wicked problems" (Rittel und Webber 1973; Danken et al. 2016). Solche bösartig verzwickten Probleme weisen in mindestens einer, aber oft auch in zwei oder sogar allen drei Dimensionen eine extrem hohe Komplexität auf:

- „… wicked problems … defy full understanding and definition of their nature and implications …" in der Sachdimension;
- in der Sozialdimension sind „… a multitude of stakeholders with typically diverging values and interests …" involviert;
- und diese Probleme „… resist a clear solution, and they tend to become chronic …" in der Zeitdimension (Danken et al. 2016: 18).

Ich kann hier nicht mehr tun, als einige ziemlich plausible Kandidaten für „wicked problems" zu benennen, ohne diese Zuordnung im Einzelnen erläutern und prüfen zu können: den Umgang mit dem menschengemachten Klimawandel; die „Energiewende" weg von fossilen Energieträgern; die Festlegung eines atomaren Endlagers in einem Staat der föderalen Politikverflechtung wie der Bundesrepublik; die weltweite und lokale Bekämpfung des islamistischen Terrorismus; die Nahost-Problematik zwischen Israel und den arabischen Ländern; den Umgang mit der Syrienkrise; die fortdauernde „Flüchtlingskrise"; die zurückliegende „Eurokrise"; den Abbau der sich als äußerst hartnäckig erweisenden Dauerarbeitslosigkeit in bestimmten sozialen Milieus. Eine weder systematische noch vollständige Liste! Aber sie vermittelt vielleicht zumindest eine Ahnung davon, mit welcher „Hyperkomplexität"[1] Entscheider hier fertig werden müssen – wollen sie nicht von ihr ‚fertig gemacht' werden.

4.3 Was tun?

Wenn man sich auf diese Weise die Beschaffenheit einer Entscheidungssituation systematisch, ‚cool, calm, and collected', also nicht konfus und panisch verschreckt, vor Augen geführt hat: Dann ist das die beste Voraussetzung dafür, dass

---

[1] Um Ekaterina Svetlovas (2009) Übernahme einer Begriffsprägung Luhmanns zu übernehmen.

man sich im nächsten Schritt fragt, was die sinnvollste – möglichst rationale – Art des Umgangs mit der Situation ist?

Hier geht es – ich wiederhole – um prozedurale Rationalität. Die Frage lautet nicht: Wie sähe eine möglichst gute Problemlösung aus? Denn zwischen dem, was man sich dazu ausmalen kann, und dem, was einem hier und jetzt möglich ist, kann sich eine beliebig breite Kluft auftun. Die Frage ist also, was die nächsten Schritte sind, um sich in diese Kluft hinein zu begeben – in der begründeten Hoffnung, dass sie einen dort weiter führen. Wie geht man, anders gesagt, vor, um das Entscheidungsproblem bewältigen zu können?

Teil II
Praktiken des Entscheiden

Bisher ist klar geworden: Einerseits kann, je wichtiger eine Angelegenheit ist, von einem umso stärkeren Entscheiden-Wollen und auch Entscheiden-Sollen ausgegangen werden; andererseits gibt es sehr oft enge Grenzen des Entscheiden-Könnens, die sich in den Komplexitätsprofilen von Entscheidungssituationen deutlich zeigen. Was bedeutet diese Kluft zwischen Wollen/Sollen und Können für das Entscheidungshandeln, wie geht es mit ihr um?

Diese Frage wird nun in sechs Schritten angegangen. Erstens werde ich vor Augen führen, wie ein perfekt rationales Entscheiden aussehen müsste. Daran wird schnell deutlich, warum dieses Ideal fast nie erreichbar ist – außer wenn die Komplexität der Entscheidungssituation äußerst gering ist. Im zweiten Schritt lautet die Schlussfolgerung daraus: Worauf Entscheiden stattdessen überwiegend hinaus läuft, ist – mit dem von Herbert Simon (1946: 38-41, 80/81, 240-244) geprägten Begriff – „bounded rationality". Doch es gibt nicht nur ein einziges Niveau begrenzter Rationalität, sondern eine große Bandbreite – je nachdem, wie hoch das Komplexitätsniveau der Entscheidungssituation ist. Man kann die Praktiken begrenzt rationalen Entscheidens danach sortieren, zu welchem Grad von Entscheidungskomplexität sie passen: zu ziemlich komplexen, sehr komplexen oder extrem komplexen Situationen. Im dritten Schritt wird auf sehr komplexe Entscheidungssituationen eingegangen, zu denen ein Sortiment von Praktiken passt, die unter den Oberbegriff „Inkrementalismus" (Lindblom 1959) subsumiert werden können. Im vierten Schritt werden ziemlich komplexe Entscheidungssituationen betrachtet, die ein höheres Niveau begrenzter Rationalität als Inkrementalismus zulassen – nämlich Planung. Planung heißt hier keineswegs, wie der Begriff oft verwendet wird, eine Annäherung an perfekte Rationalität – aber doch Rationalitäts-Zugewinne gegenüber Inkrementalismus. Es wird sich zeigen, wie voraussetzungsvoll das ist. Fünftens schließlich wird in die andere Richtung geschaut: Was heißt begrenzte Rationalität, wenn nicht einmal mehr Inkrementalismus erfolgversprechend ist? Diese extrem komplexen Entscheidungssituationen, die nur noch Praktiken des Coping ermöglichen, sind in der Entscheidungsforschung bislang am wenigsten thematisiert worden, kommen aber häufiger vor, als man auf den ersten Blick denkt. Sechstens wird abschließend überlegt, welche Möglichkeiten es gibt, Entscheidungssituationen in ihrer Komplexität nicht einfach hinzunehmen, sondern Meta-Entscheidungen zu treffen: Entscheidungen darüber, wie man mit einer Entscheidungssituation umgehen will.

Perfekt rationales Entscheiden 5

Ein perfekt rationales Entscheiden als Messlatte preduraler Rationalität muss in allen drei Komplexitätsdimensionen klar benennbaren Gütekriterien genügen:

- In sachlicher Hinsicht muss es auf einer vollständigen Erfassung und Verarbeitung der relevanten Informationen beruhen. Denn nur dann ist garantiert, dass das anstehende Entscheidungsproblem nicht nur oberflächlich oder partiell bearbeitet wird.
- In sozialer Hinsicht muss ein perfekt rationales Entscheiden die unterschiedlichen – identitäts- und interessengeleiteten – Perspektiven und daraus hervorgehenden Problemdeutungen aller Entscheidungsbeteiligten und -betroffenen aufnehmen und die sich so ergebende Vielfalt von Kriterien in eine allgemein anerkannte Rangordnung überführen.
- In zeitlicher Hinsicht schließlich muss ein perfekt rationales Entscheiden hinreichend Zeit zur Verfügung haben, damit eine vollständige Informationsverarbeitung und die Erarbeitung einer allgemein anerkannten Kriterienordnung stattfinden können. Nur so lässt sich eine nicht bloß kurzatmige, sondern einen längeren Zukunftshorizont in den Blick nehmende Problembearbeitung erreichen.

Ein Beispiel von James March (1994: 4/5) macht plastisch klar, was diese Anforderungen bei einer Personalentscheidung bedeuten:

> Consider the problem of assigning people to jobs in an organization. If it were to satisfy the expectations of pure rationality, this decision would start by specifying an array of tasks to be performed and characterizing each by the skills and knowledge required to perform them, taking into account the effects of

their interrelationships. The decision maker would consider all possible individuals, characterized by relevant attributes (their skills, attitudes, and price). Finally, the decision maker would consider each possible assignment of individuals to tasks, evaluating each possible array of assignments with respect to the preferences of the organization. Preferences would be defined to include such things as (1) profits, sales, and stock value (tomorrow, next year, and ten years from now); (2) contribution to social policy goals (e.g. affirmative action, quality of life goals, and the impact of the assignment on the family); and (3) contributions to the reputation of the organization among all possible stakeholders – shareholders, potential shareholders, the employees themselves, customers, and citizens in the community. The tradeoffs among these various objectives would have to be known and specified in advance, and all possible task definitions, all possible sets of employees, and all possible assignments of people to jobs would have to be considered. In the end, the decision-maker would be expected to choose the one combination that maximizes expected return.

Wer jemals eine Personalentscheidung getroffen hat, weiß, dass sie ganz anders als hier geschildert abläuft. Zwar spielen in der Regel die meisten angesprochenen Gesichtspunkte eine Rolle – aber viel weniger systematisch, als es hier postuliert wird. Manche werden überbetont – andere völlig vergessen – wieder andere bei einer Kandidatin sehr wichtig genommen, bei einer anderen unter den Tisch gekehrt. Vage Eindrücke, vehement verfochten, anstelle systematischer Vergleiche – die ja pedantische Kleingeisterei seien – geben nicht selten den Ausschlag.

Aber waren das durchgängig schlechte Entscheidungen? Und wenn nicht: Was hat dafür gesorgt, dass trotz dieser Abweichungen vom Ideal perfekt rationalen Entscheidens etwas ‚ganz Brauchbares' herausgekommen ist?

Um dies näher einschätzen zu können, kann man sich einen Prozess des Entscheidens zunächst einmal als zeitliche Sequenz von sechs sachlich und sozial aufeinander aufbauenden Schritten vor Augen führen: Problemdiagnose – Kriterienformulierung – Alternativensuche – Alternativenbewertung und -auswahl – Implementation – Evaluation. Diese Schritte sind, auch wenn es auf den ersten Blick so erscheinen mag, nicht als klar getrennte, aufeinander folgende zeitliche Phasen zu verstehen.[1] Sie überlappen einander vielmehr; und es gibt des Öfteren die ‚Wiedervorlage' eines eigentlich schon abgeschlossenen Schritts oder

---

[1] Wie Eberhard Witte (1968)/Henry Mintzberg et al. (1976) schon früh empirisch gezeigt haben.

5 Perfekt rationales Entscheiden

auch das Vorpreschen und Überspringen bestimmter Schritte. Doch als logische Schrittfolge eignet sich das Schema zur Vergegenwärtigung dessen, was perfekte Rationalität erfordert – um dann empirisch zusammenzustellen, in welchen Hinsichten faktisches Entscheiden davon abweicht.

Perfekt rationales Entscheiden beginnt damit, dass sich ein Akteur darüber bewusst wird, dass er ein Entscheidungsproblem hat – wobei Problem nicht unbedingt heißt, dass man mit einer als schlecht oder sich verschlechternd eingestuften Situation konfrontiert ist. Auch jemand, der sich beispielsweise zwischen zwei Stellenangeboten oder zwei Wohnungen oder Urlaubszielen, die er jeweils beide sehr attraktiv findet, entscheiden muss, hat ein Entscheidungsproblem. Die perfekt rationale *Problemdiagnose* sähe dann so aus, dass man Probleme antizipativ angeht und sich damit die benötigte Zeit verschafft, um ein Problem in all seinen sachlichen und sozialen Facetten umfassend zu durchdringen. Denn nur dann weiß der Akteur genau, was eigentlich der Gegenstand seiner zu treffenden Entscheidung ist.

Hinsichtlich der *Kriterienformulierung* bedeutet perfekt rationales Entscheiden, sämtliche relevanten Gesichtspunkte – Ziele wie z. B. Passung eines Bewerbers auf eine zu besetzende Stelle und Randbedingungen wie z. B. Geschlecht oder Gehaltsvorstellungen – zu erfassen und in eine transitive Rangordnung zu bringen. Was sind essentielle Gesichtspunkte, die auf jeden Fall erfüllt werden müssen – und welche nicht-essentiellen, aber als wünschenswert eingestuften Gesichtspunkte sind wie wichtig? Transitiv heißt hierbei: Wenn das Kriterium A als wichtiger eingestuft wird als das Kriterium B und dieses als wichtiger als das Kriterium C, dann muss auch das Kriterium A wichtiger sein als das Kriterium C. Was logisch klingt, wird faktisch oft genug missachtet. Beispielsweise sind einer Auswahlkommission für eine Stelle die Fachkenntnisse des Bewerbers wichtiger als dessen soziale Kompetenzen, und diese werden als wichtiger angesehen als dessen Geschlecht; doch wenn dann mit Blick auf Fachkenntnisse und Geschlecht diskutiert wird, zählt letzteres mehr als erstere. Die Einstufungen der Alternativen hinsichtlich bestimmter Kriterien müssen ferner als hinreichend gewiss erscheinen. Ich muss mir z. B. sicher sein, dass ich die Fachkenntnisse richtig einzuschätzen vermag. Sofern mehrere Entscheidungsbeteiligte involviert sind, impliziert eine perfekt rationale Kriterienformulierung überdies: Nur wenn eine Entscheidung sämtlichen relevanten, jeweils eine relative Berechtigung aufweisenden Interessen und Standpunkten gerecht wird, ist eine nicht bloß auf einzelne, für sich genommen partikulare Gesichtspunkte abstellende, sondern das betreffende Problem umfassend angehende Entscheidung sichergestellt.

Sind die Beschaffenheit des Problems und die Kriterien der Problembearbeitung geklärt, kann sich der Akteur auf die *Alternativensuche* begeben. Das

Finden von Alternativen ist der eine Teilschritt dieser Komponente des Entscheidens. Der andere Teilschritt besteht darin, die gefundenen Alternativen genauer zu spezifizieren. Mit Blick auf die künftige Implementation müssen die Alternativen instruktiv ausformuliert werden. Es reicht beispielsweise nicht, wenn sich die Leitung eines Unternehmens überlegt, auf Absatzrückgang mit Preissenkungen zu reagieren. Man muss schon genauer sagen, dass diese Entscheidungsalternative darin besteht, für bestimmte Produkte in einem bestimmten Zeitraum die Preise um einen bestimmten Prozentsatz zu senken. Eine perfekt rationale Entscheidung zeichnet sich bei der Alternativensuche dadurch aus, dass die in Frage kommenden unterschiedlichen Möglichkeiten, wie das anstehende Entscheidungsproblem im Rahmen der Randbedingungen und gemäß den Zielorientierungen bearbeitet werden könnte, vollständig gefunden werden. Jede dieser Alternativen muss dann so detailliert ausgearbeitet werden, dass im Falle ihrer Auswahl gewissermaßen von Anfang bis Ende feststünde, was dann zu tun wäre.

Bei der sich anschließenden *Alternativenbewertung und -auswahl* erfordert eine perfekt rationale Entscheidung, dass zunächst jede der gefundenen Alternativen anhand aller Entscheidungskriterien geprüft und bewertet wird. Diejenigen Alternativen, bei denen die Bewertung ergibt, dass sie bereits ungeachtet eines Vergleichs mit anderen Alternativen nicht geeignet sind, werden aus der weiteren Betrachtung ausgeschlossen. Für die grundsätzlich geeigneten Alternativen müssen sodann die hinsichtlich jedes einzelnen Entscheidungskriteriums vorgenommenen Teilbewertungen zu einer Gesamtbewertung zusammengefasst werden. Dann sind diese Alternativen in einer eindeutigen Rangordnung miteinander vergleichbar, und die am besten bewertete Alternative wird als diejenige, die in die Tat umzusetzen ist, gewählt. Um den Vergleichsaufwand perfekt rationalen Entscheidens zu verdeutlichen: Wenn man fünf Alternativen anhand von fünf Kriterien daraufhin vergleicht, welche Alternative welches Kriterium in welchem Maße und mit welcher Wahrscheinlichkeit erfüllt, muss man eine Bewertungstafel von 25 Feldern ausfüllen und ausrechnen, um zu einem Ergebnis zu gelangen.

Ist diese Wahl getroffen, folgt die *Implementation* der Entscheidung. Bei einer perfekt rationalen Entscheidung geschieht dies umgehend und konsequent. Es gibt keine Qual der Wahl dahingehend, ob ich mich auch wirklich richtig entschieden habe. Ich gehe einfach davon aus und tue deshalb, was ich entschieden habe. Wenn bei der Umsetzung Komplikationen auftreten, trauere ich nicht den ausgeschlagenen Alternativen nach, sondern treibe energisch die gewählte Alternative voran. Die Würfel sind gefallen, und „post-decisonal regret" (Festinger 1957; Jones und Gerhard 1967: 186–226) hält nur von dem ab, was nun zu tun ist.

5 Perfekt rationales Entscheiden

Schließlich zeichnet sich eine perfekt rationale Entscheidung durch eine kontinuierliche *Evaluation* der Ergebnisse der Implementation – Zielerreichung, Einhaltung der Randbedingungen, Vermeidung negativer Nebenwirkungen – aus; und wenn dabei zu große Mängel beobachtet werden, werden diese unverzüglich zu einem neuen Entscheidungsproblem erhoben. Die gesamte Umsetzung der Entscheidung steht also unter einer umfassenden Dauerbeobachtung, und der Akteur ist darauf gefasst, jederzeit ein weiteres Entscheidungsproblem angehen zu müssen.

Perfekte Rationalität geht also keineswegs von perfekten Entscheidungen in dem Sinne aus, dass jede Entscheidung ihr Ziel zuverlässig im Rahmen der gesetzten Randbedingungen und ohne weitere negative Nebenwirkungen erreicht und der Akteur dann erst einmal Ruhe hat, bis irgendwann ein nächstes Entscheidungsproblem auftritt. Perfekte Rationalität rechnet vielmehr mit der Unaufhörlichkeit des Entscheidens, weil der Akteur eben weder allwissend noch allmächtig ist und damit prinzipiell jeder Entwurf einer Entscheidung bei deren Umsetzung hinter den Erwartungen zurückbleiben kann. Wenn beispielsweise ein Student feststellt, dass sich das gewählte Studienfach als für ihn viel zu schwierig erweist, müsste er diesen Tatbestand als neues Entscheidungsproblem behandeln. Er müsste sich wiederum Kriterien überlegen, nach Alternativen Ausschau halten, diese bewerten und dann eine Alternative auswählen und umsetzen. Das könnte darauf hinauslaufen, dass er das Studium abbricht und sich ein neues Fach sucht – oder auch eine Lehre antritt. Er könnte aber auch zu dem Schluss gelangen, in eine studentische Lerngruppe zu gehen, um gemeinsam mit anderen die für ihn besonders schwierigen Teile des Studiums vielleicht doch bewältigen zu können. Weitere Alternativen sind vorstellbar; und bei jeder gewählten Alternative ist wiederum abzuwarten, was sie, in die Tat umgesetzt, bringt.

Begrenzt rationales Entscheiden 6

Inhaltsverzeichnis

6.1 Problemdiagnose 44
6.2 Kriterienformulierung 45
6.3 Alternativensuche 48
6.4 Alternativenbewertung und -auswahl 50
6.5 Implementation 52
6.6 Evaluation 53
6.7 Rationalität trotz Komplexität 55

Wenn man diese Checkliste perfekt rationalen Entscheidens heranzieht, um eigenes Entscheiden zu beurteilen – oder Entscheiden anderer, das man beobachtet hat – oder das Entscheiden von Unternehmungsleitungen oder Politikern, über das man in der Zeitung liest: Findet man auch nur einen einzigen Fall einer wichtigen Entscheidung, die nicht einfach simpel, sondern komplex ist, aber dennoch perfekt rationalem Entscheiden nahe kommt? Die Entscheidungsforschung präsentiert hier einen sehr eindeutigen Befund: Je komplexer eine Entscheidungssituation ist, desto geringer ist das erreichbare Rationalitätsniveau. Die Entscheidung mag noch so wichtig sein, und der Entscheider mag sich noch so anstrengen: Er stößt mit seinen Ambitionen, möglichst rational zu entscheiden, an eine Obergrenze, die umso tiefer hängt, je komplexer die Entscheidungssituation ist.

Um sich diesen Tatbestand vor Augen zu führen, kann man sich nun nochmals die sechs Schritte eines Entscheidungsprozesses vor Augen führen: Was passiert da tatsächlich – jenseits der Postulate perfekter Rationalität? Die empirische Entscheidungsforschung hat eine überwältigende Evidenz dafür zusammengetragen, dass diese Postulate Schall und Rauch sind, sobald es auch nur um halbwegs komplexe Entscheidungsprobleme geht. Ich resümiere dieses Wissen darüber, wie

© Der/die Autor(en), exklusiv lizenziert an Springer Fachmedien Wiesbaden GmbH, ein Teil von Springer Nature 2022
U. Schimank, *Entscheiden*, https://doi.org/10.1007/978-3-658-37196-8_6

Entscheider tatsächlich agieren, und frage anschließend, welchen Schluss man daraus hinsichtlich der Entscheidungsfähigkeit von Akteuren ziehen sollte.

6.1 Problemdiagnose

Entscheidungsprobleme werden selten aktiv und antizipativ gesucht. Akteure lassen Probleme vielmehr meist auf sich zukommen und erklären sie erst dann explizit als bearbeitungsbedürftig, wenn sich dies nicht länger vermeiden lässt. Solange wie möglich versucht man also, Entscheidungsprobleme zu verdrängen, zu ignorieren und auszusitzen. Auf gesellschaftlicher Ebene ist dies beispielsweise nach wie vor bei vielen Arten von Umweltverschmutzung und Naturzerstörung der Fall. Die längst zusammengestellten und bekannten Fakten belegen, dass diese Probleme schon sehr viel länger zurück reichen, als sie als solche öffentlich thematisiert werden. Diese Problemverdrängung lag in den allermeisten Fällen nicht etwa daran, dass man – etwa aufgrund fehlender wissenschaftlicher Erkenntnisse und Messungen – nicht früher wissen konnte, dass bestimmte ökologische Probleme bestehen; man wollte es vielmehr möglichst lange nicht wissen.

Auch wenn Probleme als solche identifiziert sind, kann man ihre genauere Spezifikation und ihre entscheidungsförmige Bearbeitung hinausschieben. Dies geschieht immer wieder mit der scheinbar rationalen Begründung, man wolle gründlich über die Sache nachdenken, um eine möglichst gute Entscheidung treffen zu können – doch tatsächlich dient das nur der Kaschierung weiteren Nichtstuns. Hat ein Akteur ein Entscheidungsproblem als solches anerkannt, kommt es dennoch durchaus vor, dass er es weiter unbearbeitet auf sich beruhen lässt. Das kann daran liegen, dass er es zugleich als zu schwierig und zu aufwendig einstuft, also von vornherein keine Chance für eine angemessene Problembewältigung sieht. Ein solche Einschätzung kann in der Sachdimension durch den erwarteten Informationsverarbeitungsaufwand, in der Sozialdimension durch die hohe Konfliktträchtigkeit oder in der Zeitdimension durch eine nur ganz kurze Frist, in der das Problem anzugehen ist, begründet sein. Insbesondere Konfliktträchtigkeit kann dazu führen, dass man Probleme dadurch beiseiteschiebt, dass man sich für nicht zuständig erklärt. Beobachtbar ist auch: Je radikalere Änderungen am Status quo ein Problem erfordert, desto größer ist zunächst einmal die Neigung, es hintanzustellen (Downs 1966: 180–183) – obwohl gerade solche Probleme oft die drängendsten sein mögen. Zu hoher Problemdruck kann also Entscheidungshandeln paralysieren, weil der Akteur alles, was er tun könnte, als sowieso zwecklos einstuft.

Früher oder später spitzen sich allerdings viele Probleme, bleibt man untätig, immer weiter zu, bis der Problemdruck letztendlich unerträglich wird und zum Handeln zwingt. Das geht manchmal langsam, manchmal aber auch sehr schnell – man denke nur an eine in einem brennenden Haus eingeschlossene Person. Andere Probleme brauchen erheblich länger, bis man sie nicht mehr ignorieren kann. Die demographischen Probleme der deutschen Rentenversicherung z. B. haben sich über viele Jahrzehnte im Verborgenen aufgestaut – nur von wenigen Fachleuten erkannt, denen aber kein Politiker zuhören wollte.

Hat ein Akteur ein Entscheidungsproblem erkannt und ist darüber hinaus bereit, sich mit ihm auseinander zu setzen, wird er in der Regel nur eine mehr oder weniger selektive Problemwahrnehmung an den Tag legen – was man im Extremfall auf die drastische Formel des „driving blind" bringen kann (Brouthers et al. 1998). An schon mehrfach angesprochenen unvorhergesehenen und unerwünschten Nebenwirkungen des Entscheidungshandelns wird dies immer wieder deutlich. Man will z. B. eine Wahl des Studienfachs und, damit verbunden, des Studienorts treffen, die den eigenen Fähigkeiten und Neigungen möglichst entgegenkommt, weil man sich kennt und weiß, dass man jeden Vorwand sucht, schnell aufzugeben – und merkt erst hinterher, dass man durch die erforderlich werdende räumliche Mobilität die Beziehung ruiniert, die einem ebenfalls sehr wichtig ist.

Oft wird bei der Problemformulierung auch die zeitliche Eigendynamik einer Problemlage außer Acht gelassen. Viele Probleme verändern sich erheblich in der Zeitspanne zwischen dem Moment, in dem sie als entscheidungsbedürftig wahrgenommen werden, und dem Moment, in dem die schließlich gewählte Entscheidungsalternative in die Tat umgesetzt wird (Dörner et al. 1983: 20/21, 26–28). Das erweist sich dann daran, dass die Art der Problembearbeitung, für die man sich schließlich entscheidet, schon längst unangebracht ist, weil der Charakter des Problems sich dramatisch gewandelt hat. Konjunkturpolitische Steuerungsmaßnahmen stehen beispielsweise oft in der Gefahr, ein solches Schicksal zu erleiden, weil die wirtschaftliche Situation sich aus sich heraus oder aufgrund äußerer Einflüsse rasch verändern kann, während die Entscheidungsfindung – etwa in einer Koalitionsregierung oder einem korporatistischen Verhandlungsnetzwerk – demgegenüber manchmal sehr langsam vorangeht.

6.2 Kriterienformulierung

Bei der Kriterienformulierung fällt als Erstes auf, dass die Liste der Gesichtspunkte für eine angemessene Bearbeitung komplexer Probleme stets mehr oder weniger unvollständig ist. Schnell in den Blick geratende Kriterien drängen sich auf – ungeachtet ihrer relativen sachlichen Wichtigkeit. Sachlich wichtige Kriterien können unberücksichtigt bleiben, weil man sie schlicht vergisst, weil man ihre jeweilige Bedeutung falsch einschätzt oder aber – der häufigste Grund – weil die Überfülle potentiell relevanter Kriterien so groß ist, dass man ab einem bestimmten Punkt keine weiteren mehr beachtet. Man denke etwa an die Vielzahl und Heterogenität von Kriterien, an denen stadtplanerische Entscheidungen gemessen werden können – von regionalökonomischen Wachstumseffekten bis hin zur Sicherheit des Schulwegs der Kinder.

Entscheidungskriterien sind weiterhin oftmals ausgesprochen vage formuliert – bis hin zum Extremfall völliger Leerformeln. Beispielsweise äußern Abiturienten, die sich für ein Studienfach entscheiden müssen, das gewählte Fach solle der „Selbstverwirklichung" dienen oder „Spaß machen". Vor allem wenn Entscheidungsprobleme in der Sozialdimension umstritten sind, weicht man gerne in konsensfähige Formelkompromisse aus. Man eckt so nicht an – aber in der Problembearbeitung bringt einen das auch nicht weiter.

Je diffuser Kriterien sind, desto mehr verlieren sie ihre orientierende Kraft bei der Suche nach und Bewertung von Entscheidungsalternativen. Es ist z. B. ein gravierender Unterschied, ob eine Unternehmensentscheidung daran gemessen wird, dass sie „ein besseres Betriebsklima" herstellen soll, oder daran, dass sie die Krankheitsrate und die Personalfluktuation um 10 % vermindern soll. Hinzu kommt, dass eine Reihe tatsächlich relevanter Kriterien gar nicht explizit als solche formuliert werden, sondern implizit bleiben. Sie mögen so selbstverständlich sein, dass sie als unausgesprochen oder gar völlig unbewusste Filter wirken. Es mag auch sein, dass gewisse Kriterien im jeweiligen sozialen Milieu verpönt sind und daher nicht offen ausgesprochen werden dürfen. Manche Kriterien, denen Akteure tatsächlich folgen, können sie sich vielleicht nicht einmal selbst eingestehen, weil sie sie für unmoralisch halten. Dass z. B. ein Professor ein Gutachten auch deshalb schreibt, weil es finanziell lukrativ ist, will er vielleicht allein schon deshalb nicht wahrhaben, weil er jeden Eindruck möglicher Befangenheit vermeiden möchte.

Typische Arten von Entscheidungskriterien sind zunächst – wie schon angesprochen – positiv bestimmte Ziele, die mit einer Entscheidung realisiert werden sollen, sowie Randbedingungen, also etwa finanzielle Obergrenzen, die den Rahmen dessen abstecken, was als Zielformulierungen überhaupt noch in den Blick kommt. Hinzu kommen attraktive Nebeneffekte einer Entscheidung, die manchmal sogar die zentralen Entscheidungskriterien darstellen. So schließt beispielsweise jemand für sich sämtliche Fächer, die an der Hochschule im Heimatort studiert werden können, deshalb aus, weil ihm – so ein Befragter – „ein

6.2 Kriterienformulierung

Loslösen von der Familie" wichtig ist und er davon ausgeht, dass dies nur so legitimierbar ist, dass das Studienfach einen Sachzwang zum Ortswechsel darstellt. Weitere Entscheidungskriterien stellen Gesichtspunkte des Vermeidens dar. So könnte jemand jeden Beruf für sich ausschließen, bei dem Schichtarbeit zu erwarten ist. Für solche Vermeidungskriterien gilt ebenso wie für attraktive Nebeneffekte und unhintergehbare Randbedingungen, dass sie oftmals spezifischer und damit instruktiver bei der Alternativenbewertung sind als positive Zielorientierungen – was darauf hinausläuft, dass ‚der Schwanz mit dem Hund wedelt'. Denn je genauer gefasst ein Entscheidungskriterium ist, desto mehr faktisches Gewicht kommt ihm zu – ob der Akteur dies wahrhaben will oder nicht. Wohl jeder wird sagen, dass ihm sein persönliches Interesse an einem Beruf wichtiger ist als der Gesichtspunkt, nicht auf ein Auto angewiesen zu sein, um zum Arbeitsort zu gelangen. Weil aber letzteres sehr viel eindeutiger formuliert ist als ersteres Kriterium, kann es passieren, dass der eigentlich zweitrangige Gesichtspunkt den erstrangigen in den Schatten stellt.

Schließlich taucht eine Art von Entscheidungskriterium immer wieder auf, das dann oftmals über allen anderen Kriterien rangiert, obwohl es keinerlei inhaltlich spezifischen Gesichtspunkt benennt. Es besteht darin, eine Entscheidungssituation offen halten zu wollen, also keine irreversiblen Entscheidungen zu treffen. Ein Schüler beispielsweise könnte sich einerseits genötigt sehen, den Eltern und Lehrern einen konkreten Berufswunsch vorzuweisen, andererseits aber Angst davor haben, sich festzulegen, weil ihm so vieles hinsichtlich seines weiteren Lebenswegs noch völlig unklar ist; und er könnte sich deshalb für einen Beruf entscheiden, der viele Weiterqualifizierungen in ganz unterschiedliche Richtungen ermöglicht. Dieses Kriterium rührt also gerade aus dem Mangel an ‚belastbaren' Kriterien vor.

Neben der Unvollständigkeit der Kriterien, die ein Akteur seiner Entscheidung zugrunde legt, ist als weitere Rationalitätsbeschränkung zu konstatieren, dass die Aufgabe, eine eindeutige – transitive und stabile – Rangordnung der aufgefundenen Kriterien festzulegen, fast immer ein Ding der Unmöglichkeit darstellt (March/Simon 1958: 138–141; Lindblom 1965: 139–141; Luhmann 1971: 165–167). Von der jeweiligen Sachlage her erscheinen oftmals mehrere Kriterien, die aber in sehr unterschiedliche Richtungen weisen können, als ziemlich gleichrangig. Häufig bereitet es auch prinzipielle Schwierigkeiten, überhaupt einigermaßen klar festzustellen, welches Gewicht einem bestimmten Kriterium in einer bestimmten Situation zukommt. Ob es etwa bei einer Industrieansiedlung vertretbar ist, im Allgemeinen als wichtig erachtete Umweltschutzstandards in diesem besonderen Fall wegen der Vielzahl dringend benötigter neu geschaffener Arbeitsplätze zurückzustellen, bereitet Kommunalpolitikern häufig Kopfzerbrechen. Diese sachliche Ambivalenz wird noch dadurch erheblich weiter verkompliziert, dass in sozialer Hinsicht aus dem Blickwinkel unterschiedlicher Interessenlagen je andere Prioritäten erwachsen, wie insbesondere bei politischen Entscheidungen sehr plastisch zum Ausdruck kommt. In zeitlicher Hinsicht schließlich muss davon ausgegangen werden, dass sich die Wichtigkeit von Kriterien unter Umständen gravierend ändern kann. Im günstigsten Fall geschieht dies durchaus vorhersehbar in Folge von Entscheidungen, die aufgrund eben dieser Kriterien zustande gekommen sind (March 1978: 597, 600/601). Wenn man ein Kriterium priorisiert und entsprechend gut ‚bedient', kann man es oft für längere Zeit in seiner Bedeutsamkeit herabstufen. Verschiebungen der Wichtigkeit von Kriterien können aber auch unvorhersehbar aufgrund von Kontextveränderungen auftreten – z. B. einer Pandemie, die sowohl die politischen als auch die je individuellen Prioritäten schlagartig ändert.

6.3 Alternativensuche

Bei der Alternativensuche fällt zunächst auf, dass Entscheidungshandelnde nicht einmal ein Bestreben danach zeigen, eine vollständige Liste verfügbarer Alternativen aufzustellen (Simon 1946: 80–84; March/Simon 1958: 138/139). Man scheut den unter Umständen beträchtlichen Suchaufwand – vor allem dann, wenn ein Problem sehr dringlich erscheint. Was schnell in den Blick gerät, drängt sich auf.

Der Zeitdruck erklärt auch, dass man bei der Alternativensuche dazu neigt, sein Augenmerk auf das nahe Umfeld des jeweiligen Problems zu richten – also auf die Beeinflussung solcher Faktoren, die in einer möglichst direkten Wirkungsbeziehung zu dem betreffenden Problem gesehen werden. Indirekter wirkende Einflussfaktoren werden hingegen vernachlässigt, obwohl a priori keinesfalls feststeht, dass nicht auch und gerade sie die eigentlich bestimmenden Größen sein könnten (Cyert/March 1963: 120–122). Beispielsweise wird ein Unternehmen, dessen Produkte sich plötzlich schlechter verkaufen, zunächst Maßnahmen im Bereich von Werbung und Vertrieb in Angriff nehmen, bevor daran gedacht wird, dass Eigenschaften dieser Produkte selbst das Absatzproblem hervorgerufen haben und Gegenmaßnahmen folgerichtig im Forschungs- und Entwicklungsbereich anzusetzen hätten.

Gelegentlich kommt zwar auch ein umfangreicheres Suchen nach Alternativen vor. Manchmal ist dies aber nur eine unbewusste Strategie der Entscheidungsvermeidung. Zudem gilt: Je vager die Entscheidungskriterien formuliert worden

6.3 Alternativensuche

sind, desto mehr Alternativen kommen in Betracht. So berichtet jemand, der keine genauen Vorstellungen über seinen zukünftigen Berufsweg hatte, er habe „sehr viele" Alternativen sondiert. Eine andere Person hat ebenfalls eine längere Sondierungsphase hinter sich. Sie hatte an verschiedenen Stellen genauere Informationen eingeholt, eine Freundin befragt und eigene Neigungen kritisch überprüft: „Ich wollte dies ... nicht aus dem hohlen Bauch entscheiden." Was rational klingt, könnte tatsächlich bedeuten, dass jemand ein Entscheidungsproblem, das er nicht länger zu ignorieren vermag, gewissermaßen in zweiter Instanz ignoriert, indem er anderen und sich selbst vorspiegelt, es besonders ernsthaft und damit gründlich anzugehen – was doch nur lobenswert sei!

Eine andere, ebenfalls häufiger vorkommende Art der Alternativensuche besteht darin, dass eine probate Handlungsalternative quasi automatisch zur Verfügung steht, so dass ein Kurzschluss von der Formulierung des Entscheidungsproblems zur Auswahl der zu implementierenden Entscheidungsalternative stattfindet. Das Entscheidungsproblem wird sozusagen nie als Qual der Wahl gesehen, sondern evoziert eine selbstverständliche Tradition oder Routine. So wird z. B. das Kind eines Arztes fraglos Arzt.

Ein weiteres Muster besteht im planlosen Suchen. Heutzutage ist das Problem von Entscheidungen ja in der Sachdimension zumeist nicht etwa, zu wenig relevantes Wissen abrufen zu können. Spätestens Google überschüttet einen zu jedem beliebigen Thema mit relevanten oder – größtenteils – irrelevanten Informationen. Doch häufig führt die Informationssammlung nur zu einer Selbstentmutigung des Entscheiders: Je mehr er weiß, desto schwerer fällt ihm das Treffen einer Entscheidung.

Nur wenige der so gefundenen Alternativen werden zu operationalen Vorgehensweisen ausformuliert (Mintzberg et al. 1976). Durch eine sehr oberflächliche, eher als Vorurteil denn als fundiertes Urteil einzustufende Vorabmusterung der gefundenen Alternativen filtert man bereits vor der eigentlichen Bewertung wieder so viele von ihnen aus, dass man nur noch sehr wenige genauer anzuschauen und so weit zu konkretisieren braucht, bis sie im Einzelnen hinsichtlich ihrer Voraussetzungen, Teilschritte und Folgewirkungen überschaubar werden. Im Hinblick auf die möglichen Wirkungen einer Entscheidungsalternative konzentriert sich die Aufmerksamkeit auf diejenigen, die sich direkt und unmittelbar auf das jeweilige Entscheidungsproblem beziehen und die betreffenden Entscheidungsbeteiligten selbst tangieren. Eher vernachlässigt werden Langzeiteffekte und weitere Nebenfolgen einer Entscheidungsalternative, insbesondere wenn davon andere Akteure betroffen sind. Ein Unternehmen beispielsweise betrachtet seine Investitionsalternativen hinsichtlich deren mittelfristiger Profitabilität. Langfristige Auswirkungen auf den Fortbestand des Unternehmens werden hingegen allein schon deshalb kaum beachtet, weil sich darüber meist nur vage spekulieren lässt; und was eine Investitionsalternative etwa für Auswirkungen auf den jeweiligen regionalen Arbeitsmarkt und die natürliche Umwelt hat, interessiert das Unternehmen normalerweise erst recht nicht – es sei denn, es wird durch andere Akteure darauf aufmerksam gemacht.

6.4 Alternativenbewertung und -auswahl

Den festgestellten Charakteristika der Problem- und Kriterienformulierung sowie der Alternativensuche entsprechend fallen die Alternativenbewertung und -auswahl aus. Entscheider berücksichtigen dabei in der Regel nur wenige Problemdimensionen, Entscheidungskriterien und -alternativen. Vor allem können Entscheider bei bestimmten Entscheidungen – etwa weitreichenden biographischen Weichenstellungen – die „erwünschten oder befürchteten längerfristigen Folgen" nicht einmal annähernd abschätzen (Heintz 2000: 170). Diese Kurzsichtigkeit lässt nur Entscheidungen unter Unsicherheit zu, die eine simple wahrscheinlichkeitstheoretische Risikoabschätzung ins Leere laufen lassen.

Der Informationsverarbeitungsaufwand bei der Bewertung wird sehr in Grenzen gehalten – auch weil man weiß, dass man schnell an prinzipielle Größen stößt (Feldman/March 1981). Die Folge dessen ist, dass die Bewertung der Alternativen hinsichtlich der unterschiedlichen Problemdimensionen und anhand der verschiedenen Entscheidungskriterien nicht sonderlich präzise und eindeutig ausfällt. Das Urteil darüber, welche Alternative die angemessenste Problembearbeitung darstellt, beruht auf groben Schätzungen und Vergleichen und ist mit dementsprechend vielen Unsicherheiten behaftet – weshalb es sich auch bisweilen schlagartig ändern kann. Genaue Einschätzungen der Sachgerechtigkeit einer Alternative werden häufig durch soziale Abstimmungen – etwa Mehrheitsmeinungen oder auch die Rücksichtnahme auf manchmal kleinste Minderheiten und deren Voten – ersetzt (Thompson 1967: 86/87). Es kommt sogar vor, dass eine Alternative gewählt wird, ohne dass irgendeine eingehendere Abwägung und Bewertung der verschiedenen anderen Möglichkeiten stattgefunden hätte (Cohen/March 1974: 83/84). Man beschließt dann ohne nähere Prüfung aufgrund plötzlicher Stimmungen oder Intuitionen – und weil die Zeit drängt. Man will die Entscheidung hinter sich bringen.

Nur selten wird jede ins Auge gefasste Alternative mit jeder anderen verglichen. Welche mit welchen verglichen wird, ist oft eher zufallsabhängig. Immer wieder kommt es auch vor, dass die betrachteten Alternativen nur mit dem Status quo, nicht aber untereinander verglichen werden. Dann beschränkt sich die

6.4 Alternativenbewertung und -auswahl

Bewertung auf die Frage: Stellt eine Alternative eine Verbesserung gegenüber Nichtstun dar? Schnell entscheidbare, schnell umsetzbare und schnell Wirkung versprechende Alternativen werden gegenüber anderen bevorzugt.

Häufig geht die Bewertung der Alternativen nicht so vor sich, dass man der Reihe nach sämtliche vorgefundenen Alternativen prüft und sich dann erst für die beste entscheidet. Stattdessen wählt man die erstbeste Alternative, bricht also die Bewertung ab, sobald man eine Alternative gefunden hat, die sich als einigermaßen befriedigend darstellt (March/Simon 1958: 140/141) – insbesondere bei unter hohem Zeitdruck zu fällenden Entscheidungen. Anstatt also Optimalität zumindest anzustreben, verringert man von vornherein das eigene Anspruchsniveau. So sind Unternehmen, anders als das Klischee des Profitmaximierers nahelegt, mit als ausreichend erachteten Gewinnen zufrieden (Galbraith 1967: 160–172); und Maßnahmen politischer Gesellschaftssteuerung bemühen sich nicht um die einzig richtigen, gesellschaftlichen Problemen an die Wurzel gehenden Maßnahmen, sondern darum, diese Probleme soweit unter Kontrolle zu behalten, dass keine gefährlichen Krisenherde entstehen (Lindblom 1959).

Drei weitere typische Muster, wie man die Alternativenauswahl trifft, finden sich vor. Ein erstes besteht darin, nur eine Negativauswahl zu treffen, also nicht nach der besten oder zumindest einer guten Alternative zu suchen, sondern umgekehrt ungeeignete oder schlechte Alternativen zu identifizieren und auszuschließen. Auf diese Weise kann man soweit kommen, dass nur noch eine Alternative übrig bleibt, für die man sich dann entscheidet. Diese Möglichkeit wird tunlichst nicht mehr sonderlich sorgfältig geprüft, weil sich dann ja herausstellen könnte, dass auch sie nichts taugt und man mit leeren Händen dasteht. In anderen Fällen bleiben nach der Negativauswahl noch mehrere Alternativen übrig, zwischen denen man sich dann häufig relativ zufällig entscheidet.

Ein zweites Muster überlässt die Entscheidung letztlich den Umständen – also etwa anderen Akteuren. So schildert jemand seine Entscheidung, an welcher Universität er das gewählte Fach studieren will, als „keine wirkliche Wahl", weil er sich nur bei zwei Universitäten beworben hat und von einer abgelehnt wurde. Jemand anders traf seine Studienfachwahl so: Die Bewerbung auf das Fach erster Wahl blieb erfolglos; und anstatt noch einen weiteren Versuch zu unternehmen, diesbezüglich vielleicht doch noch erfolgreich zu sein, waren für ihn damit automatisch die Würfel für das Fach seiner zweiten Wahl gefallen.

Ein drittes Muster läuft darauf hinaus, sich für eine solche Alternative zu entscheiden, durch die man Zeit gewinnt, um sich die eigentliche Entscheidung noch für einen längeren Zeitraum mehr oder weniger offen zu halten. So schob eine Abiturientin, die sich nicht zwischen den beiden Studienfächern Betriebswirtschaftslehre und Jura entscheiden konnte, die Entscheidung vor sich hin, indem sie zunächst eine Zwischenlösung wählte: „Ich bekam einen Job als Reitlehrerin angeboten. Diese Möglichkeit kam mir sehr gelegen, da ich Zeit bekam, mir genau zu überlegen", welches Fach das richtige sei. In dieser Zeit besuchte sie verschiedene Vorlesungen beider Fächer, betrieb also wieder Alternativensondierung.

6.5 Implementation

Einmal getroffene Entscheidungen werden keineswegs stets zügig und entschlossen in die Tat umgesetzt. Stattdessen regieren oftmals Trägheit und Unentschlossenheit. Richard Butler (1990: 12) hält fest: „The connection between decision and action is problematic. ... some intentions get translated more perfectly into action than others." Dafür ist in vielen Fällen ein bereits angesprochener „postdecisional regret" verantwortlich, der nicht zuletzt darauf zurückgeht, dass die Alternativenbewertung nur oberflächlich geschehen ist oder aus anderen Gründen kein klares Ergebnis hervorgebracht hat. Dann fragt man sich immer wieder, ob nicht doch eine der nicht gewählten Alternativen die bessere wäre, und zögert mit einem solchen Hin-und-her-überlegen die Implementation immer weiter hinaus.

Ein weiterer Grund dafür, warum jemand nicht mit der Umsetzung seiner Entscheidung beginnt, kann darin bestehen, dass dies einen psychischen oder sozialen Kraftaufwand erforderlich macht, vor dem er immer wieder zurückschreckt. Zumeist ist ja die Entscheidungsfindung – selbst wenn sie schwierig ist – als ein rein gedankliches und kommunikatives Geschehen weniger aufreibend als die Implementation. Aber erst einmal den ‚inneren Schweinehund' zu überwinden oder z. B. den Eltern zu verkünden, dass man sich nach reiflicher Überlegung dazu entschlossen hat, nicht die Firma zu übernehmen: Das ist schwerer getan als gedacht. Diese Unfähigkeit, sich endlich aufzuraffen, kann sich in ein regelrechtes „Oblomov-Syndrom" hineinsteigern. Dann schmiedet man beständig großartige Pläne, bei denen nie auch nur der erste Spatenstich erfolgt. Schließlich kann es auch sein, dass man die zur Durchführung ausgewählte Entscheidungsalternative nur sehr vage, vielleicht gar in sich widersprüchlich, formulieren konnte, weil nur so ein Konsens erzielt werden konnte. Die Implementation eines solchen Formelkompromisses, wie er sich nicht selten bei politischen Entscheidungen vorfindet, wird dann aber schwierig (March 1994: 195/196).

Ist die Umsetzung einer Entscheidung erst einmal in Gang gekommen, wird der Akteur meist schnell neuer Schwierigkeiten gewahr, über die er sich vorher nicht so klar war oder an die er gar nicht gedacht hat. Er stößt beispielsweise auf Widerstand anderer, mit dem er in dem Ausmaß nicht gerechnet hat, oder wird durch unverhoffte Wirkungszusammenhänge überrascht. So etwas tritt insbesondere dann ein, wenn man sich bei der Entscheidungsfindung die Problembeschaffenheit nur oberflächlich vergegenwärtigt hat, wenn die Entscheidungskriterien vage und inkompatibel geblieben und wenn die Alternativen nicht genau ausgearbeitet worden sind. Erkennt man dergleichen Hindernisse gleich zu Beginn der Implementation, kann das dazu führen, dass man nach dem ersten Schritt alles Weitere hinauszögert. Wird man mittendrin mit solchen Hindernissen konfrontiert, kann das im Extremfall bis zum Abbruch der Umsetzung führen; oder das Rationalitätsniveau der Entscheidung sinkt immer weiter ab, weil man mehr und mehr Abstriche machen muss, um überhaupt noch etwas zu erreichen.

Wenn jemand z. B. ein Fernstudium aufnimmt und nach den ersten Wochen seinen Internet-Anschluss immer noch nicht ans Laufen gekriegt hat und es auch nicht schafft, sich abends regelmäßig für zwei Stunden zurückzuziehen, um seine Studienmaterialien zu studieren, sondern immer wieder vom Ehepartner dazu animiert wird, sich mit vor den Fernseher zu setzen, was ja auch viel entspannender ist: Dann stagniert das Studium sehr schnell aufgrund solcher äußerer Umstände. Die Hälfte derer, die ein Fernstudium aufnehmen, bricht es nach spätestens zwei Semestern wieder ab. Damit ist dies ein Beispiel für eine Entscheidung, die mit einer beträchtlichen Wahrscheinlichkeit in der Umsetzung scheitert – was sich zum Glück schon früh abzeichnet, so dass die Personen noch nicht viel investiert haben.

6.6 Evaluation

Welche tatsächlichen Wirkungen Entscheidungen bei ihrer Umsetzung haben, wird von den Akteuren in der Regel nur relativ oberflächlich beobachtet. So nimmt man etwa zumeist nur diejenigen Informationen zur Kenntnis, die ohne Mühe beschaffbar sind, und vernachlässigt alles Weitere, selbst wenn man weiß, dass darunter die wichtigeren Daten zu finden wären. Bei vielen wirtschaftlichen oder politischen Entscheidungen besteht beispielsweise die Neigung, nur verfügbare statistische Zahlen zu berücksichtigen, ohne weiter in die Tiefe zu gehen. Dabei zieht man dann häufig viel zu weitreichende Schlüsse aus sehr begrenzt tauglichen Indikatoren. Man extrapoliert auch schnell viel zu kurze Zeitspannen als linearen Trend in die Zukunft – sei es, dass man allererste Anzeichen einer Verbesserung sogleich als sichere Trendwende in Richtung der sprichwörtlich „blühenden Landschaften" deutet, sei es, dass man umgekehrt Anfangshemmnisse resignativ als unüberwindbare Blockaden jeder Problembearbeitung wertet. Auch bei den Ursachen für die beobachteten Wirkungen wird sehr oft zu viel pauschal der getroffenen Entscheidung zugerechnet. In welchem Maße positive Wirkungen auf begünstigende, negative Wirkungen auf problematische Umstände zurückzuführen sind, wird übersehen, wodurch wiederum entweder ein zu großer Optimismus oder ein zu großer Pessimismus genährt wird.

In der Gesamtwertung können solche Arten der Evaluation in zwei einander entgegengesetzte Richtungen tendieren, die beide auf „self-interested sensemaking" (Connolly 1980: 73) hinauslaufen. Die eine Richtung besteht in einer Neigung zum Schönreden dessen, was die Entscheidung faktisch bewirkt, um nicht vor einem neuen Entscheidungsproblem zu stehen. Diese Neigung kann auch so zum Ausdruck kommen, dass jemand durchaus gemischte Gefühle zum Ausdruck bringt, aber jede – wie ein Jurist sagen würde – 'Wiederaufnahme des Verfahrens' ostentativ als ‚Entschieden ist Entschieden' zurückweist. So wird ein Sachzwang konstruiert, der alle weiteren Evaluationen als müßig erscheinen lässt. Lapidarer, aber mit gleichem Tenor kann das auch so – wie ein Befragter es zum Ausdruck brachte – artikuliert werden: „Ich nehme es an, wie es gelaufen ist." Wieder andere Entscheider bekennen sich zumindest noch zu anfänglichen negativen Bewertungen dessen, was die Umsetzung ihrer Entscheidung bewirkt hat, attestieren sich jedoch einen dann eintretenden Bewertungswandel – etwa so: „Am Ende war ich trotzdem zufrieden."

Die andere Richtung, in die die Evaluation von umgesetzten Entscheidungen tendiert, ist die des Schlechtredens. Dies kann so bald einsetzen und so weit gehen, dass man der getroffenen Entscheidung gar keine Chance lässt, ihre positiven Wirkungen zu zeigen. Insbesondere dann, wenn man sich bei der Alternativenauswahl nur halbherzig entschieden hat, liegt das nahe. Wie beim Schönreden auch ist die Grenze zwischen begründeter Unzufriedenheit und Selbsttäuschungen kaum erkennbar.

Insgesamt läuft die Evaluation der Problembearbeitung durch eine getroffene Entscheidung also weniger darauf hinaus, dass der Entscheidungsträger unvoreingenommen wissen will, was wirklich bewirkt worden ist, sondern wird stärker durch die je eigenen – manchmal kaum bewussten – Interessen und Ziele für die Zukunft geprägt. Hier können höchst diffuse Stimmungen dafür sorgen, dass sich aus der Bilanzierung einer getroffenen und umgesetzten Entscheidung ein neues Entscheidungsproblem ergibt. Dieses neue Problem ist dann oft klarer konturiert in dem Sinne, dass man aufgrund gemachter schlechter Erfahrungen nun zumindest weiß, was man nicht will und dieses Mal auf jeden Fall vermeiden muss. Manchmal verfällt man geradezu ins Gegenteil. Jemand, der beispielsweise in einem sehr offen angelegten, wenig durch Studienpläne strukturierten Studienfach gescheitert ist, sucht sich danach eine Ausbildung „mit festem Lehrplan und absehbarem Abschluss." Doch wenn die Evaluation nur oberflächlich und tendenziös war, kann eine prononcierte Antithese gegen die bisherige Entscheidung auch aufs Neue in die Irre führen.

Dass ein Entscheidungsproblem in mehr oder weniger veränderter Gestalt früher oder später zur Wiedervorlage kommt, lässt sich letztlich darauf zurückführen, dass Zeitknappheit es unmöglich macht, die sachliche und soziale Komplexität von Entscheidungssituationen auch nur annähernd abzuarbeiten. Je kürzer die Frist ist, innerhalb derer eine Entscheidung getroffen werden muss, desto stärker ist diese zum einen durch die Vergangenheit prädeterminiert, zum anderen durch Zukunftsungewissheit geprägt. Zeitlich gesehen besteht ja der mit jeder Entscheidung verbundene Anspruch darin, „a cut in the fabric of governance of the present, and of the history-to-come, by the past" (Shackle 1979: 21) zu setzen. Eine Entscheidung soll gleichsam ein Umschaltvorgang zwischen der Vergangenheit, also dem gewohnten Status quo, und einer Zukunft, die anders aussehen soll, sein. Dieser Umschaltvorgang braucht jedoch eine gewisse Zeit: Die Gegenwart muss lange genug dauern. Unter Bedingungen von Zeitknappheit hingegen hält einerseits die Vergangenheit die Akteure zu sehr in ihrem Bann und prädeterminiert deren Entscheidungen in zu hohem Maße; andererseits rückt die Zukunft zu schnell heran und verhindert so eine umfassende Antizipation möglicher Entscheidungsergebnisse. Zeitknappheit verkürzt zwar die Qual vor der Wahl – aber um den Preis einer umso wahrscheinlicheren und größeren Qual nach der Wahl.

6.7 Rationalität trotz Komplexität

Insgesamt lässt sich nach diesem Panorama typischer Rationalitätsbeschränkungen festhalten, dass zwischen dem tatsächlichen Entscheiden und dem Ideal perfekt rationalen Entscheidens eine tiefe – unüberbrückbare – Kluft klafft. Je größer die Komplexität einer Entscheidungssituation, desto geringer das erreichbare Rationalitätsniveau. Noch kürzer: *Komplexität schlägt Rationalität.*

Wie gehen Akteure mit diesem Spannungsverhältnis von Komplexität und Rationalität um? An diesem Punkt gehe ich von einer Diagnose von Entscheidungssituationen und deren Komplexitätsprofil zur Betrachtung des Umgangs damit über. Diese Betrachtung habe ich in einem deskriptiven Sinne bereits begonnen: Was tun Entscheider typischerweise in komplexen Entscheidungssituationen? Im Weiteren gehe ich über die bloße Deskription hinaus und stelle stets die doppelte Frage: Wie lassen sich bestimmte Praktiken des Umgangs mit Komplexität erklären? Und wann und in welchen Hinsichten sind diese Praktiken begrenzt rational – also nicht einfach bloß ein Kapitulieren angesichts der Komplexität, sondern der Versuch, überlegt mit der Komplexität umzugehen? Hier kommen analytischer Nachvollzug der Überlegungen des Akteurs und präskriptive Beurteilung zusammen. Inwieweit ist das, was man an Praktiken registriert und erklären kann, als komplexitätsadäquat einzustufen?

Alles Weitere setzt sich unweigerlich dem Verdacht aus, lediglich eine ideologische Bemäntelung von Entscheidungsfaulheit oder -unfähigkeit zu sein. Anders gesagt: Wenn die jeweiligen Entscheider sich nur mehr Mühe gäben und besser geschult wären, könnten sie viel mehr Rationalität erreichen. Unbestreitbar gibt es beides: Entscheider, die es sich aus Desinteresse und Sorglosigkeit bequem machen; und Entscheider, die unkundig und unerfahren ins kalte Wasser geworfen werden. In beiden Fällen braucht man sich nicht zu wundern, dass das Entscheiden wenig rational ausfällt. Der Punkt ist nur: Bei der großen Mehrzahl der empirischen Fälle ist nicht davon auszugehen, dass Entscheidungsfaulheit und -unfähigkeit vorliegen. Insbesondere gibt es nicht wenige dokumentierte Fälle, in denen alles dafür spricht, dass erfahrene und engagierte Entscheidungsträger am Werk waren – und dennoch fanden sich auch dort die dargestellten Beschränkungen prozeduraler Rationalität. Mit dem Finger auf die Entscheider zu zeigen macht sich die Sache also viel zu einfach. Solche Beschuldigungen übersehen oder lenken davon ab, dass oft genug strukturelle Grenzen dessen vorliegen, was Entscheider erreichen können. Denn mit Akteuren hat man schnell Sündenbocke gefunden, wenn es wieder mal mehr oder weniger schief gegangen ist; Strukturen hingegen kann man nicht maßregeln oder feuern. Abgesehen davon, dass Beschuldigungen an vielen Strukturen abperlen, haben die meisten Strukturen auch noch die unangenehme Eigenheit, großes Beharrungsvermögen aufzuweisen. Es ist bekanntlich leichter gesagt als getan, Strukturen zu ändern; und es ist noch viel schwerer, bei solchen Veränderungen, wenn man sie denn hinbekommt, mit einigermaßen Sicherheit tatsächliche Verbesserungen zu erzielen. Das schafft einen – sozusagen: strukturellen – Bedarf, Sündenböcke für Entscheidungsmängel und -fehler zu haben; und wer liegt da näher als diejenigen, die die Entscheidungen getroffen haben!

Die Anstößigkeit dessen, was ich im Weiteren tue, geht aber in den Augen derer, die Rationalitätsbeschränkungen durch Komplexität einfach negieren, noch einen Schritt weiter. Selbst wenn sie irgendwann nicht mehr umhin könnten, einzugestehen, dass vieles begrenzt rationales Entscheiden aus Komplexitätsgründen unvermeidlich nicht besser ausfallen kann, würden sie immer noch darauf bestehen, dass es dennoch die völlig falsche Botschaft ist, so etwas auch noch als ‚höhere Kunst' zu feiern. Charles Lindblom (1959) betitelte ja in der Tat sein Plädoyer gegen eine hyperrationalistische Planungshybris des Entscheidens und

6.7 Rationalität trotz Komplexität

für ein begrenzt rationales inkrementalistisches Entscheiden mit gezielter Provokation: „The science of muddling through" – in der deutschen Übersetzung: „Die Kunst des Sich-Durchwurstelns". Wenn Entscheiden schon oft genug bedauerlicherweise so aussehen muss: Muss das dann auch noch an die große Glocke oder sollte nicht besser der Mantel des Schweigens darüber gehängt werden?

Ich schließe mich im Folgenden dezidiert Lindbloms Stoßrichtung an, auch wenn es immer noch Entscheidungsforscher und Entscheidungsträgerinnen gibt, die davon nur peinlich berührt sind. Doch deren Realitätsverleugnung ist nicht nur ungerecht gegenüber Entscheidern, die ihr Möglichstes tun, um aus ihrer Entscheidungssituation das Beste zu machen; es ist überdies höchst unklug. Denn man treibt Entscheider so in ein situativ völlig unangemessenes Entscheidungshandeln hinein, das entsprechend problematische Folgen zeitigen kann. Wer über begrenzte Rationalität nicht offen spricht, legt Entscheidern ja nahe, dass sie am besten daran tun, ein unter den ‚bedauerlichen', aber nicht weiter thematisierten gegebenen Umständen maximales Rationalitätsniveau auf die Weise zu erreichen, dass sie versuchen, die einzelnen Anforderungen des Ideals perfekter Rationalität, soweit es nur irgend geht, zu erfüllen, und dann einfach sehen, wieweit sie dabei kommen. Dieser Weg, Schritt für Schritt den dargestellten Komponenten einer perfekt rationalen Entscheidung Rechnung zu tragen, führt aber in komplexen Entscheidungssituationen gerade nicht zu einer möglichst rationalen Entscheidung, sondern kommt einem naturwüchsigen, sich schicksalhaft hinter dem Rücken des betreffenden Akteurs einstellenden, daher nicht-rationalen Verzicht auf Rationalitätsansprüche gleich.

Dies ergibt sich allein schon aus zeitlichen Gründen. Wer versucht, zunächst eine möglichst umfassende und präzisierte Problemdiagnose zu erstellen, sodann eine möglichst umfassende und eindeutige Kriterienliste zu entwerfen usw. …: Der wird irgendwann, kurz bevor er seine Entscheidung getroffen haben muss, hochschrecken und feststellen, dass er immer noch erst bei der Kriterienformulierung ist und ihm nun so gut wie keine Zeit mehr für Alternativensuche, -bewertung und -auswahl bleibt, wodurch jeder dieser weiteren Entscheidungsschritte – von Implementation und Evaluation ganz zu schweigen – notwendigerweise äußerst sub-rational ausfallen muss. Wer meint, am besten zu fahren, indem er kontrafaktisch Zeitknappheit ignoriert, bleibt auf halbem Wege oder noch früher stecken.

Anstatt Rationalitätsbeschränkungen einfach passieren und über sich ergehen zu lassen, kommt es vielmehr darauf an, sie möglichst abwägend einzugehen. Dies kann auch an der Sachdimension von Entscheidungskomplexität deutlich gemacht werden. Dass die begrenzte Informationsverarbeitungskapazität des

Entscheiders keine vollständige Erhebung und Verknüpfung der jeweils entscheidungsrelevanten Informationen zulässt, bedeutet eben nicht, dass es keinen wesentlichen Unterschied gäbe „between ill-considered, often accidental incompleteness on one hand and deliberate, designed incompleteness on the other." (Lindblom 1979: 519) Die Selektivität der Informationsverarbeitung kann sich quasi schicksalhaft ergeben – sie kann aber auch gezielt strukturiert werden. Ersteres läuft auf den Verzicht darauf hinaus, das sachliche Rationalitätsniveau von Entscheidungen im Rahmen des Möglichen festlegen zu wollen – ein Verzicht darauf, in einer Meta-Entscheidung eine möglichst rationale Strategie des Umgangs mit situativ gegebenen, nicht zu beseitigenden Rationalitätsbeschränkungen zu entwickeln. Genau dies ist jedoch möglich und sehr viel rationaler. Es ist rationaler, Rationalitätsanforderungen kontrolliert soweit herunterzuschrauben, dass sie erfüllbar werden, anstatt einfach auf gut Glück einem unerreichbaren Rationalitätsideal nachzueifern und dann irgendwie dahinter zurückzubleiben – auch wenn letzteres immer wieder heroischer und damit auch begeisternder wirkt.

Schließlich in der Sozialdimension: Wer sich nicht damit zufrieden gibt, Abstriche bei dem, was man selbst erreichen will, zu machen, damit andere mit ihren andersartigen Vorstellungen nicht länger blockieren, sondern zustimmen können, wird nicht weit kommen. Auch hier lautet die Gretchenfrage: Besteht man auf der unerreichbaren Taube auf dem Dach – oder begnügt man sich mit dem Spatz in der Hand? Wer etwa als Politiker etwas werden will, lernt tunlichst als Allererstes, dass Kompromisse und Tauschgeschäfte meistens das höchste der Gefühle sind – mehr ist nicht erreichbar, auch wenn man vorher das Gegenteil behauptet hat. Das Gleiche gilt für Entscheider in allen anderen Lebensbereichen. Der Versuch, Maximalforderungen durchzusetzen, ist der sicherste Weg, weniger zu erreichen, als möglich gewesen wäre.

Also: Wer in jeder Situation das, aus eigener Sicht, denkbar Beste – nicht bloß: das Bestmögliche – anstrebt, scheitert zumeist genau deshalb. Bestmöglich heißt vielmehr oft, mit dem Drittbesten zufrieden zu sein – manchmal sogar bloß: das Allerschlechteste zu vermeiden. Die Unerreichbarkeit perfekter Rationalität und die Unaufgebbarkeit von Rationalität verweisen somit auf *Meta-Rationalität:* eine rationale Entscheidung über das angestrebte Niveau begrenzter Rationalität und die dafür eingesetzten Strategien des Entscheidens. Das mag nun höchst gelehrt und geheimnisvoll klingen, als höhere Weisheit einer entsprechend ausgerichteten Entscheidungsforschung. Doch diese Meta-Rationalität ist nichts, was diese Forschung erst zu erfinden hätte, um es sodann den Entscheidungspraktikern zur Verfügung zu stellen. Prinzipiell ist zwar vorstellbar, dass die Entscheidungsforschung als anwendungsorientierte Wissenschaft diesbezügliche „soziale

6.7 Rationalität trotz Komplexität

Innovationen" (Howaldt und Jacobsen 2010) hervorbringt. Die gesellschaftliche Entscheidungspraxis selbst hat allerdings schon längst ein reichhaltiges Repertoire an solchen meta-rationalen Entscheidungspraktiken hervorgebracht, die im Folgenden soziologisch zu rekonstruieren und zu reflektieren sind.

Meta-Rationalität stellt somit als prozedurale Rationalität einen *rational kalkulierten Verzicht auf Rationalitätsansprüche* dar. Meta-rational wird ein Niveau angestrebter Rationalität bestimmt, das der Komplexität der Entscheidungssituation angemessen ist (Abb. 6.1).

In einem ersten Schritt wird festgestellt, wie komplex die Entscheidungssituation ist, wo man sich also in Abb. 6.1 auf der horizontalen Achse befindet. Daraus ergibt sich das Höchstmaß an Rationalität, das erreichbar ist, indem man parallel zur vertikalen Achse nach oben geht, bis die Diagonale von links oben nach rechts unten erreicht ist – die Rationalitäts-Obergrenze. Vereinfacht kann man, wie in Abb. 6.1 dargestellt, drei Komplexitätsniveaus unterscheiden, denen eine zu ihnen passende prozedurale Rationalität zugeordnet ist – entsprechend der eingangs postulierten Kontingenztheorie des Entscheidens. Alle drei Komplexitätsniveaus sind im Bereich hoher Komplexität angesiedelt; für weniger komplexe Entscheidungssituationen lohnt sich der theoretische Aufwand der Entscheidungsforschung nicht. Auf diesem hohen Niveau gilt:

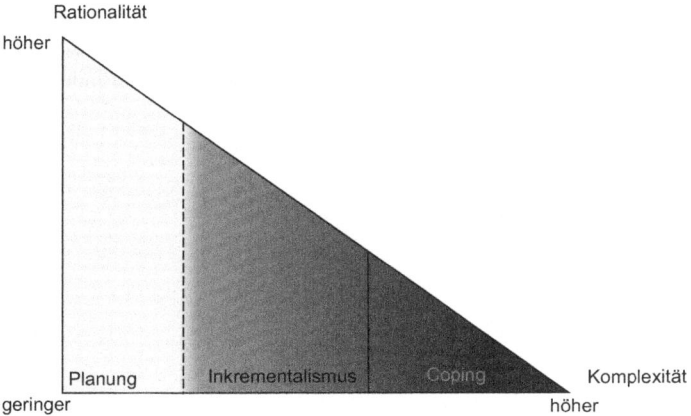

Abb. 6.1 Praktiken begrenzter Rationalität. (Quelle: Eigene Darstellung)

- Für den mittleren Bereich hoher Komplexität passt inkrementalistisches Entscheiden.
- Planung ist eine Entscheidungspraktik, die bei einem geringeren – immer noch hohen – Komplexitätsniveau erfolgversprechend möglich ist.
- Umgekehrt bleibt nur noch Coping, wenn die Komplexität nicht einmal mehr Inkrementalismus zulässt.

In dieser Reihenfolge werden die drei Entscheidungsmodi begrenzter Rationalität nun behandelt. Dabei sollte von vornherein klar sein: Konkrete empirische Entscheidungssituationen stellen oft eine Mischung dar: Sie fordern z. B. teils inkrementalistisches Entscheiden, teils ist aber auch Planung möglich. Dennoch ist es sinnvoll, zunächst die reinen Typen der drei Entscheidungsmodi als in sich konsistente Kombinationen von Praktiken kennenzulernen. Es fällt dann nicht schwer, im praktischen Entscheiden zwischen den Typen zu springen; und einige der geschilderten Beispiele führen das vor.

Längst nicht immer gilt im Übrigen, dass Meta-Rationalität bewusst durchkalkuliert wird. Oft genug entscheiden Entscheider aufgrund von wenig reflektierten, aber durchaus erfahrungsgesättigten Einschätzungen, dass beispielsweise Planung keinen Zweck hat oder nur noch Coping hilft. Ich spreche hier nicht gern vom ‚Bauchgefühl', weil das nach momentaner Stimmungslage klingt. Es geht vielmehr um Abwägungen nach Daumenregeln – nicht zwei Stellen hinter dem Komma genau, und nicht auf umfassende Berücksichtigung aller Gesichtspunkte und Alternativen ausgerichtet. Auch Meta-Rationalität, also Entscheiden über Entscheiden, kann nur begrenzt rational sein – aus denselben Gründen, aus denen das auch für Entscheiden gilt.

Inkrementalismus 7

Inhaltsverzeichnis

7.1 Reaktive Problemfixierung 63
7.2 Reduzierte Informationsverarbeitung 67
7.3 Partisan mutual adjustment 72
7.4 Satisficing 77
7.5 „Sich-durchwursteln" 81
7.6 Zwischen Planung und Coping 86

Warum beginne ich die Betrachtung dessen, was jenseits der Illusionen perfekter Rationalität als begrenzte Rationalität möglich ist, mit dem Inkrementalismus – also denjenigen Entscheidungspraktiken, die bei einem mittleren Niveau hoher Komplexität angemessen sind? Hierfür sprechen zwei Erfahrungswerte:

- Zum einen dürfte es so sein, dass inkrementalistisches Entscheiden am häufigsten vorkommt. Planung ist deutlich voraussetzungsvoller und daher wohl eher seltener möglich; und dass Entscheider auf Coping zurückgeworfen werden, kommt – so hofft man zumindest – vielleicht auch weniger oft vor als Inkrementalismus. Als sehr grobe Schätzung: Bei drei Fünfteln aller komplexen Entscheidungen liegt man mit Inkrementalismus richtig; jeweils ein Fünftel verteilt sich auf Planung und Coping.
- Zum anderen hat es Inkrementalismus als Entscheidungspraktik zumindest geschafft, naive Planungsambitionen nachhaltig in Frage zu stellen. Auch wenn Planung für wichtige Entscheidungen der – meist illusorische – Maßstab des Erstrebenswerten geblieben ist, hat man die Realität des Inkrementalismus nicht völlig vom Tisch wischen können. Zähneknirschend musste akzeptiert werden, dass der Normalfall des Entscheidens deutlich weniger als Planung

© Der/die Autor(en), exklusiv lizenziert an Springer Fachmedien Wiesbaden GmbH, ein Teil von Springer Nature 2022
U. Schimank, *Entscheiden*, https://doi.org/10.1007/978-3-658-37196-8_7

ist. Coping demgegenüber ist weiterhin auch unter erfahrenen Entscheidern kaum offen ansprechbar: So tief darf begrenzte Rationalität nicht sinken! Das ist jedenfalls die ‚offizielle' Sprachregelung.

Inkrementalismus war freilich noch in den 1950er Jahren ebenfalls ein Entscheidungsmodus, der zwar gang und gäbe war, über den aber nicht offen gesprochen wurde. Lindblom (1959) hat ihn dann gleichsam geoutet – also nicht etwa als Alternative zur gängigen Entscheidungspraxis propagiert, sondern als tatsächlich vielfach praktizierten Modus des Entscheidens aufgedeckt. Sein Ziel dabei war es, das damals wie heute vorherrschende Gerede von ‚Planung', in dem nicht selten sogar Ambitionen in Richtung perfekter Rationalität mitschwingen, als gepflegte Illusion bloßzustellen und den Entscheidern in Ministerien, Unternehmen und anderswo ein realistisches Selbstverständnis zu vermitteln. Sie sollten sich zu dem bekennen können, was sie faktisch tun.

Diese Aufklärungsarbeit ist Lindblom allerdings kaum gelungen. Ganz im Gegenteil wurden die 1960er Jahre zu einer neuen Hochzeit der Planungsrhetorik in Politik und Wirtschaft gleichermaßen, und Planungsverfechter stuften Lindbloms Plädoyer für Inkrementalismus, also Planungsverzicht, als „inertia" (Dror 1964) im Sinne von Planungsfaulheit ein. Auf der Linie Lindbloms hielt Aaron Wildavsky (1973) polemisch dagegen: „If planning is everything, maybe it's nothing." In dieser Kontroverse über die Möglichkeit und Wünschbarkeit von mehr Planung schlugen die Wellen bis in die 1970er Jahre hoch. Seitdem sind die Planungsverfechter etwas kleinlauter geworden, weil auf ein langes Jahrzehnt der großen Pläne dann – in der deutschen Politik sinnfällig durch die 1974 erfolgende Ablösung Willy Brandts als Bundeskanzler durch Helmut Schmidt – „Krisenmanagement" angesagt war und bis heute ist.[1] Die seit Mitte der 1970er Jahre unsteter gewordene weltwirtschaftliche Lage hat ebenso in der Wirtschaft längerfristig planende Unternehmensstrategien erschwert und vielfach verunmöglicht, wenngleich auch hier auf das Beschwören von „Unternehmensplanung" als Kernbestandteil jedes Betriebswirtschaftsstudiums nicht verzichtet wird. Auf Ähnliches stößt man in allen anderen Entscheidungsfeldern, nicht zuletzt im biographischen Entscheiden, etwa bei der individuellen beruflichen Karriereplanung.

---

[1] Schmidt gehörte zu den ganz wenigen politischen Entscheidungsträgern, die sich zum Inkrementalismus bekannten – in seinem Fall in Gestalt des von Karl Popper (1957) gegen Planungshybris propagierten „piecemeal engineering".

Lindblom ist also mit seiner Frage, was man tun kann, wenn man sich von perfekter Rationalität verabschiedet hat und auch Planung angesichts der Komplexität einer Entscheidungssituation nicht in Frage kommt, aktueller denn je. Ich brauche nur an einige kürzliche und immer noch virulente politische Entscheidungsprobleme zu erinnern. Zum einen gab es als Widerfahrnisse Krisen wie die im Jahr 2008 sich plötzlich zuspitzende globale Finanzmarktkrise, die 2015 eskalierende „Flüchtlingskrise" oder die 2020 ebenfalls sehr unverhofft einsetzende Corona-Pandemie; zum anderen hat sich die Politik seit Beginn des 21. Jahrhunderts ein Thema wie die „Energiewende" selbst ins Pflichtenheft geschrieben. Während Letztere im Gesamtbild durchaus auch Züge von Planung aufweist, was bei den zuvor genannten Widerfahrnissen allein schon aufgrund größtenteils extremer Zeitknappheit des Entscheidens kaum möglich war, finden sich doch bei all diesen und vergleichbaren anderen Entscheidungsproblemen überwiegend inkrementalistische Entscheidungspraktiken – wenn man nicht sogar auf Coping zurückgeworfen ist.

Inkrementalismus lässt sich als Kombination von fünf Vorgehensweisen des Entscheidens charakterisieren, denen jeweils bestimmte Entscheidungspraktiken zuzuordnen sind. Ich stelle die Vorgehensweisen nun nacheinander, als Devisen formuliert, vor und spreche dabei jeweils einige der zugehörigen Praktiken an.

7.1 Reaktive Problemfixierung

Devise I.1
Kümmere dich nicht um ein Problem, solange du es nicht musst!

Die Devise bringt zunächst zum Ausdruck, dass man nicht im Vorgriff auf denkbare, aber keineswegs gewisse zukünftige Entwicklungen – die ‚ungelegten Eier' des Volksmunds – bestimmte Gegebenheiten zu Entscheidungsproblemen erheben soll. Was jetzt noch kein Problem darstellt, soll man nicht zu einem solchen erklären, bloß weil es womöglich irgendwann eines werden könnte. Nur weil vielleicht in dreißig Jahren eine mögliche künftige Verknappung fossiler Energiequellen am Zukunftshorizont erscheint, muss ein Automobilhersteller wie Volkswagen im Jahr 1980 noch nicht damit beginnen, anstelle einer weiteren Perfektionierung seiner hervorragenden Benzin- und Dieselmotoren auf alternative Antriebsenergien wie Strom oder Wasserstoff umzustellen – allererste explorative Forschungen in dieser Richtung reichen völlig aus, um das Thema im Blick zu behalten. Viel zu viele Unbekannte – einschließlich der „unknown unknowns" – können weit auseinander gehende Szenarien Wirklichkeit werden lassen. Sich auf sie alle einzustellen übersteigt die Entscheidungskapazität bei weitem. Also sollte man erst einmal abwarten, bis sich die Lage klärt: Was wird wirklich zum Problem?

Die Devise geht noch weiter: Auch Gegebenheiten, die bereits ein Problem sind, soll man ignorieren, solange sie einen nur vergleichsweise wenig bedrängen – so wie viele erst dann zum Zahnarzt gehen, wenn die Schmerzen dauerhaft auftreten und eine bestimmte Schwelle der Intensität überschreiten. Ein Paar, das mühsam in einer Großstadt eine Wohnung gefunden und eigentlich – zukünftigen Kinderwunsch vor Augen – gerne gleich eine größere gehabt hätte, überlegte: Es „schien die Wohnung mit 48 qm bereits beim Einzug zu klein für zwei Personen. Doch statt uns direkt eine größere Wohnung zu suchen, sind wir zunächst in der kleinen Wohnung geblieben. Wir wollten erst einmal gucken, wie wir uns einleben. Wir wollten die Wohnungsgröße, die zu diesem Zeitpunkt noch kein akutes Problem darstellte, nicht zu einem Problem erklären, nur weil es womöglich irgendwann eines werden könnte." Und die in einem Jobcenter tätige Integrationsfachkraft für die Betreuung geflüchteter Menschen unter 25 Jahren kann auf derselben Linie feststellen: „Solange ich … den Eindruck habe, dass Herr Y. sich aktiv Gedanken um seine Zukunft macht und entsprechende Bemühungen nachweist, kann es unter Umständen besser sein, hier nicht zusätzlich aktiv zu werden oder gegebenenfalls Druck auszuüben, was wie eine Blockade wirken könnte. Vielmehr könnte sich das Problem ‚von selbst' lösen."

Hinter solchen Überlegungen kann u. a. auch die Erfahrung stehen, dass manche Probleme nur vorübergehender Natur sind. So wie sie kommen, gehen sie auch wieder – und man weiß oft nicht warum. Dem kann zugrunde liegen, dass ein Problem durch eine vielleicht sehr zufällige Koinzidenz von Ursachen hervorgebracht wird, und schon morgen fallen bestimmte Ursachen wieder weg, die notwendige Bedingungen für das Auftreten des Problems sind. Manchmal gibt es ja beispielsweise in Verhandlungssituationen Blockaden, die nicht auf Interessendivergenzen der Entscheider beruhen, sondern darauf, dass zwei Personen als Repräsentanten unterschiedlicher Interessenpositionen ‚nicht miteinander können' – und in dem Moment, in dem einer von beiden abberufen wird oder in den Ruhestand geht, löst sich der Knoten. Wenn man den Eindruck hat, dass so etwas geschehen könnte, und gleichzeitig nicht zu sehr unter dem Problem leidet, ist Abwarten begrenzt rational.

Ein existierendes, nicht bloß potentielles Entscheidungsproblem von sich zu weisen ist weiterhin dann begrenzt rational, wenn man mit zu vielen Problemen gleichzeitig konfrontiert ist, so dass man nicht allen gerecht werden kann. Dann muss ein Entscheider Prioritäten und Posterioritäten setzen und kann sich dabei

7.1 Reaktive Problemfixierung

an sachlichem, sozialem oder zeitlichem Druck orientieren. Manche Probleme werden unter diesen gar nicht seltenen Umständen deshalb ausgeblendet, weil sie im Vergleich zu anderen Problemen auf der Agenda sachlich weniger dramatisch daherkommen, also nicht so viel auf dem Spiel steht. Bei anderen Problemen gibt es nicht die mächtigen Protagonisten, die einen Entscheider bedrängen.[2] Wieder andere Probleme mögen zwar sachlich gewichtig und sozial von einflussreichen Akteuren vertreten werden – doch zeitlich handelt es sich um Probleme von Übermorgen, nicht von Morgen oder Heute. Hier gilt dann rationalerweise: ‚First things first!' „Die Knappheit der Zeit und die Vordringlichkeit des Befristeten" (Luhmann 1968a) bedeutet freilich: Nur weil ein vergleichsweise wenig bedeutsames Anliegen mit einer Deadline versehen ist, erfährt es mehr Aufmerksamkeit des Entscheiders als ein viel gewichtigeres Entscheidungsproblem, dessen Bearbeitung zeitlich unbestimmt gelassen wird. So schreibt mancher Wissenschaftler unter Zeitdruck einen Aufsatz nach dem anderen – und die Dissertation oder das ‚opus magnum' wird immer wieder hinausgeschoben.

Hier wird bereits deutlich, was sich bei allen Praktiken begrenzter Rationalität zeigen wird: Sie schillern, und das ist in der Natur der Sache so angelegt.[3] Man kann dem, was man getan hat, im Nachhinein stets die Möglichkeit einer besseren prozeduralen Rationalität entgegenhalten. Doch man muss immer die Gegenfrage stellen: War das eine realistische Möglichkeit, oder handelt es sich um Wunschdenken? Im Nachhinein ist man immer – vor allem, wenn sich ein Problem als folgenschwer erweist – naseweis: Man wäre besser früher anders mit ihm umgegangen. Doch hätte man sich auch bereits dafür entschieden, als man noch nicht wusste, was dann aus diesem Problem geworden ist und als man erst einmal andere Probleme für wichtiger gehalten hat?

Ganz konkret bedeutet reaktive Problemfixierung: Man wird als Entscheider erst bei Ultimaten mit Bußgeldandrohungen aktiv – oder wenn der Verkauf von Autos mit Dieselmotoren einbricht – oder wenn vorhandene Deiche Sturmfluten nicht mehr standhalten. Anders gesagt, nimmt diese erste Devise des Inkrementalismus Kosten, auch erhebliche Kosten, in Kauf – damit man vorerst in Ruhe gelassen wird von einem bestimmten Entscheidungsproblem, das ja vielleicht auf

---

[2] Und selbst wenn es sie gibt, kann man sie auch so hinhalten, dass man nur so tut, als kümmere man sich um das Problem – indem man etwa eine Kommission einsetzt und diese erst einmal einen viel Zeit in Anspruch nehmenden gründlich recherchierten Bericht, in dem alle Seiten zu Wort kommen, erstellen lässt.

[3] Dieses Schillern ermöglicht es den Planungsgläubigen, kurzen Prozess mit den Inkrementalisten zu machen. Denn Erstere haben die kulturelle Hegemonie und können Letztere als vom Rationalitätsglauben der Moderne Abgekommene diskreditieren.

längere Sicht als Kelch an einem vorübergeht, oder damit man sich so anderen, hier und jetzt noch drängenderen Problemen widmen kann. Das kann auch schiefgehen: bei solchen Problemen, die sehr früh entdeckt werden müssen, damit man noch erfolgversprechend mit ihnen umgehen kann – was beispielsweise bei bestimmten Krebserkrankungen der Fall ist. Bei ihnen wäre Inkrementalismus Fahrlässigkeit, und Vorsorge – siehe Devise P.1 zu Planung – ist ratsam. Leider weiß man bei Problemen nicht immer, ob sie diesen heimtückischen Charakter haben und daher Prävention erfordern. Bilanziert man die begrenzte Rationalität eines inkrementalistischen Vorgehens, ist somit auch noch in Rechnung zu stellen: Reaktive Problemfixierung schließt Problemprävention aus – also ein Entscheiden, das dafür sorgt, dass ein mögliches Problem gar nicht erst zu einem tatsächlichen Problem wird. Damit ein inkrementalistischer Entscheider aktiv wird, muss das Kind bereits in den Brunnen gefallen sein.

All das klingt auf den ersten Blick nach einer Mängelliste dessen, was inkrementalistisch erreicht werden kann. Auf den zweiten Blick ist aber zurückzufragen: Wäre denn mehr an Rationalität möglich gewesen? Abgesehen von den Neunmalklugen, die alles schon immer besser gewusst haben, müssen die allermeisten wohl eingestehen: Es gibt ein Komplexitätsniveau von Entscheidungsproblemen, ab dem mehr nicht drin ist. Reaktive Problemfixierung ist also nicht Bequemlichkeit, sondern eine realistische Einschätzung dessen, was an begrenzter Rationalität erreichbar ist.

Problemfixierung heißt nicht nur, bestimmte Probleme im Blick zu behalten und andere auszublenden. Bei den im Blick behaltenen Problemen geht es weiterhin darum: Worauf richtet sich der Blick, und worauf nicht? Wird beispielsweise Arbeitslosigkeit nur als Problem gesehen, den Lebensunterhalt finanziell gewährleistet zu bekommen, oder sind etwa auch Fragen sozialer Anerkennung für die Betroffenen und schulischer Chancen für deren Kinder bedeutsam? Manchmal ermöglicht die enge Fassung eines Problems dessen leichtere Bearbeitung, manchmal ist es auch umgekehrt. Es geht also bei Problemfixierung nicht unbedingt um Engführung, sondern darum, wie ein Problem gerahmt wird. Wichtig ist jeweils: Inkrementalistisches Entscheiden gibt vor, welche Rahmung gilt. Der Entscheider muss sich mit keinen alternativen Rahmungen auseinandersetzen. Damit leitet die Problemfixierung in die zweite Vorgehensweise inkrementalistischen Entscheidens über: die reduzierte Informationsverarbeitung.

7.2 Reduzierte Informationsverarbeitung

Devise I.2
Sobald du dich um ein Entscheidungsproblem kümmern musst: Wende dich nur denjenigen Problemaspekten zu, die wirklich drängend oder naheliegend sind, und bearbeite diese mittels vereinfachender Heuristiken!

Reduzierte Informationsverarbeitung heißt: Eine Entscheiderin sucht nicht solange nach relevanten Informationen, bis sie alles weiß, was sie für eine gute Entscheidung wissen muss, oder aber bis sie erkennen muss, dass sie an bestimmte Informationen definitiv nicht herankommt; und sie verarbeitet nicht alle ihr vorliegenden Informationen bei ihrer Entscheidungsfindung. Stattdessen zeigt sie ‚Mut zur Lücke' – zur unvollständigen Sammlung und Verarbeitung relevanter Informationen. Die Entscheidungssituation wird weder in ihrer Breite noch in ihrer Tiefe durchdrungen, sondern die Entscheiderin begnügt sich mit einem oftmals sehr vereinfachten Bild der Situation.

Ein solches Vorgehen beginnt damit, dass das anstehende Entscheidungsproblem nicht in seiner Totalität zu bearbeiten versucht wird, sondern die Entscheiderin sich darauf *fokussiert,* wo hier und jetzt der Schuh besonders drückt. Ein Kleinanleger beispielsweise, der in einer Finanzmarktkrise wie der sich im Herbst 2008 zuspitzenden bei all seinen verschiedenen Anlagen Verluste verzeichnet, aber bei einigen katastrophale Kursstürze, wird sich tunlichst erst einmal um letztere Anlagen kümmern – genau wie ein Notfallmediziner, der zu einem Unfallort kommt, sich solchen Unfallopfern, die in unmittelbarer Lebensgefahr sind, zuwendet und andere, wie schmerzhaft auch immer deren Verletzungen sein mögen, hintanstellt. Und bei einem sehr facettenreichen Problem wie der Bekämpfung der Corona-Pandemie – von der Minimierung von Toten über den Erhalt von Arbeitsplätzen und den Besuch von Heimbewohnern bis zu Urlaubsreisen und Konzertbesuchen – muss man sich, damit es überhaupt handhabbar wird, auf die wichtigsten dieser allesamt nicht unwichtigen Kriterien konzentrieren und die anderen als baldmöglichst auch zu berücksichtigende vorerst vergessen.

An diese Fokussierung des Problems schließt reduzierte Informationsverarbeitung oftmals eine oder mehrere von vier sehr gängigen Entscheidungspraktiken an: „simple-minded search", Typisierung, vertikale und horizontale Entscheidungszerlegung.

„*Simple-minded search*" (Cyert/March 1963: 170/171) beschränkt die Diagnose von Problemursachen und die Suche nach Alternativen der Problembearbeitung auf „temporal and spatial proximity" (March 1994: 84) – zu ergänzen wäre: sachliche und soziale Nähe. Bei einem Unternehmen, das in einer bestimmten Region mit Umsatzeinbußen zu kämpfen hat, heißt das: „If sales fall in Texas, then they look for the problem and the solution in Texas." (March 1994: 28) Und zwar nicht in Texas vor fünfzig Jahren, sondern jetzt! Ähnlich wurde bei der Suche nach einer Straßenbahntrasse durch eine kommunale Planungsbehörde von vornherein eine bereits angelegte ältere Trasse favorisiert, obwohl sie weiter weg von den zu bedienenden Wohnvierteln lag als denkbare Alternativen.

In sachlicher Hinsicht prüfen beispielsweise Support Manager von nicht funktionierender Software, die unmöglich – angesichts der Erwartungen des Kunden, schnell eine Lösung geliefert zu bekommen – eine systematische Fehlersuche angehen können, diejenigen Stellschrauben, an denen sie, wenn es klappt, schnelle Erfolge erzielen können. Gar nicht so selten klappt das tatsächlich. Die Entscheidung für ein bestimmtes Vorgehen beim Personalabbau in einer Kommunalverwaltung kopierte ein als adäquat eingestuftes früheres Vorgehen: „Andere Ursachen und Lösungsansätze für das Problem wurden nicht mehr gesucht, da die Ursachen bereits als erkannt galten." Nähe bedeutet also oft auch: bereits bekannt oder sogar altbekannt.

In sozialer Hinsicht schließlich heißt „simple-minded search", dass eine Entscheidung nahe beim Status quo bleibt, sofern dieser allgemein akzeptiert ist. Entsprechend wird etwa bei der Verteilung der Finanzmittel für Jugendarbeit auf verschiedene Stadtteile so verfahren, „… dass die Veränderungen im Vergleich zum Vorjahr nur marginal sind."[4] Dann ist mit dem geringsten Protest zu rechnen, denn niemand verschlechtert sich nennenswert und alle wissen, woran sie sind.

„Simple-minded search" liegt auch dann vor, wenn eine Entscheiderin sich, ganz gemäß ihrer Berufsrolle, an der Logik der jeweiligen gesellschaftlichen Sphäre orientiert, zu der diese Rolle gehört – wenn also etwa eine Lehrerin auf zunehmende Gewalt unter SchülerInnen pädagogisch und nicht polizeilich, juristisch, politisch oder moralisch reagiert. Das ist das, wovon sie etwas versteht – und damit versucht sie, das Problem zu bewältigen. Erst wenn das nicht klappt, hält die Lehrerin über den Tellerrand ihrer Profession hinaus nach anderen Arten der Problembearbeitung Ausschau. Entscheider versuchen also zunächst,

---

[4] Aaron Wildavsky (1964) zeigt für die USA genau dies als durchgängiges Muster der Haushaltsaufstellung auf Ressortebene auf – womit er die hochtrabend „Planning Programming Budgeting System" genannte Reform in Richtung Planung als bloße Fassade entlarvt.

7.2 Reduzierte Informationsverarbeitung

mit ‚Bordmitteln' auszukommen; und weil dies oft genug in gewissem Maße funktioniert, ist es rational, es zu versuchen. Aber es ist eben nur begrenzt rational. Es kann sein, dass man weiter reichende Problemursachen vernachlässigt und nur an Symptomen kuriert – wie etwa ein Autofahrer, der auf einen nicht anspringenden Motor immer wieder damit reagiert, dass er die verölten Zündkerzen säubert, was bei einem früheren Vorfall geholfen hat, anstatt den tieferen Ursachen dieses Sachverhalts in Gestalt eines falsch eingestellten Vergasers auf den Grund zu gehen. Manchmal wird dies sehenden Auges getan: Eine regionale Gewässerschutzbehörde führt wieder und wieder Maßnahmen zur Reinigung des Wassers in Seen und Flüssen durch – wohl wissend, dass die zu schnelle Industrialisierung der Region gebremst werden müsste, was aber jenseits ihrer Macht liegt. Dies ist die schillernde Seite der „simple-minded search".

Auch *Typisierung,* als eine andere Praktik der Informationsreduzierung, ist ambivalent. Ähnliche Entscheidungsprobleme werden als gleich behandelt – und das kann gut gehen, aber auch nicht. Typisierung besteht darin, dass eine bestimmte Entscheidungssituation nicht als einmaliges Geschehen, sondern als Fall kategorisiert wird, der einem bestimmten Typus zugeordnet werden kann (Perrow 1970: 57–59). Dadurch wird von vielen Besonderheiten abstrahiert. Es geht dann also z. B. nicht um die einzigartige aktuelle Lebenssituation eines Menschen, der Ansprüche auf Sozialhilfe stellt, sondern um dessen Einstufung mittels abstrakter Kategorien wie Beschäftigungsverhältnis, Einkommenshöhe, Kinderzahl, Mietbelastung u.ä. Diese Einstufung in Merkmalsklassen bestimmt, ob und in welcher Höhe er Anspruch auf Sozialhilfe oder Wohngeld hat. Eine Case-Managerin in der Jugendhilfe berichtet: „Der Klient wird mittels abstrakter Kategorien wie Verhaltensauffälligkeiten, Adoleszenz, familiäre Konflikte, Schulmeidung etc. eingestuft". Noch weitergehend wird von einem Verwaltungsmitarbeiter zu Entscheidungen darüber, ob Ausländern ein Aufenthaltsrecht in Deutschland zusteht, dargestellt: „Gleichgelagerte Fälle wurden schon häufig bearbeitet, für das ausführliche Erstellen eines individuellen Bescheids fehlte jedoch die Zeit. Der Sachbearbeiter orientierte sich daher an einem Bescheid zu einer ähnlichen Fallkonstellation. Das Konstrukt wurde an die individuellen Umstände des Einzelfalles angepasst, dennoch konnten Textbausteine übernommen werden."

Typisierung gestattet also eine zumindest partielle Routinisierung des Entscheidens. Sie liegt bei genauerem Hinsehen auch der „simple-minded search" zugrunde. Denn die Gesichtspunkte, die der herangezogene Typus hervorhebt, sind dann die Scheuklappen, die das Bekannte konturieren. Wenn Typisierung als Entscheidungslenkung stärker formalisiert geschieht, etwa in Gestalt von Formularen oder Checklisten, können explizite Hinweise mit kommuniziert werden, dass es Ausnahmen von der Regel gibt – also Situationen, in denen die Typisierung zu inadäquaten Entscheidungen führt. In der Verwaltungssprache machen etwa Formulierungen wie „in besonderen Härtefällen" oder „in Fällen besonderer Dringlichkeit" darauf aufmerksam, dass man in diesen Hinsichten achtsam sein sollte. So wird der Entscheiderin bewusst gemacht, dass sie begrenzte Rationalität praktiziert, die keine Erfolgsgarantie bietet.

Vertikale Entscheidungszerlegung ist eine weitere Praktik reduzierter Informationsverarbeitung, die mit einer zeitlichen Staffelung vor- und nachgeordneter Entscheidungen arbeitet. Eine derartige „stratification of decisions" (Simon 1946: 98), lässt sich an dem Beispiel studieren, dass die Verkehrsverbindung zwischen zwei Orten A und B verbessert werden soll (Manheim 1966: 3–25). Diese Entscheidung könnte in folgender Weise vertikal dekomponiert werden:

- Die erste Vorentscheidung wäre die Festlegung des Verkehrsmittels: Soll der Straßen-, der Schienen- oder der Luftverkehr zwischen A und B verbessert werden?
- Hat man sich hier auf eine Alternative, z. B. den Straßenverkehr, festgelegt, dann stellt sich als zweite Frage: Soll die bereits bestehende Straße zwischen A und B ausgebaut oder eine neue Straße angelegt werden?
- Entscheidet man sich für eine neue Straße, dann muss als dritte Vorentscheidung die generelle Trassenführung bestimmt werden. Verschiedene, zunächst noch recht grobe Trassen bieten sich an: z. B. eine Süd- oder eine Nordroute.
- Hat man sich für die Südroute entschieden, dann muss als vierte Vorentscheidung diese grobe Trasse genauer festgelegt werden.

Hieran könnten sich dann Entscheidungen über die Kapazitätsauslegung der Straße, ihre technisch-materiale Gestaltung und Weiteres mehr anschließen, bis man zu operationalen Festlegungen gelangt ist, die sich unmittelbar in Ausführungsvorschriften für die Erstellung der Straße, also in die Implementation der Entscheidung übersetzen lassen.

Bei der *horizontalen Entscheidungszerlegung* wird demgegenüber ein Problem in einzelne Sachaspekte zerlegt (March/Simon 1958: 190–193). Um das Beispiel der zu verbessernden Verkehrsmöglichkeiten wieder aufzugreifen: Die Entscheidung, ob zwischen den Orten A und B eine Straße gebaut wird, hat u. a. geologische Möglichkeiten und Einschränkungen, ökologische Belastungen, eine Beeinträchtigung der Wohnbevölkerung durch Verkehrslärm, finanzielle Kosten und den Nutzen der Straße für verschiedene gesellschaftliche Gruppen zu berücksichtigen. Jeder dieser Aspekte lässt sich zunächst in einer separaten Teilentscheidung bearbeiten – wobei dies unterschiedliche Entscheider, die

7.2 Reduzierte Informationsverarbeitung

Spezialisten für die verschiedenen Aspekte sind, simultan tun können. Das setzt allerdings voraus, dass die Aspekte in dem Sinne unabhängig voneinander sind, dass die Informationen, die für eine der Teilentscheidungen benötigt werden, nicht in eine der anderen Teilentscheidungen eingehen und die Ausprägung einer Teilentscheidung nicht die Ausprägungen anderer Teilentscheidungen präjudiziert. Eine Untersuchung des möglichen Nutzens der Straße muss sich beispielsweise u. a. für die bis jetzt über andere Verkehrswege laufenden Verkehrsflüsse zwischen A und B interessieren und die durch den Bau der Straße erzielbaren Zeit- und Energieeinsparungen bilanzieren. Diese Information ist für keinen der anderen Problemaspekte wichtig. Und angenommen, die Nutzenbetrachtung ergibt einen hohen zu erwartenden Nutzen der geplanten Straße, dann ist damit noch nichts darüber ausgesagt, ob die entstehenden finanziellen Kosten, ökologischen Belastungen und Beeinträchtigungen der Wohnbevölkerung tragbar sind und ob die geologischen Bedingungen überhaupt den Bau einer Straße zulassen. Erst in einem zweiten Schritt müssen diese verschiedenen Aspekte wieder zu einer Gesamtentscheidung zusammengefügt werden, die dann als „composite decision" (Simon 1946: 221/222) im Nachhinein und eben nicht aus einer von vornherein ganzheitlichen Betrachtung des Entscheidungsproblems hervorgeht.

Horizontale Entscheidungszerlegung liegt vielen politischen Entscheidungen zugrunde – wenn beispielsweise die Frage, ob die Bundesrepublik Deutschland einem Entwicklungsland einen Finanzkredit für eine bestimmte Maßnahme gewähren soll, vom Bundesministerium für wirtschaftliche Zusammenarbeit unter entwicklungspolitischen, vom Auswärtigen Amt unter außenpolitischen, vom Bundesministerium für Wirtschaft unter außenhandelspolitischen und vom Bundesministerium der Finanzen unter haushaltspolitischen Gesichtspunkten geprüft wird. Das Gleiche findet man aber auch innerhalb von Organisationen wieder, wenn verschiedene Abteilungen oder Stellen ein Entscheidungsproblem unter unterschiedlichen Aspekten betrachten.

Anders als die horizontale Entscheidungszerlegung, die ein Entscheidungsproblem in einzelne Stränge zerlegt, hält die vertikale Entscheidungszerlegung an einer ganzheitlichen Problembetrachtung, entsprechend der Problemspezifizierung auf der jeweiligen Entscheidungsstufe, fest. Die erste Vorentscheidung des Beispiels bezieht bei der Festlegung des Verkehrsmittels alle für relevant erachteten Problemaspekte – finanzielle, geologische, ökologische, soziale usw. – ein. Freilich kann dies dann nur in einer vergleichsweise kursorischen Weise erfolgen. Während die Rationalitätssteigerung bei der horizontalen Entscheidungszerlegung in der Präzision des Spezialwissens liegt, die Rationalitätsbegrenzung hingegen in der genau dadurch zwangsläufig unzureichenden Integration dieser funktional spezialisierten Problemperspektiven, verhält es sich bei der vertikalen Entscheidungszerlegung genau umgekehrt: Hier wirkt die übergreifende und damit integrative, Interdependenzen zwischen den Teilperspektiven einbeziehende Betrachtungsweise rationalitätssteigernd – und die Rationalitätsbegrenzung ergibt sich aus der damit einhergehenden zwangsläufigen Oberflächlichkeit bei der Einschätzung der einzelnen Problemaspekte.

An der vertikalen Entscheidungszerlegung lässt sich im Übrigen an einem einfachen Gedankenexperiment gut klar machen, wie drastisch diese Praktik den Informationsverarbeitungsaufwand gegenüber einer ganz schnell astronomische Größenordnung annehmenden perfekten Rationalität verringert:

- Angenommen, eine Entscheidung wird lediglich in drei Stufen zerlegt, wobei auf jeder Stufe jeweils nur zwei Alternativen zur Wahl stehen: Um die relevanten Informationen vollständig zu verarbeiten und so in sachlicher Hinsicht perfekte Rationalität zu erreichen, müsste man sich in diesem Fall über $2 + 4 + 8 = 14$ Entscheidungspunkte informieren, da man sich erst auf der dritten Stufe endgültig entscheidet.
- Das andere Extrem einer willkürlichen, überhaupt nicht rationalen Entscheidung, bei der man auf jeder Stufe einfach irgendeine der beiden Alternativen wählt und nur diese weiter verfolgt, liefe darauf hinaus, dass man nur drei Entscheidungspunkte berücksichtigt.
- Die begrenzte Rationalität der vertikalen Entscheidungsdekomposition liegt zwischen diesen beiden Extremen: Auf jeder Stufe werden alle Alternativen in Betracht gezogen – doch man wählt dann eine davon aus und verfolgt nur diese weiter. Hierbei muss man sich über sechs Entscheidungspunkte informieren.

Diese Unterschiede der erforderlichen Informationsverarbeitung vergrößern sich exponential, je mehr Stufen die vertikale Entscheidungszerlegung enthält und je mehr Alternativen auf jeder Stufe verglichen werden.

7.3 Partisan mutual adjustment

Devise I.3
Berücksichtige nur solche Alternativen der Problembearbeitung, bei denen du mit keinen größeren Widerständen zu rechnen hast!

7.3 Partisan mutual adjustment

Die beiden ersten Devisen haben den analytischen Blick auf die Phasen der Problemerkennung und Kriterienformulierung und auf die Zeit- und die Sachdimension ausgerichtet, wobei Bezüge zur Sozialdimension durchaus erkennbar gewesen sind. Die dritte Devise rückt die Sozialdimension des Entscheidens ins Zentrum: Welchen Alternativen der Problembearbeitung, die vorliegen oder gesucht werden, wendet sich eine Entscheiderin, die sich nicht allen Alternativen widmen kann, zu?

In dieser Frage kann ein inkrementalistischer Entscheider in drei Schritten vorgehen. Der erste besteht darin, sich selbst wie auch alle anderen Entscheidungsbeteiligten und -betroffenen als *„watchdogs for values"* (Lindblom 1965: 156) zu verstehen. Man macht sich also klar, dass alle in die Entscheidung involvierten Akteure aufgrund ihrer Rolle, ihrer Organisationszugehörigkeit, ihrer Verortung in bestimmten gesellschaftlichen Sphären und weiterer Faktoren spezifische Interessen vertreten, und dass diese Interessen darüber hinaus oft in spezifischen Identitäten verankert sind, was ein reines „bargaining" etwa im Sinne von Tauschgeschäften erschwert. Wer z. B. als überzeugter Menschenrechtsaktivist dafür eintritt, dass alle Flüchtlinge aus Bürgerkriegsregionen in Deutschland Bleiberecht erhalten, lässt sich den Widerstand gegen Abschiebungen selbst nachweislich krimineller Ausländer nicht so einfach ‚abkaufen', weil sie ja in ihren Heimatländern gefoltert werden könnten. Inkrementalistisches Entscheiden stellt solche Vorbehalte in Rechnung und klammert Entscheidungsalternativen, die der anderen Seite eine Verleugnung der eigenen Identität oder eigener Interessen aufnötigen, aus. Wann immer davon auszugehen ist, dass solche Sensibilitäten oder auch nur „basic self interests" (Scharpf 1997: 64) – des Arztberufs, der SPD-Mitgliedschaft oder der Marketingabteilung eines Unternehmen – tangiert sind, nimmt Inkrementalismus diese zunächst einmal achselzuckend hin: Es lohnt nicht, sich unnötig zu ‚verkämpfen'!

Im zweiten Schritt sondiert eine inkrementalistische Herangehensweise für Entscheidungssituationen, in denen verschiedene Akteure unterschiedliche Positionen vertreten, *Kräfteverhältnisse*. Pragmatisch werden diese in Rechnung gestellt, und es wird kein Versuch unternommen, sie zu verändern. Kräfteverhältnisse setzen sich aus zwei Momenten zusammen: zum einen aus den Intentionen der involvierten Akteure, zum anderen aus deren Einflusspotentialen. Intentionen können mehr oder weniger auseinander gehen und mehr oder weniger wichtig genommen werden, Einflusspotentiale können mehr oder weniger ungleich verteilt sein. Damit lässt sich eine Entscheidungssituation in der Sozialdimension zunächst einmal als Kräftefeld ansehen, in dem die verschiedenen Entscheidungsbeteiligten entsprechend ihren Einflusspotentialen und ihren

Abb. 7.1 Einigung der Entscheidungsbeteiligten. (Quelle: Eigene Darstellung)

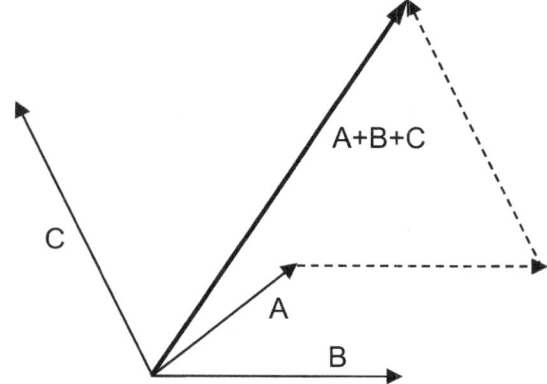

Prioritäten unterschiedlich starke Kräfte darstellen, die gemäß ihren jeweiligen Entscheidungskriterien in unterschiedliche Richtungen drängen. Die situative pragmatische Einigung der Entscheidungsbeteiligten kann dann gleichsam vektoranalytisch ermittelt werden (Abb. 7.1).

Beispielhaft illustriert könnte A das für Entwicklungspolitik zuständige Ministerium sein, das in einem Land der Dritten Welt eine entwicklungspolitische Maßnahme plant, bei der vor allem die Befriedigung der Grundbedürfnisse der ärmeren Bevölkerungsschichten angestrebt wird – z. B. der Aufbau dezentraler Gesundheitsstationen in den Dörfern. B wäre das Wirtschaftsministerium, das aufgrund seiner Zuständigkeit für Außenwirtschaft im Vergleich zum entwicklungspolitisch zuständigen Ministerium auch in dessen Ressortangelegenheiten noch über ein größeres Einflusspotential verfügt und dieses einsetzt, um das geplante Projekt dahingehend abzuwandeln, dass dabei lukrative Exportaufträge für die deutsche Wirtschaft anfallen – in diesem Fall z. B. darauf drängt, dass die Gesundheitsstationen mit aufwendiger Medizintechnologie „Made in Germany" ausgerüstet werden. C schließlich wäre das Auswärtige Amt, das bei allen außenpolitischen Angelegenheiten über das weitaus größte Einflusspotential verfügt und stets darauf achtet, dass entwicklungspolitische Maßnahmen als Teil der Außenpolitik politisch verbündete Länder und Regimes stärken. Das Gesamtergebnis dieser hier stark divergierenden Entscheidungskriterien wäre dann die Vektoraddition A + B + C: eine Entscheidung, die am ehesten noch den Präferenzen des Auswärtigen Amts entspricht, während insbesondere das Wirtschaftsministerium in diesem Fall den Kürzeren zieht. Wirklich zufrieden dürfte keiner der drei

7.3 Partisan mutual adjustment

Akteure mit dem Ergebnis ihres Kräftemessens sein. Das kann in anderen Fällen, in denen die Intentionen nicht so weit auseinander gehen, natürlich deutlich besser ausfallen.

Dieser Modus der Einigung zeichnet sich hinsichtlich der Intentionen der Akteure dadurch aus, dass von vornherein von keiner Seite versucht wird, eine von allen geteilte dauerhafte und umfassende Kriterienordnung zu finden. Perfekte Rationalität in sozialer Hinsicht wird also gar nicht erst angestrebt. Überzeugungsversuche durch moralische Appelle, den Verweis auf Wertprinzipien oder wissenschaftliche Wahrheiten unterbleiben. Vielmehr gilt, wie es eine Teamleiterin in der öffentlichen Verwaltung gut zum Ausdruck bringt: Sie richte ihre Entscheidung an denen aus, „die am lautesten protestiert haben", so dass „möglichst keine Widerstände zu erwarten waren, sondern in der Sache Ruhe einkehrte." Ähnlich berichtet eine andere Verwaltungsmitarbeiterin, die über knappe Krippenplätze zu entscheiden hatte: „Somit spielten ... Wartelisten und Härtefälle lediglich eine untergeordnete Rolle. Priorität hatten die Eltern, die deutlich machten, dass sie ihren Rechtsanspruch gerichtlich durchsetzen werden." Es handelt sich also um ein „positionsorientiertes Verhandeln" (Benz 1994: 112–148), das die Intentionen der Beteiligten als unveränderbar hinnimmt. Die anderen und sich selbst in diesem Sinne als unbelehrbar anzusehen, bedeutet eine starke Komplexitätsreduktion.

Wenn Intentionen auf diese Weise als fixe Größen behandelt werden, verlagert sich das Aushandeln einer Einigung im dritten Schritt auf andere Praktiken, die in der einfachen Vektoraddition noch nicht abgebildet sind. Es finden – vor dem Hintergrund dessen, was das Kräftemessen ergibt – solche Beeinflussungsmanöver statt, die zum einen auf alle Arten negativer Sanktionen für mangelnde Fügsamkeit anderer mit den je eigenen Intentionen sowie zum anderen auf in Aussicht gestellte Belohnungen für Fügsamkeit setzen. Dabei kann gebluvft werden, und es lassen sich manchmal in ganz anderen Zusammenhängen bestehende Abhängigkeiten ausnutzen. Je größer diese sind, desto mehr vermag ein Akteur, von dem andere abhängen, mit „exit" zu drohen und so Fügsamkeit mit seinen Intentionen zu erzwingen. Akteure können dabei versuchen, ihre Intentionen auf sich allein gestellt durchzusetzen, oder mehr oder stabile Koalitionen eingehen.

Wichtig hierbei sind die oftmals institutionell vorgegebenen *Regeln der gemeinsamen Entscheidungsfindung* (Scharpf 1994). Insbesondere kommt es darauf an, ob Einstimmigkeit erzielt werden muss, so dass jeder Beteiligte über eine Veto-Position verfügt, oder ob Mehrheitsentscheidungen möglich sind, so dass Minderheiten mit ihren Vorstellungen neutralisiert werden können. Gibt es allseitige Veto-Positionen, ist „negative Koordination" (Scharpf 1972) ein typischer „bargaining"-Modus, wie er in interministeriellen Verhandlungen die Regel ist.

Jeder Akteur fixiert dann bestimmte Entscheidungskriterien oder -alternativen als nicht disponibel: Über diese lässt man nicht mit sich reden. Das Gesamtspektrum möglicher Entscheidungen wird so durch multiple Vetos konturiert. Das garantiert allen Beteiligten „die Vermeidung wechselseitiger Schädigung" (Scharpf 1994: 389), sorgt also unter Rationalitätsgesichtspunkten immerhin für die Pareto-Superiorität der getroffenen Entscheidungen: Keiner steht sich schlechter, aber mindestens einer steht sich besser.

Selbst bei institutionell vorgegebenen Vetopositionen gibt es allerdings die „Möglichkeit von Ausgleichszahlungen und Koppelgeschäften" (Scharpf 1994: 390); und dies gilt erst recht für „bargaining" ohne Vetos. Ausgleichszahlungen – auch im übertragenen Sinne – entschädigen einen Akteur dafür, dass er sich einer Entscheidungsalternative fügt, die für andere von Vorteil, für ihn jedoch nachteilig ist. Wenn beispielsweise unter vier Personen, die sich gemeinsam per Auto auf einen feuchtfröhlichen Discoabend begeben, die Entscheidung darüber ansteht, wer zurück fährt, also nichts trinken darf, verfügen alle vier über Vetopositionen. Niemand kann dazu gezwungen werden, die anderen zu fahren. Aber vielleicht lässt sich ja einer dadurch überreden, dass die anderen ihm den teuren Eintritt bezahlen. Koppelgeschäfte laufen im Ergebnis auf das Gleiche hinaus. Sie sind aus dem US-amerikanischen Kongress als „logrolling" bekannt. Es geht dabei um einen Abtausch von Einflusspotentialen: 'Ich unterstütze deine Position bei der Entscheidung X, an der mir nicht so viel liegt, bei der ich aber Einfluss besitze, und du unterstützt umgekehrt mich bei der Entscheidung Y, wo du Einfluss besitzt und die dich nicht sonderlich interessiert'. Gegenüber reiner „negativer Koordination" geraten so mehr Entscheidungsalternativen in den Blick, und die Pareto-Superiorität der Entscheidung lässt sich weiter steigern.

Insgesamt gilt also für den Inkrementalismus, dass „... decision making involves horse-trading and logrolling, associations and alliances." (March 1994: 151–172 – Zitat: 151) Jeder Beteiligte bringt mit dem ihm zur Verfügung stehenden Einflusspotential seine jeweiligen Kriterien und präferierten Alternativen vor und bemüht sich, diese so weit wie möglich durchzusetzen. Genau das heißt „partisan mutual adjustment": Man passt sich aneinander nach Maßgabe der Kräfteverhältnisse an und versucht nicht, die je anderen hinsichtlich ihrer Intentionen eines Besseren zu belehren; jeder kümmert sich stattdessen ganz parteiisch nur um die eigenen Interessen.

7.4 Satisficing

> **Devise I.4**
> *Sobald du einen einigermaßen zufriedenstellenden Weg der Problembearbeitung gefunden hast: Such nicht mehr weiter, ob es vielleicht noch einen besseren gibt, sondern setze ihn in die Tat um!*

Bei der vierten Komponente inkrementalistischen Entscheidens geht es speziell um die – auch zuvor schon implizit mit einfließende – Alternativenbewertung und -auswahl. Hierzu stellt Simon (1946: 80–84) anhand empirischer Befunde klipp und klar fest: Nicht „maximizing", sondern „satisficing" ist ab einem bestimmten Komplexitätsniveau der Entscheidungssituation die Regel. Die erste befriedigende Entscheidungsalternative, auf die ein Akteur stößt, wird gewählt (March/Simon 1958: 140/141, 179/180). Befriedigend heißt dabei: Die Alternative erscheint dem Akteur sowohl als hinreichend sachgerecht als auch als sozial durchsetzbar – und zwar im Rahmen der zur Verfügung stehenden Zeit.

Die Fortbildungsverantwortliche eines Jugendamts stand zu Beginn der Corona-Pandemie vor einem Dilemma: Einerseits war zu erwarten, dass wegen Schulschließungen und Home Office Familienmitglieder über längere Zeit den ganzen Tag räumlich zusammengepfercht sein würden und dadurch insbesondere in den unteren sozialen Schichten, wo oft sehr beengte Wohnverhältnisse herrschen, häusliche Gewalt gegen Kinder zunehmen dürfte und die Mitarbeiter des Amtes, von denen viele ganz neu waren, entsprechenden Schulungsbedarf zum Umgang damit hatten – andererseits waren Präsenz-Schulungen für längere Zeit untersagt. Nach kurzer Sichtung der auf der Hand liegenden Alternativen entschied sie sich, trotz bekannter Nachteile und Grenzen „die Schulung als Webinar anzubieten" und keine weiteren Alternativen mehr zu sondieren: „Die anderen Alternativen werden bewusst außer Acht gelassen, da nun zeitnahes Handeln entscheidend ist: Besser zügig eine inhaltlich auf das Wesentliche reduzierte und methodisch nicht perfekte Online-Schulung anbieten, als über einen nicht absehbaren Zeitraum keine Schulungen zum dringlichen Thema auszurichten."

Das spezifische Rationalitätspotential des „satisficing" ist somit in der Zeitdimension zu verorten. Man könnte ja durchaus fragen: Was soll daran rational sein, dass sich ein Entscheider für die – im wahrsten Sinne des Wortes – ‚erste beste' Möglichkeit, ein gegebenes Problem zu bearbeiten, entscheidet, wenn doch die Reihenfolge, in der sich ihm die Alternativen präsentieren, sehr zufällig sein kann? Und wenn er, wie bei der „simple-minded search", zunächst nahe am Problem gelegene Problembearbeitungsalternativen in den Blick nimmt, geht er – wie dargestellt – das Risiko ein, bloßes Symptomkurieren zu betreiben. Der überragende Rationalitätsaspekt, der hier zum Tragen kommt, ist aber der der Zeitgerechtigkeit: Der Akteur maximiert die Chance, rechtzeitig eine Entscheidung zu treffen, durch relativ niedrig gehaltene sachliche und soziale Rationalitätsansprüche; und sich überhaupt zu etwas zu entscheiden ist alles in allem besser, als die Dinge einfach irgendwie laufen zu lassen. Es kann freilich vorkommen, dass der Akteur in der verfügbaren Zeit auf keine einzige Entscheidungsalternative stößt, die ihm befriedigend erscheint. Je größer die Zeitknappheit, desto größer ist dieses Risiko. Aber wenn der Akteur sich erst mit der bestmöglichen Alternative zufrieden gäbe, wäre das Risiko, dass das Entscheidungsproblem überhaupt nicht angegangen wird, ungleich höher.

Als Praktik inkrementalistischen Entscheidens ist „satisficing" so allgegenwärtig, dass es schwer fällt, überhaupt Beispiele für „maximizing" zu benennen. Bei manchen sehr einfachen Spielen kommt es vor, dass die Konstellation der Karten oder Figuren so schnell überschaubar ist, dass man tatsächlich die bestmögliche Entscheidung für den nächsten Zug zu treffen in der Lage ist. Auch gewisse Endspielsituationen im Schach erlauben zumindest eine große Annäherung an „maximizing". Ansonsten ist Schach gerade ein Beispiel dafür, dass selbst Großrechner mit immensen Kalkulationsgeschwindigkeiten über den größten Teil einer Partie auf „satisficing" verwiesen sind.

Manche betriebswirtschaftlichen Kalküle erwecken den Eindruck von „maximizing", weil sehr exakte und komplizierte Vergleichsrechnungen etwa verschiedener Alternativen der Preisgestaltung für ein Produkt angestellt werden und auch klare Ergebnisse zeitigen. Dies ist freilich die in Kap. 1 angesprochene Scheingenauigkeit. Die Berechnungen führen nur deshalb in begrenzter Zeit zu klaren Ergebnissen, weil so viele Parameter der realen Situation des betreffenden Unternehmens ausgespart bleiben, die aber tatsächlich in ganz erheblichem Maße die eintretenden Wirkungen der Preisentscheidung prägen. Genau besehen betreiben auch die Unternehmen somit „satisficing", wenn sie die in solchen Berechnungen am besten abschneidenden Entscheidungsalternativen auswählen. Dieses Abschneiden wird, ohne dass man sich das meistens klar macht, als – ungenaues – Indiz dafür genommen, dass die betreffenden Alternativen zumindest ganz brauchbar sein könnten.

Bei biographischen oder politischen Entscheidungen gibt man sich nicht einmal der Illusion hin, durch maximierende Kalküle zumindest Anhaltspunkte für eine befriedigende Entscheidungsalternative zu erlangen. Zu offenkundig ist bei diesen Entscheidungsgegenständen, dass die Vielschichtigkeit der relevanten Aspekte nicht einmal grob quantifizierbar und in eine Formel zu bannen ist.

7.4 Satisficing

Schon deshalb strebt man hier zumeist nicht mehr als „satisficing" an, ob es nun um die Berufswahl oder die EU-Erweiterung geht. Das Problem ist freilich bei beiden Arten von Entscheidungen, dass man sich nicht offen dazu bekennen darf, sich mit einer befriedigenden Entscheidung zu begnügen. Denn – um es zu wiederholen – je wichtiger eine Entscheidung ist oder genommen wird, desto rationaler soll sie sein, selbst wenn das angesichts der Komplexität gar nicht möglich ist. Man stelle sich vor, was es hieße, sich selbst einzugestehen oder dem Lebenspartner zu verkünden, dass die Entscheidung für ein Zusammenleben als „satisficing" gefallen ist – was faktisch so gut wie immer so ist! Und auch wenn die Türkei irgendwann doch noch EU-Mitglied werden sollte, wird man dies – schon angesichts der langen heftigen Auseinandersetzungen darüber – als wohl abgewogene, für alle Seiten bestmögliche Entscheidung darstellen. Man könnte sogar als Zusammenhang vermuten: Je wichtiger eine Entscheidung ist, desto höher ist wahrscheinlich ihre Komplexität und desto unumgänglicher wird daher faktisch „satisficing" praktiziert, aber desto unverzichtbarer wird „maximizing" verkündet.

Zeitgerechtigkeit beinhaltet noch einen weiteren Aspekt, der nicht bei allen, aber doch bei einigen Entscheidungen eine Rolle spielt. Es gibt Entscheidungen, bei denen Alternativen nicht warten, bis man sich endgültig für oder gegen sie entschieden hat (Dixit/Nalebuff 1991: 46–51) – etwa deshalb, weil es konkurrierende Interessenten an ihnen gibt. Wenn ich bei einer umfangreichen Speisekarte im Lokal den Versuch unternehme, „maximizing" zu betreiben, also sämtliche Gerichte in ihrem Für und Wider gegeneinander abzuwägen, mag das zwar länger dauern; ich kann mich aber damit beruhigen, dass zumeist nicht damit zu rechnen ist, dass ein Gericht, für das ich mich schließlich entscheide, bis dahin ausverkauft ist. Anders sieht es auf einem durch starke Nachfrage geprägten Immobilienmarkt aus. Wenn ich ein Haus nicht kaufe, weil ich hoffe, vielleicht auf ein noch besseres zu stoßen, kann es gut sein, dass das Haus nicht mehr verfügbar ist, wenn ich nach geraumer Zeit feststelle, dass ich doch kein besseres finde und nun dieses kaufen will. „Satisficing" ist also auch begrenzt rational im Sinne des Sprichworts: ‚Lieber den Spatz in der Hand als die Taube auf dem Dach.' Zumindest alle Entscheidungen, die sich um den Zugriff auf knappe Ressourcen im weitesten Sinne – von Sonderangeboten bis zu Lebenspartnern, von der Laufzeit eines Kinofilms bis zu bald schon touristisch überlaufenen ‚Geheimtips' – drehen, legen „satisficing" nahe.

„Satisficing" heißt wohlgemerkt nicht, dass ein Entscheidungshandelnder sich durch die Realität dessen, was sich ihm an Alternativen präsentiert, gewissermaßen beliebig runterhandeln lässt. Er hat ein Minimum an sachlicher und sozialer Adäquanz definiert, und alle Alternativen, die dieses Minimum unterschreiten, kommen für ihn nicht in Frage. Das Minimum des Akzeptablen muss auch keineswegs ganz niedrig angesiedelt sein, so dass es kaum noch zu unterbieten ist. „Satisficing" heißt erst einmal nur, dass man aufs Optimale oder gar Maximale verzichtet – nicht aber, dass man nicht gewisse, manchmal durchaus gehobene Ansprüche an die Qualität einer Entscheidung stellt.

Klar ist zunächst: Man wird sich auf keine Entscheidungsalternative einlassen, die gegenüber dem Status quo keine Verbesserung darstellt. Wenn mir beispielsweise zu dem Problem, dass meine Wohnung zu klein ist, im Rahmen meines verfügbaren Budgets nur Wohnungsangebote in den Blick geraten, die noch weniger Quadratmeter bieten, stellt keines davon eine brauchbare Alternative dar – selbst wenn eine davon besser gelegen ist als meine jetzige Wohnung. Auch eine bezahlbare größere Wohnung, die aber ein anderes mir wichtiges Kriterium verletzt, also etwa an einer viel zu lauten Straße liegt, käme nicht in Frage. Das Anspruchsniveau an eine befriedigende Problembearbeitung liegt somit über dem Status quo – wie hoch darüber, hängt außer von der Dringlichkeit des Entscheidungsproblems noch von weiteren Faktoren ab (March/Simon 1958: 182/183; Kirsch 1977: 107–118; March 1994: 21–23):

- Erstens ergibt sich ein Anspruchsniveau aus den Erfahrungen mit Entscheidungen gleicher oder ähnlicher Art: Je müheloser dabei ein bestimmtes Anspruchsniveau erreicht und übertroffen wird, desto eher und stärker wird es für weitere gleichartige Entscheidungen angehoben; und umgekehrt wird ein gegebenes Anspruchsniveau abgesenkt, je häufiger und weiter es verfehlt worden ist.
- Zweitens besitzen Entscheider aber auch ein generelles Anspruchsniveau für ihr Entscheidungshandeln insgesamt. Je weniger Erfahrungen die Akteure mit Entscheidungssituationen, die der gegebenen ähnlich sind, bereits haben, desto größeres Gewicht bekommt das generelle gegenüber dem spezifischen Anspruchsniveau.
- Als intervenierende Wirkgrößen kommen drittens noch soziale Vergleiche und Erwartungshaltungen hinzu. Was man von sich selbst erwartet, ergibt sich auch daraus, wo sich das Anspruchsniveau von als vergleichbar angesehenen anderen Akteuren bewegt.

Diese verschiedenen Faktoren lassen sich in ihrem Zusammenwirken an der Entscheidung eines berufstätigen Betriebswirts illustrieren, durch ein Fernstudium den Abschluss eines Master of Business Administration (MBA) zu erwerben. Damit diese Alternative als brauchbar für die weitere Karriere eingeschätzt wird und somit gemäß einem inkrementalistischen „satisficing" gewählt wird, müssen dieses Studium und seine zu erwartenden Karriereeffekte insgesamt als besser eingestuft werden, als wenn der Betreffende gar keine weiteren Karrierebemühungen irgendwelcher Art unternähme, sondern einfach seinen Job weiter gut erledigte. Wenn etwa der Karrierenutzen des erworbenen MBA zwar als hoch eingestuft wird, aber die generellen Karrierechancen als gering veranschlagt werden, weil mittlerweile zu viele diesen Abschluss erwerben, wenn überdies die hohe Belastung durch das neben der Berufstätigkeit erfolgende Studium in Rechnung gestellt wird, und wenn man schließlich mit einer gewissen Wahrscheinlichkeit auch darauf rechnen kann, dem Vorgesetzten durch konstante gute Leistungen aufzufallen und so die Karriereleiter hinauf klettern zu können: Dann lohnt sich insgesamt eine Entscheidung für ein Studium mit MBA-Abschluss nicht. Ist man von anderen Karriereentscheidungen her gewohnt, dass man jeweils erfolgreich größere Schritte voran gemacht hat, wird man diese Messlatte auch an die Entscheidung für oder gegen einen MBA legen: Nur wenn der Erwerb eines MBA mit großer Sicherheit eine deutliche Verbesserung der Karrierechancen verspricht, wird man sich für diese Alternative entscheiden; ungewisse kleinere Fortschritte genügen einem dann nicht. In dieser Einschätzung kann man weiterhin auch noch durch andere bestärkt werden, die dies ebenso sehen und – noch wichtiger – am persönlichen Beispiel demonstrieren.

7.5 „Sich-durchwursteln"

> **Devise I.5**
> *Sei darauf gefasst, dass du das Problem bald wieder angehen musst, weil du es nicht wirklich gelöst haben wirst und deine Problembearbeitung darüber hinaus problematische Nebenwirkungen zeitigen wird!*

Die ersten vier Devisen des Inkrementalismus betonen unmissverständlich: Begrenzte Rationalität kann immer auch bedeuten, dass ein Entscheidungsproblem unzureichend bearbeitet oder sogar ganz verfehlt wird. Spätestens bei der Implementation zeigt sich das. Und was dann? Die fünfte Devise rechnet damit, dass sich bei der Umsetzung einer Entscheidung Wirkungsdefizite und unerwünschte Nebenwirkungen zeigen können. Anders gesagt, geht inkrementalistisches Entscheiden nicht davon aus, Probleme so schnell los zu werden. Luhmann (2000: 322) behauptet sogar, dass komplexe Entscheidungsprobleme so gut wie nie gelöst werden, sondern man lediglich eine „Umwandlung von

Problemen in andere Probleme" zustande bringt – was aber immerhin einen Zeitgewinn bedeuten kann, oder eine Weitergabe von Problemen an andere, die sich dann darum kümmern müssen.

Ein Beispiel für eine in diesem Sinne *selbstkorrektive* Entscheidung wäre die folgende Vorgehensweise, mit der ein Unternehmen seine Absatzprobleme zu bewältigen versucht:

- Die komplexen Marktstrukturen, in denen sich das Unternehmen befindet, erlauben ihm keine eindeutige Analyse der Ursachen des sinkenden Absatzes. Falsche Werbestrategien, neu in den Markt eingedrungene Konkurrenz, veraltete Produktqualität, mangelhafte Vertriebsorganisation und anderes mehr kommen als mögliche Ursachen in Frage, ohne dass das Unternehmen jedoch aufgrund seiner beschränkten Ressourcen in der Lage wäre, alle oder auch nur mehrere dieser Ursachen zugleich anzugehen.
- Zeit für eine umfassende und von allen Organisationseinheiten akzeptierte Problemanalyse bleibt nicht; der Absatzrückgang wird von Monat zu Monat spürbarer, so dass so schnell wie möglich etwas geschehen muss, um den drohenden Konkurs abzuwenden. Aus verschiedenen Erwägungen entscheidet man sich für bestimmte Verbesserungen der Vertriebsorganisation – unter anderem deshalb, weil diese rasch in die Tat umzusetzen sind und nur geringe Kosten verursachen.
- Ein gewisser Erfolg stellt sich ein: Der Absatzrückgang wird zwar nicht völlig gestoppt, jedoch verlangsamt. Einer der Problemursachen ist man also auf die Spur gekommen. Damit ist zum einen das Problem zwar nicht beseitigt, jedoch entschärft worden; zum anderen hat man wertvolle Zeit gewonnen, um weitere Problemaspekte anzugehen.
- Als Nächstes greift man Ideen zur Produktinnovation auf, die in der Forschungsabteilung des Unternehmens entwickelt worden sind. Die Umsetzung dieser Innovationen in ein neu entwickeltes Produkt nimmt längere Zeit in Anspruch, weil die Produktionsanlagen technisch umgerüstet werden müssen. Flankiert durch eine darauf abstellende Werbekampagne wird das neue Produkt dann ein Markterfolg. Der Absatzrückgang ist damit endgültig aufgefangen; das Unternehmen vergrößert sogar seinen Markanteil auf Kosten der Konkurrenz.
- Das Absatzproblem ist somit in adäquater Weise bearbeitet worden. Allerdings stellt sich heraus, dass die technischen Produktionsumstellungen gewisse Folgeprobleme nach sich ziehen. Unter anderem erweist sich, dass die bisherigen Zulieferfirmen auf Dauer nicht in der Lage sind, die nun benötigten Rohmaterialien der Produktion in der erforderlichen Qualität und Quantität zu

7.5 „Sich-durchwursteln"

liefern. Die Bewältigung des Absatzproblems bringt also ein Beschaffungsproblem hervor. Diese Problemverschiebung wäre jedoch selbst dann, wenn sich das Beschaffungsproblem nun als ebenso prekär herausstellen würde wie zuvor das Absatzproblem, ein begrenzt rationaler Umgang mit zeitlicher Komplexität: Denn das Unternehmen ist erst einmal gewissermaßen eine Runde weitergekommen, hat seinen Fortbestand eine Zeitlang sichern können.

Dieses beliebig fortführbare Beispiel zeigt zunächst, dass die Selbstkorrektivität inkrementalistischer Entscheidungen zwei Stufen aufweist. Auf einer ersten Stufe sind derartige Entscheidungen in der Hinsicht selbstkorrektiv, wenn die anfangs gesetzten Entscheidungskriterien – hier: den Absatzrückgang zu stoppen und zu einer neuen Absatzsteigerung zu gelangen – noch nicht oder noch nicht hinreichend durch die realisierten Entscheidungen erreicht und so diesbezügliche Folgeentscheidungen ausgelöst werden. Auf einer zweiten Stufe der Selbstkorrektivität führen negative Folgewirkungen realisierter Entscheidungen – hier: das Beschaffungsproblem – dazu, dass diese Folgewirkungen als neue Entscheidungskriterien aufgenommen werden, die neben die oder an die Stelle der bisherigen Kriterien treten und nun abzuarbeiten sind.

Das Beispiel lässt weiterhin die beiden eng miteinander verknüpften Komponenten einer selbstkorrektiven Entscheidung erkennen: Sequenzialität und Reversibilität. Es ist genau diese charakteristische Verlaufsfigur inkrementalistischen Entscheidens, die Lindblom (1959) von „muddling through" sprechen lässt – also einem „Sich-durchwursteln" anstelle eines geradlinig auf ein längerfristig projektiertes Ziel hinauslaufenden Entscheidens. Eine Teamleiterin in einer Verwaltungsbehörde schildert dies für die Neubesetzung von Mitarbeiterstellen, die häufig als „satisficing" auf einem niedrigen Anspruchsniveau erfolgen muss – mit der nicht geringen Wahrscheinlichkeit, sich Folgeprobleme eingehandelt zu haben: „Um eine schnelle Wiederbesetzung der Stelle gewährleisten zu können, lässt man sich das eine oder andere Mal auf ein Abenteuer ein, das es gegebenenfalls zu einem späteren Zeitpunkt zu korrigieren gilt. Es ist nicht unwahrscheinlich, dass diese getroffene Entscheidung zu weiteren Problemen auf anderen Ebenen führt (Disharmonie im Team oder Umorganisation des Bereiches)."

Damit Entscheidungen möglichst korrigierbar bleiben, also am besten ohne größeren Aufwand reversibel, ist eine ‚Politik der kleinen Schritte' ratsam. Anstelle eines „großen Sprungs nach vorn" – so wie ihn als Extrembeispiel Mao Tse Tung als Großmeister sozialistischer Fünfjahresplanung Ende der 1950er Jahre in China inszenierte, woraus statt der angestrebten raschen

Industrialisierungserfolge die größte Hungersnot der Weltgeschichte resultierte – setzt Inkrementalismus auf vorsichtiges Vorantasten. Gerade weil es angesichts von reaktiver Problemfixierung, reduzierter Informationsverarbeitung, „partisan mutual adjustment" und „satisficing" alles andere als überraschend ist, dass sich so getroffene Entscheidungen als suboptimal und korrekturbedürftig erweisen, gilt: „… small steps might be seen as an effort to ‚export' the costs of decision to one's future self …" (Sunstein und Ullmann-Margalit 1999: 15) Eine „Arbeitsvermittlerin im Jobcenter mit Spezialisierung auf Geflüchtete" berichtet entsprechend, es könne „von Vorteil sein, keinen konkreten Plan abzuarbeiten." Denn: „Jeder Kunde hat eine individuelle Vorgeschichte. Von keinen Kenntnissen im Lesen und Schreiben der Muttersprache über keinen Schulbesuch bis hin zu jahrelanger Berufserfahrung oder Universitätsabschluss ist alles möglich." Daraus ergibt sich für die Arbeitsvermittlung: „Bei diesem Prozess ist eine überschaubare Sicht wichtig, damit frühzeitig nachjustiert werden kann, falls sich zeigt, dass der Kunde mit der jeweiligen Entscheidung unter- oder überfordert ist oder sie nicht die erhoffte Wirkung zeigt."

Man ist heute fähig, zu einer Entscheidung zu kommen, indem man sich selbst die zukünftig erforderlich werdenden Folgeentscheidungen aufbürdet – und dies ganz bewusst tut. So stand in einer Verwaltungseinheit die Neubesetzung einer Leitungsposition an. Vorübergehend war diese Stelle mit jemandem besetzt worden, der von einer anderen Organisation ausgeliehen war und nicht dauerhaft auf der Stelle bleiben konnte. Im Auswahlverfahren wurden vier BewerberInnen näher geprüft, und keine von ihnen wurde als geeignet eingestuft. Man setzte dann erst einmal die temporäre Vertretung der Stelle durch die ausgeliehene Mitarbeiterin vorerst fort – wohl wissend, dass das keine Dauerlösung sein konnte: „Es wurde die auf Sicht beste Lösung gewählt, die aber auf jeden Fall weitere Entscheidungen nach sich zieht."

Förderlich für solch eine Selbstkorrektivität ist, neben ‚kleinen Schritten', eine „Fehlerfreundlichkeit" (Weizsäcker/Weizsäcker 1984) des Entscheidens in Gestalt von Vorkehrungen, die katastrophale Folgen von Fehlentscheidungen möglichst ausschließen oder zumindest begrenzen. Hier sind vor allem zwei Arten von Vorkehrungen zu nennen:

- Redundanz als bewusste Schaffung von Überkapazitäten (Landau 1969): Damit werden Sicherheitspolster geschaffen: zeitlich, wenn man eine Entscheidung nicht erst ‚in letzter Minute' angeht, sondern frühzeitig; sachlich, wenn man über Ressourcen für einen ‚zweiten Versuch' verfügt, falls der erste scheitert; und sozial, wenn man z. B. personelle Überkapazitäten hat, die bei Fehlbesetzungen dennoch die Leistungsfähigkeit der Organisationseinheit sicherstellen. Redundanz ermöglicht auch, die ‚Politik der kleinen Schritte' ein Stück weit zu lockern. Wer ein Sicherheitspolster hat, kann auch mal eine gewagtere Entscheidung treffen.

- Risikostreuung als Praktik, die nicht ‚alles auf eine Karte setzt': wenn sich beispielsweise ein Aktionär auf dem Finanzmarkt ein Portfolio zusammenstellt, dessen einzelne Aktien möglichst unabhängig voneinander im Wert steigen oder fallen. Klar ist: Dies ist ein bewusster Verzicht auf Gewinnmaximierung. Der sich so ergebende Durchschnittsgewinn des Betreffenden wird deutlich unter dem ihm möglichen Maximalgewinn liegen – noch deutlicher wird dieser Durchschnittsgewinn jedoch über dem maximalen Verlust liegen, der nicht völlig unwahrscheinlich ist, wenn alles Geld in ein einziges Unternehmen investiert wird. Genau darin liegt die begrenzte Rationalität der Risikostreuung begründet.

Lindblom (1959: 163/164, Hervorheb. weggel.) fasst „muddling through" und seine Vorteile so zusammen:

> Policy is not made once and for all; it is made and re-made endlessly. Policy-making is a process of successive approximation to some desired objectives in which what is desired itself continues to change under reconsideration. Making policy is at best a very rough process. Neither social scientists, nor politicians, nor public administrators yet know enough about the social world to avoid repeated error in predicting the consequences of policy moves. A wise policy-maker consequently expects that his policies will achieve only part of what he hopes and at the same time will produce unanticipated consequences he would have preferred to avoid. If he proceeds through a succession of incremental changes, he avoids serious lasting mistakes in several ways. In the first place, past sequences of policy steps have given him knowledge about the probable consequences of further similar steps. Second, he need not attempt big jumps towards his goals that would require predictions beyond his or anyone else's knowledge, because he never expects his policy to be a final resolution of a problem. His decision is only one step, one that if successful can quickly be followed by another. Third, he is in effect able to test his previous predictions as he moves on to each further step. Lastly, he often can remedy a past error fairly quickly ...

Es geht also beim inkrementalistischen Entscheiden insgesamt nicht darum, sich eines Entscheidungsproblems ein für alle Male zu entledigen; sondern man hat die Unaufhörlichkeit des Entscheidens vor Augen. Aber diese wird nicht nur als

Last verzeichnet. Man kann sich den zwei Qualen zwar nicht entziehen. Doch man kann, wenn man auf Reversibilität achtet, Entscheidungen leichter treffen und Fehlentscheidungen korrigieren.

7.6 Zwischen Planung und Coping

Inkrementalistisches Entscheiden ist – siehe nochmals Abb. 6.1) – zwischen Planung auf der einen, Coping auf der anderen Seite angesiedelt: weniger rational als Planung, aber rationaler als Coping. Dabei erstreckt sich inkrementalistisches Entscheiden auf ein breites Spektrum der Komplexität von Entscheidungssituationen. Dieses Spektrum reicht von einem Inkrementalismus, der in der Ausprägung seiner fünf Vorgehensweisen planungsnah ist, zu einem copingnahen Inkrementalismus; und der planungsnahe ähnelt Planung mehr als dem copingnahen Inkrementalismus, so wie dieser dem Coping mehr ähnelt als dem planungsnahen Inkrementalismus. Anders gesagt, ist die innere Ähnlichkeit dessen, was die gesamte Bandbreite des Inkrementalismus ausmacht, geringer als die Ähnlichkeit der beiden Seiten dieser Bandbreite zu den äußeren Nachbarn Planung bzw. Coping, wie sich bei deren näherer Betrachtung noch zeigen wird.

Eine Planungsnähe von Inkrementalismus könnte sich an zweierlei zeigen:

- zum einen an einem vergleichsweise hohen Rationalitätsgrad bestimmter inkrementalistischer Vorgehensweisen – wenn etwa die reaktive Problemfixierung eine höhere Störempfindlichkeit durch Probleme aufweist oder wenn das Anspruchsniveau des „satisficing" höher als im Normalfall inkrementalistischen Entscheidens ist;
- zum anderen, wenn einzelne inkrementalistische Vorgehensweisen durch entsprechenden Praktiken von Planung ersetzt werden – also beispielsweise das „partisan mutual adjustment" durch eine noch anzusprechende Verständigungsorientierung. Je mehr Vorgehensweisen des Inkrementalismus durch die Pendants von Planung substituiert werden, desto stärker nimmt das Entscheiden einen hybriden Charakter an – bis möglicherweise ein Umschlag in Planung stattfindet.

Analog gibt es auf der anderen Seite des Spektrums diese beiden Arten der Copingnähe von Inkrementalismus.

Planung 8

Inhaltsverzeichnis

8.1	Aktive Problemsondierung	90
8.2	„Mixed scanning"	93
8.3	Partizipation und Kreativität	99
8.4	Verständigungsorientierung oder Mehrheitsentscheidung	105
8.5	„Something better"	111
8.6	Planung als Wagnis	114
8.7	Als-ob-Planung	116

Wenn ich mich nun Planung zuwende, ist völlig klar, dass dieser Entscheidungsmodus ganz andere Vorschusslorbeeren genießt als „Sich-durchwursteln". Wichtige Entscheidungen möglichst planvoll zu treffen ist spätestens seit dem 18. Jahrhundert ein durchgängig positiv bewertetes Vorgehen. Zwar hat auch die Planungsrhetorik im Zeitverlauf ihre Höhen und Tiefen erlebt (van Laak 2008); doch selbst die sozialistische Planwirtschaft in der ehemaligen Sowjetunion und ihren Satellitenstaaten als Antipode des ‚freien Westens' und mit ihrem desaströsen Ende hat nicht dazu geführt, dass Planung zu einem Anathema geworden ist. Ganz im Gegenteil: Politische Planung, Unternehmensplanung, Lebensplanung – der kulturell hegemoniale Planungsimperativ ist und bleibt ein gesellschaftlich ubiquitärer Bestandteil der westlichen Moderne, die mit globalem Geltungsanspruch auftritt (Meyer 2005).[1]

Entsprechend vollmundig traten die Planungsverfechter auch auf, als Charles Lindblom und andere die Ende der 1950er Jahre in den Vereinigten Staaten, wie bereits angesprochen, einsetzende Planungseuphorie auf den Boden der Tatsachen

---

[1] Siehe Hokyu Hwang (2006) für eine differenzierte Nachzeichnung des gesellschaftlichen Planungsimperativs insbesondere nach dem Zweiten Weltkrieg bis heute.

herunterholen wollten und auf des Kaisers neue Kleider hinwiesen: Wo „Planung" draufsteht, ist keine Planung drin, sondern nur Inkrementalismus – und das ist auch gut so! Dieser Verweis auf empirische Fakten erzürnte die Hohepriester der Planung, und so tobte während der gesamten 1960er und frühen 1970er Jahre ein Streit darüber, wie viel Planung möglich und vor allem nötig ist. Die Kritik der Planungsverfechter am Inkrementalismus lässt sich jenseits von Pauschalbeschimpfungen so zusammenfassen:[2]

- In zeitlicher Hinsicht schließlich reagiere der Inkrementalismus bloß passiv auf sich aufdrängende Probleme, anstatt eine aktive und antizipatorische Problembearbeitung zu versuchen, was angesichts der Tatsache, dass ursprünglich noch kleine – verhältnismäßig gut bearbeitbare – Probleme mit zunehmender Zeitdauer immer schwieriger zu bewältigen sind, ebenfalls als wenig rational erscheint.
- In sozialer Hinsicht sei der Inkrementalismus konservativ und ordne sich den je herrschenden gesellschaftlichen oder organisatorischen Kräfteverhältnissen widerstandslos unter. Auch dies sei angesichts sich rasch wandelnder und immer mehr gesellschaftliche Bereiche betreffender Entscheidungslagen nicht rational.
- In sachlicher Hinsicht führe der Inkrementalismus zu einer ideenlosen und Stückwerk bleibenden Entscheidungsproduktion, die angesichts der Zuspitzung und zunehmenden Interdependenz zahlreicher Probleme einem wenig rationalen Kurieren an Symptomen gleich käme .

Diese Kritik ist in ihrer Pauschalität unberechtigt. Sie geht explizit oder implizit davon aus, dass stets mehr als Inkrementalismus möglich ist und er insofern nichts als eine ideologische Verbrämung von Planungsfaulheit darstellt. Die Kritik hat aber damit Recht, dass gelegentlich ein höheres Rationalitätsniveau als Inkrementalismus erreichbar ist – und dass man dann, wenn dies gegeben ist, bei entsprechend wichtigen Entscheidungsproblemen auch anstreben sollte, über Inkrementalismus hinaus zu gelangen (Lustick 1980).

Auf dieser Linie soll nun sondiert werden, wie Planung als über Inkrementalismus hinausgehendes Rationalitätsniveau des Entscheidens aussieht und unter welchen Bedingungen sie realisierbar ist. Hierzu zunächst drei Beispiele aus der öffentlichen Verwaltung:

---

[2] Siehe – für viele andere – Yehezkel Dror (1964; 1968), Amitai Etzioni (1967; 1968: 249–309) sowie Renate Mayntz/Fritz Scharpf (1973).

8 Planung

- Urlaubsplanung in einem Referat: Ein Dutzend MitarbeiterInnen müssen ihren Sommerurlaub so aufeinander abstimmen, dass Vertretungen gewährleistet sind. Dabei genießen MitarbeiterInnen mit schulpflichtigen Kindern Vorrang, weil sie an die Schulferien gebunden sind. Der lange Vorlauf – Anfang des Jahres werden Entscheidungen für Juli und August getroffen – ermöglicht, konfligierende Urlaubswünsche auszuhandeln und dabei Kompensationen für in Kauf genommene Nachteile zu gewähren. So lässt sich insgesamt eine frühzeitige Urlaubsplanung gewährleisten, die den meisten wichtigen Wünschen aller Beteiligten gerecht wird.
- Aufgabenumverteilung in einer Organisationseinheit: In der Organisationseinheit wurde „aus keiner Not heraus" gemeinsam überlegt, ob eine gute Aufgabenverteilung noch besser gemacht werden könnte. Die Ergebnisse einer Ist-Analyse wurden von allen Beteiligten diskutiert, und es wurde einvernehmlich ein ergebnisoffener Prozess der Suche nach Optimierungen angestoßen – „geprägt von gegenseitigem Entgegenkommen und einer überschwänglichen Aufbruchsstimmung." Man vereinbarte Änderungen, die in einer Erprobungsphase geprüft werden, um sie erst dann definitiv einzuführen.
- Beschaffung einer neuen Software für ein Amt: Man war frühzeitig darüber informiert, dass der Hersteller die Weiterentwicklung und Pflege der bisher eingesetzten Software einstellen werde. Entsprechend viel Zeit hatte man, um den Markt mit Blick auf Nachfolger zu sondieren. Für diese Aufgabe stellte man Mitarbeiter ab, die das Anforderungsprofil spezifizierten und dabei auch ein Beratungsunternehmen heranziehen konnten. Alle Einheiten, die mit der neuen Software arbeiten würden, wurden an der Auswahl beteiligt. Nach einer europaweiten Ausschreibung wurde ein Testbetrieb durchgeführt, um in der Praxis zu prüfen, ob die Software den Anforderungen wirklich entspricht. Auf dieser Grundlage wurde dann entschieden.

Die skizzierten Beispiele lassen als Voraussetzungen einer planerischen Herangehensweise an Entscheidungen erkennen: vor allem mehr Zeit für das Treffen der Entscheidung, um sachlich mehr Komplexität verarbeiten zu können; sachlich eine eingegrenztere und in sich kohärentere Menge zu verarbeitender Informationen; und sozial weniger stark divergierende Interessenlagen oder Identitäten. Man hat allerdings auch den Eindruck: Die allerwichtigsten und allerschwierigsten Entscheidungsprobleme der betreffenden Organisationen waren das nicht.

Wenn ich nun Planung ebenfalls anhand von fünf Devisen darstelle, sei von vornherein darauf hingewiesen, dass alle fünf Vorgehensweisen so ausgelegt sind, dass *Inkrementalismus als Rückfallposition* bereitsteht. Mit anderen Worten: Planung sichert sich inkrementalistisch ab.

8.1 Aktive Problemsondierung

Devise P.1
Informiere dich frühzeitig über mögliche Entscheidungsprobleme, sondiere sie umfassend unter Nutzung vielfältiger Informationsquellen und konzipiere mögliche Szenarien der Problemdynamik!

Die reaktive Problemfixierung des Inkrementalismus besteht darin, aus Zeitmangel Probleme auf sich zukommen zu lassen und erst dann zu bearbeiten, wenn sie unaufschiebbar sind. Wenn mehr Zeit bleibt und in diesem Rahmen auch ansonsten erweiterte Möglichkeiten der Informationssuche und -verarbeitung bestehen, kann eine aktive Problemsondierung betrieben werden, um Entscheidungsprobleme in einem möglichst frühen Stadium und nicht erst dann aufzugreifen, wenn sie ein unübersehbares oder gar dramatisches Ausmaß angenommen haben. Für politisches Entscheiden wurde dies etwa als „aktive" statt bloß „reaktive" Politik angemahnt (Mayntz/Scharpf 1973; 1975: 7–30).

Voraussetzung dessen ist freilich, dass irgendwelche Arten von *Frühwarnsystemen* bestehen, die das jeweilige Problemfeld fortwährend sondieren und auch unscheinbare Vorkommnisse als Warnsignale für die Zukunft zu lesen verstehen. Dies kann auf ganz einfachen Mechanismen beruhen – siehe z. B. den Bauern, der sich abends die Zeit nimmt, sorgfältig das Wetter zu beobachten, und sich mit Hilfe seines reichen Erfahrungswissens an vielen Tagen eine recht wahrscheinliche Vorstellung vom Wetter des kommenden Tages, oder gar der nächsten Tage, macht, was ihm frühzeitige und vorsorgende Entscheidungen über die dann anstehenden Aktivitäten ermöglicht. Ein Casemanager im Jugendamt versucht ähnlich, sich zumindest bei einigen seiner Fälle, die er als besonders gefährdet einstuft, durch regelmäßige Hausbesuche ein Bild der Lage zu machen, um eingreifen zu können, bevor eine massive Vernachlässigung des Kindes oder gar Kindesmisshandlung aufgetreten ist. Auch ein gewiefter Politiker, der in seinen alltäglichen Begegnungen mit unterschiedlichsten Menschen beiläufig, neben dem eigentlichen Zweck der jeweiligen Interaktionen, diffuse Stimmungen des Wahlvolks spürt und sich in seinem Entscheidungshandeln von diesem Sensorium leiten lässt, nutzt ein unaufwendiges, auf eigenem Erfahrungswissen beruhendes Frühwarnsystem. Es geht bei solchen Praktiken stets darum, bereits „weak signals" (Ansoff 1976) aufzuspüren, um Probleme, solange sie noch nicht eskaliert sind, mit vergleichsweise geringem Aufwand angehen zu können.

8.1 Aktive Problemsondierung

Heutzutage findet man immer mehr aufwendig institutionalisierte Frühwarnsysteme. Ein frühes Beispiel war der „Club of Rome": ein „Think tank" ausgewählter und hochgradig spezialisierter wissenschaftlicher Experten, die in interdisziplinärer Zusammenarbeit komplizierte Computersimulationen durchspielen und die Ergebnisse den politischen Entscheidern beratend an die Hand geben. Nicht nur die Studie zu den „Grenzen des Wachstums" aus den frühen 1970er Jahren hat längerfristig angelegten Politiken wichtige Entscheidungshilfen geboten. Wenn Unternehmen sich von Marktforschungsinstituten Trendanalysen für die Nachfrage nach ihren Produkten machen lassen, ist das ein weiteres Beispiel für ein sehr ausgefeiltes und kostspieliges Frühwarnsystem. Alle Arten von Beratung durch Experten, von der Organisations- bis zur Eheberatung, können nicht erst dann in Anspruch genommen werden, wenn das Kind schon in den Brunnen gefallen ist, sondern auch präventiv (Schützeichel/Brüsemeister 2004). Je mehr in der Sachdimension Erfahrungswissen durch wissenschaftliches Wissen und in der Sozialdimension eigenes Wissen durch Beratung ersetzt wird, desto voraussetzungsvoller stellt sich ein Frühwarnsystem dar – ohne dass sich dies immer in der Verlässlichkeit der Antizipationen niederschlagen muss.

Auf gesellschaftlicher Ebene kann man die Wissenschaft insgesamt als Frühwarnsystem einstufen. Nicht erst die Klimaforschung, die den menschengemachten Klimawandel aufgedeckt und publik gemacht hat, ist dafür ein Beispiel. In zahllosen anderen Forschungsfeldern werden problematische Entwicklungen untersucht, die Entscheidungsbedarf hervorbringen, und entsprechende Hinweise an die Entscheidungsverantwortlichen wie Politiker, Unternehmen, aber auch Individuen – z. B. hinsichtlich ihres Fleischkonsums – gegeben.

Die schon angesprochene erste Voraussetzung für eine antizipative Sondierung von Entscheidungsproblemen besteht darin, dass der jeweilige Akteur nicht von dringenden, ihn hautnah bedrängenden Problemen überschüttet wird. Unter solchen Umständen kann er gar nicht längerfristiger planen, sondern muss hektisch reagieren. Wenn aber der auf ihm lastende Zeitdruck nicht so immens ist, ist zweitens immer noch die Frage, ob er die Zeit für aktive Problemsondierung nutzen will. Hier kann der ‚innere Schweinehund' die Oberhand gewinnen. Einerseits hat der Akteur zwar kognitiv den Kopf frei für noch gar nicht drängende Probleme; aber andererseits ist er wenig motiviert, etwas zu tun, weil die Probleme ja eben noch nicht unter den Nägeln brennen und er sich – endlich! – mal etwas ausruhen kann. Diese psychologisch nachvollziehbare Haltung wird oft noch dadurch verstärkt, dass auch die Unterstützungsbereitschaft anderer kaum zu gewinnen ist, wenn Entscheidungen anstehen, die Belastungen mit sich bringen. Welcher Politiker etwa hat es schon einmal geschafft oder auch nur versucht, der Bevölkerung Einschränkungen zugunsten der Umwelt aufzuerlegen, wenn die betreffenden ökologischen Probleme aktuell noch gar nicht dramatisch sind! Siehe auch die Corona-Pandemie: Immer wenn die Ansteckungszahlen etwas geringer wurden, war es ganz schwer und teilweise überhaupt nicht möglich, der Bevölkerung weiterhin höchst lästige und belastende Einschränkungen aufzuerlegen. Hier kann allenfalls eine Moralisierung von Problemen derart helfen, dass derjenige, der nicht mitmacht, als ein ‚schlechter Mensch' etikettiert wird – was aber auch nicht so einfach ist.

Generell befindet sich jedes Frühwarnsystem in diesem Dilemma, gerade deshalb unbeachtet zu bleiben, weil es so frühzeitig auf Probleme hinweist. Selbst wenn jedem klar ist, dass der Problembearbeitungsaufwand jetzt viel geringer ist, als er später sein wird: Er ist jetzt höher, als wenn man jetzt gar nichts tut. Dass also z. B. ein großer Mineralölkonzern „mitten in einer Zeit hoher Ölpreise ein Szenario für die Eventualität einer Preissenkung" ausarbeitet, ist bemerkenswert, auch wenn der sich dann einstellende Vorteil von vornherein plausibel war: „Als die Preise fielen, war man in der Unternehmung darauf vorbereitet und konnte … rascher Maßnahmen ergreifen." (Brauchlin/Heese 1995: 251).

Was Frühwarnsysteme als Wissensgrundlage des Entscheidens liefern, sind keine Fakten über bereits eingetretene Sachverhalte. Sie stellen vielmehr *Szenarien* bereit, die in den allermeisten Fällen keine Gewissheiten darüber bieten, was passieren wird, sondern eine mehr oder weniger große Zahl alternativer Möglichkeiten vorstellen, denen jeweils mehr oder weniger verlässliche Eintrittswahrscheinlichkeiten zugesprochen werden (Healey/Hodgkinson 2008; Wright/Goodwin 2008: 546–548). Die ‚Planspiele', was in den nächsten dreißig Jahren an Klimaveränderungen mit jeweils verbundenen Folgewirkungen global eintreten könnte, abhängig davon, welche Klimaschutzmaßnahmen wer wann ergreift, illustrieren gut, was ein Szenario ausmacht. Weil nicht sicher gewusst werden kann, was zukünftig geschehen wird, müssen alternative Möglichkeiten vor Augen geführt werden. Denn jede von ihnen könnte eintreten, wenn auch nicht mit gleicher Wahrscheinlichkeit. Es könnten sogar noch ganz andere Dinge geschehen, also Möglichkeiten eintreten, die niemand jetzt bedacht hat oder für möglich hält. Dieses Spektrum vervielfältigt sich dadurch, dass die Folgen jeder dieser Möglichkeiten davon abhängen, welche Entscheidungsalternativen als Gegenmaßnahmen umgesetzt werden. Szenarien schaffen also keine Eindeutigkeit als Entscheidungsgrundlage, sondern erhöhen genau umgekehrt die Vieldeutigkeit dessen, worüber entschieden werden muss. Die sachliche und manchmal auch soziale Komplexität der Zukunft kann geradezu explodieren, je mehr man versucht, ‚realistisch' zu sein, also alle Möglichkeiten dessen, was mit gewissen Wahrscheinlichkeiten geschehen könnte, einzufangen.

Warum sollten Entscheider, nur weil sie Zeit dafür haben, sich dieser Tortur der Eventualitäten aussetzen? Zum einen verschaffen sie sich einen umfassenderen, wenn auch groben Überblick, was alles passieren könnte, und sind dadurch vor vielen plötzlichen bösen Überraschungen gefeit, können also vorbereiteter auf sie reagieren. Zum anderen können sie die zwei oder drei wahrscheinlichsten Alternativen gründlicher durchdenken, „... rather than planning for a single future." (Healey/Hodgkinson 2008: 567) Ein ‚Tunnelblick' wird vermieden, wie er etwa beim Entscheiden in Kleingruppen – der Beraterstab des Ministers oder ein Investmentclub – durch „groupthink" (Janis 1972) erzeugt wird.[3] Wenn das, was man für das Wahrscheinlichste hielt, nicht eintritt, steht man nicht völlig ratlos da, sondern hat einen ‚Plan B' oder 'C' in der Tasche. An diesem Punkt leiten Szenarien in „mixed scanning" über.

8.2 „Mixed scanning"

Devise P.2
Sichte zunächst eine größere Bandbreite der grundlegenden Alternativen der Problembearbeitung und nimm eine Weichenstellung vor! Verfolge sodann die gewählte Alternative inkrementalistisch weiter!

Amitai Etzioni (1967; 1968: 249–309; 1986) will mittels „mixed scanning" die Engstirnigkeit des Inkrementalismus bei der Informationsverarbeitung und Alternativensuche im Rahmen des Möglichen mit einer Vorgehensweise verknüpfen, die deutlich breiter sondiert und abwägt. Er illustriert die Kombination von weiträumig sondierendem und inkrementalistischem Vorgehen u. a. an der Wetterbeobachtung: „A mixed-scanning strategy would include elements of both approaches by employing two cameras: a broad-angle camera that would cover all parts of the sky but not in great detail, and a second one which would zero in on those areas re-vealed by the first camera to require a more in-depth examination." (Etzioni 1967: 224).

Ein Beispiel hierfür ist etwa ein Entscheidungsproblem, das dadurch entsteht, dass eine Verwaltungsmitarbeiterin in den Ruhestand geht. Dass dieser Entscheidungsbedarf auftreten wird, ist der Leitung der betreffenden Organisationseinheit

---

[3] „Der Weg der US-amerikanischen Bush-Regierung in den Irak-Krieg" im Jahr 2003 ist ein gutes Anschauungsbeispiel für „groupthink" (Kuntz 2007).

vorher bekannt, so dass sie sich – anders als etwa bei einer unvermuteten plötzlichen Kündigung eines Mitarbeiters, der eine bessere Stelle anderswo gefunden hat – rechtzeitig in Ruhe darum kümmern kann. Inkrementalismus hieße hier: Sofern es keine Anzeichen für irgendwelche mit der Stelle verbundenen organisationalen Probleme gibt, wird die Stelle mit gleichbleibender Stellenbeschreibung gerade noch rechtzeitig ausgeschrieben, um einen nahtlosen Übergang von der in den Ruhestand gehenden Mitarbeiterin zu ihrem Nachfolger sicher zu stellen. „Mixed scanning" findet hingegen dann statt, wenn die Gelegenheit genutzt wird, weitere Alternativen in Betracht zu ziehen: etwa die Überführung der Aufgaben der Stelle zu einer anderen Stelle, den Neuzuschnitt des Stellentableaus in der Organisationseinheit, der etwa auf eine Aufteilung der Aufgaben der Stelle auf mehrere der anderen hinauslaufen könnte, oder das Outsourcing der Aufgaben an externe Dienstleister, so dass die Stelle überflüssig wird. Diese Alternativen können zumeist nicht in allen ihren Implikationen detailliert geprüft und verglichen werden. Doch ein grober Vergleich hinsichtlich der wichtigsten Aspekte kann vorgenommen werden; und dann mag sich herausstellen, dass das Outsourcing die besser erscheinende Alternative ist – oder auch, dass die Wiederbesetzung wie gehabt doch am vorteilhaftesten ist. Selbst wenn sich Letzteres herausstellt, was man inkrementalistisch schneller gehabt hätte, kann man nun diese Alternative mit größerer Gewissheit, nichts falsch gemacht zu haben, wählen. Darin liegt der Gewinn an prozeduraler Rationalität gegenüber einem inkrementalistischen Vorgehen.

„Mixed scanning" beruht also auf einer Zweistufigkeit des Entscheidens. Auf der ersten Stufe werden grundlegende Weichenstellungen getroffen: „Fundamental decisions are made by exploring the main alternatives the actor sees ... but ... details and specifications are omitted so that an overview is feasible." Die zweite Stufe führt dies dann inkrementalistisch fort: „Incremental decisions are made ... within the contexts set by fundamental decisions ..." (Etzioni 1967: 225) Insgesamt ist dieser Entscheidungsmodus: „... not so unrealistic a model that it cannot be followed but not one that legitimates myopic, self-oriented, non-innovative decision-making." (Etzioni 1968: 282/283) Wie deutlich heraus zu hören ist, versucht Etzioni sehr bewusst, eine Balance zwischen dem Ideal perfekter Rationalität und dem inkrementalistischen Vorgehen zu finden, so dass die Stärke des einen die Schwäche des anderen ausgleicht – und umgekehrt. Am Beispiel eines Schachspielers verdeutlicht: „A chess player cannot study all strategies at each move. Better players ... quickly review several strategies and then explore a sub-set of them in greater detail and an even smaller sub-set in still more detail." (Etzioni 1968: 285).

8.2 „Mixed scanning"

Alle Strategien, die bei einem flüchtigen Blick einen offensichtlichen Nachteil aufweisen, werden hierbei nicht weiter beachtet – was ein Fehler sein kann: „Were they able to examine all strategies in detail, they might discover that an alternative that had been rejected in this first round would have been the optimal one. But they cannot optimize. Still, we expect them to do better with this sequential combination of different kinds of scanning, going from vague but encompassing to detailed but exclusive examination, than players who only ‚increment' on the strategy with which they began or which they have used successfully in the past." (Etzioni 1968: 285) „Mixed scanning" bleibt also eine nur begrenzt rationale Vorgehensweise des Entscheidens; doch ihr Rationalitätspotential ist deutlich höher als das des puren Inkrementalismus. Größere Schritte im Sinne einer entschiedenen Abweichung vom bisherigen ausgetretenen Pfad des inkrementalistischen Entscheidens werden möglich und machen auch den eigentlichen Sinn der Weichen stellenden Entscheidungen auf der ersten Stufe aus.

Bildlich gesprochen bewegt sich der Inkrementalismus im Rahmen eines engen Korridors, der sich sehr schnell als „path dependency" (David 1985; Arthur 1989) iterativer kleiner Schritte einstellt. „Mixed scanning" baut die Möglichkeit von Wegscheiden ein, an denen sich gewissermaßen links und rechts neue Korridore – „Pfadbrechungen" (Sydow et al. 2009) – eröffnen (Abb. 8.1).

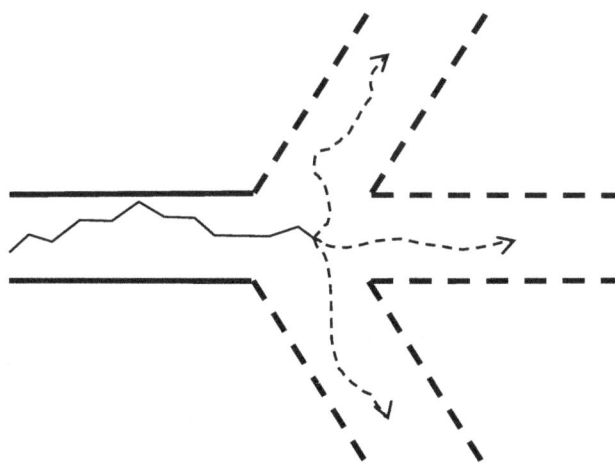

Abb. 8.1 Möglichkeit von Wegscheiden. (Quelle: Eigene Darstellung)

An solchen Punkten ist es dem Entscheider zeitlich, sachlich und sozial möglich, gleichsam zumindest einen schnellen Blick in alle Korridore zu werfen, auf dessen Basis er sich für einen von ihnen entscheiden kann. Nur diesen vermag er dann eingehender zu betrachten, um seinen genauen weiteren Weg darin zu bestimmen.

Ursprung solcher Horizonterweiterungen ist im übrigen nicht immer die Gelegenheit, dass aufgrund einer nicht ganz so hohen Entscheidungskomplexität mehr als Inkrementalismus möglich ist. Es gibt auch Situationen, in denen größere Schritte getan werden müssen, obwohl dies hoch riskant ist: „Those who perceive the status quo as intolerable may well want significant change despite the likelihood of making major mistakes." (Weiss/Woodhouse 1992: 257) Das Management der Corona-Pandemie bietet hierfür ein Beispiel. Wenn sich das vielbeschworene 'Fahren auf Sicht' – also Inkrementalismus pur – erkennbar festgefahren hat, bleibt den Entscheidern gar nichts anderes mehr übrig, als den Blick weiter schweifen zu lassen und auch solche Möglichkeiten ins Auge zu fassen, die sie hinsichtlich der ihnen innewohnenden Chancen und Risiken als zu wenig abschätzbar einstufen und daher bis dato nicht berücksichtigt haben. Es handelt sich also um Alternativen, die in Abb. 8.1 oberhalb der Obergrenze angesiedelt sind. Mit anderen Worten kommt hier ein mehr oder weniger großes Element von Glücksspiel hinein. Das muss gegenüber der Sicherheit dessen, was bei weiterem inkrementalistischen Vorgehen resultiert, abgewogen werden. Wenn die Gewissheit, inkrementalistisch nur noch wenig Positives bewirken zu können, sich aber viel Negatives einzuhandeln, hoch ist, kann es begrenzt rational sein, etwas zu wagen. Doch selbst ein solches Umschwenken auf Planung aus purer Verzweiflung sollte, um überhaupt eine Chance zu haben, große und kleine Schritte kombinieren.

Man kann sich die Rationalitätssteigerung durch „mixed scanning" an einer Studienwahlentscheidung konkreter verdeutlichen. Jemand, der in der Schule immer gut in Mathematik gewesen ist, könnte diesen Pfad einfach weiter gehen und sich für ein Mathematikstudium entscheiden. Wenn er auch das Studium erfolgreich absolviert und sich ihm danach eine sowohl interessante als auch lukrative Berufsperspektive als Mathematiker bei einer Versicherung auftut, wird er rückblickend sagen, dass er eine gute Entscheidung getroffen hat. Die Ergebnisrationalität spricht in diesem Fall für den Inkrementalismus seiner prozeduralen Rationalität. Es hätte aber an mehreren Punkten auch ganz anders kommen können: Er hätte im Studium scheitern können; es hätte ihn schnell langweilen können, so dass der Weg bis zum Abschluss nur noch Überdruss und Qual bedeutet hätte; trotz Spaß an der Sache und gutem Abschlusszeugnis hätte er keine attraktive Stelle finden können; oder die Versicherung hätte nach einiger

8.2 „Mixed scanning"

Zeit ein Stellenabbauprogramm begonnen, dem auch er zum Opfer gefallen wäre. All dies hätte man vorher nicht wissen und kaum in die Entscheidung einbeziehen können; es würde erst als defizitäre Ergebnisrationalität den Blick zurück darauf lenken, dass von Anfang an keine nicht-inkrementalistischen Alternativen in Betracht gezogen worden sind.

„Mixed scanning" hätte demgegenüber bedeutet, dass der Betreffende durchaus ein Mathematikstudium als eine zunächst einmal nahe liegende Alternative ins Auge gefasst, aber zumindest kursorisch weitere Möglichkeiten sondiert hätte. Zum einen hätten das Möglichkeiten sein können, die noch mit Mathematik zu tun haben – je nach sonstigen Interessen hätten das vielleicht Physik oder Psychologie oder Volkswirtschaftslehre sein können. Zum anderen hätte der Betreffende auch ganz andere Neigungen erkunden können – etwa seine Sportbegeisterung, der er in einem Studium der Sportwissenschaft hätte frönen können. Er hätte dann zu dem Schluss kommen können, eine dieser anderen Möglichkeiten zu wählen und sie inkrementalistisch weiter zu verfolgen. Das hätte im Ergebnis genauso gut oder schlecht ausgehen können wie eine rein inkrementalistische Entscheidung. Doch der Betreffende müsste sich – wenn sich die getroffene Studienwahl als unbefriedigend oder gar als völlig falsch herausstellt – nicht im Nachhinein vorwerfen, ohne nach links und rechts zu schauen in eine Sackgasse hinein gelaufen zu sein. Er hatte ganz andere Möglichkeiten in den Blick genommen und sich in diesem Horizont für die gewählte Alternative entschieden. Das Risiko einer Fehlentscheidung war geringer – wenn auch natürlich nicht Null.

Ein anderes Beispiel schildert eine Verwaltungsmitarbeiterin aus dem Umweltamt, die im Rahmen einer Kampagne für nachhaltigen Konsum entscheiden muss, wer den Auftrag für die Gestaltung der Flyer bekommen soll. Drei Alternativen wurden im ersten Schritt gegeneinander abgewogen: die interne Designgruppe des Amtes, ein Eigenbetrieb der Kommune oder ein kommerzieller Dienstleister. Die erste Alternative war die preiswerteste und im Sinne von „simple-minded search" naheliegendste; doch man hatte aus vergangenen Erfahrungen erhebliche Zweifel an der Qualität der Leistungserbringung. Die zweite Alternative wäre qualitativ besser gewesen, doch der Eigenbetrieb verfügte „nicht über ausreichend Plakatflächen." Mit der dritten Alternative „konnte sichergestellt werden, dass die Gestaltung stimmig und zielgruppengerecht ist, dass genügend Flächen zur Verfügung stehen und dass somit die Erwartungen an eine öffentlichkeitswirksame Kampagne am ehesten erfüllt werden." Nachdem auf Grund dieser Effektivitätserwägungen diese Alternative gewählt wurde, wurde sie im Weiteren inkrementalistisch weiterverfolgt.

„Mixed scanning" ist paradoxerweise in dem Maße angebracht, in dem ein Akteur davon überzeugt ist, er könne bei einer anstehenden Entscheidung weiter auf dem eingeschlagenen Pfad voranschreiten. Anders gesagt: Je weniger ein Akteur motiviert ist, von seinem puren Inkrementalismus abzugehen, desto mehr hat er genau das nötig. Denn desto engstirniger blendet er alles jenseits dieses Pfades aus und kann dann irgendwann in einem schleichenden Prozess der Senkung seines Anspruchsniveaus sogar bereit sein, bloße Schadensbegrenzung als Gewinn zu verbuchen, während er mit Durchhalteparolen in die Sackgasse marschiert. Ein Beispiel stellen immer wieder Unternehmen dar, die meinen, für ihre Produktpalette relevante technologische „Basisinnovationen" ignorieren zu können, indem sie sich weiterhin auf „Verbesserungsinnovationen" ihrer bisherigen Technologie beschränken (Mensch 1974). Doch gegenüber den Uhren mit elektronischem Uhrwerk konnten sich noch so vervollkommnete mechanische Uhrwerke nicht halten, wie die traditionelle Uhrenindustrie in Süddeutschland und in der Schweiz schmerzlich erfahren musste – wobei ein Hersteller wie Swatch zeigte, dass es sehr wohl möglich war, in den neuen Korridor zu wechseln und dort höchst profitabel mitzuhalten.

Das Beispiel grundlegender technologischer Innovationen zeigt auch, dass purer Inkrementalismus insbesondere dann höchst problematisch wird, wenn sich wichtige Randbedingungen des Entscheidens massiv verändern – sei es, dass sich ganz neue Chancen jenseits des bisherigen Pfades auftun, sei es, dass ganz neue Engpässe den bisherigen Pfad blockieren. Für Letzteres ist die deutsche Automobilindustrie ein plastisches Beispiel, die sich deshalb, weil sie – so die nicht ganz abwegige Selbstsicht – die besten Benzinmotoren der Welt baut, viel zu lange nicht um alternative Fahrzeugantriebe gekümmert hat, wie sie in der „Energiewende" nun dringend benötigt werden, um weiter Autos verkaufen zu können.

Aber auch dann, wenn sich ein Entscheider auf einem für ihn ganz unbekannten Terrain bewegen muss, kann purer Inkrementalismus subrational sein. Wer in solch einer Situation den erstbesten Pfad wählt, auf den er gerade stößt, und keine weiteren Vergleiche anstellt, ist bestenfalls zufällig auf dem besten oder auch nur auf einem relativ guten Weg. Jemand, der in eine andere Stadt umzieht und dort, nachdem er durch Vermittlung eines Kollegen schnell eine Wohnung gefunden hat, nicht mehr weiter sucht, obwohl ihm die Wohnung nur mäßig zusagt, und stattdessen durch umfangreiche Renovierungen immer mehr in sie investiert, handelt nur solange begrenzt rational, wie er überhaupt keine Zeit für Wohnungssuche erübrigen könnte – etwa während einer längeren Einarbeitungsphase in die neue Stelle. Sobald sich aber die Zeitknappheit lockerte, gäbe es die Gelegenheit zum „mixed scanning", etwa durch Wochenendspaziergänge in anderen Stadtvierteln, um zu sondieren, welche Viertel bei den Wohnungsinseraten eine nähere Prüfung verdienen.

8.3 Partizipation und Kreativität

> **Devise P.3**
> *Verlasse gezielt eingefahrene Wege der Problembearbeitung und öffne dich für neue Wege! Nutze dazu auch die Blickwinkel anderer auf das Problem!*

Wann neigt ein Entscheider am meisten zum Inkrementalismus? Dies ist sowohl dann der Fall, wenn er sehr viel über das Entscheidungsproblem weiß bzw. zu wissen meint, als auch dann, wenn er sehr wenig weiß. Im ersteren Fall sedimentiert sich der Inkrementalismus früher oder später sogar in mehr oder weniger gedankenlos abgespulten Routinen; im letzteren kann er etwa so aussehen, dass man sich an irgendeinen wie immer unwichtigen Zipfel eines Problemaspekts klammert, den man verstanden zu haben glaubt, und ihm mit dafür als bewährt erscheinenden Strategien zu Leibe rückt. Wenn in einer Entscheidungssituation ein hoher Zeit- oder Konsensdruck herrscht, bleibt einem in der Tat nicht viel mehr übrig, als so zu verfahren. Wenn die Entscheidungskomplexität in diesen beiden Dimensionen aber nicht ganz so hoch ist, lohnt es sich für die Entscheidungshandelnden, gezielte Maßnahmen der Blickerweiterung vorzunehmen. Dies kann in der Sozialdimension durch Partizipation, in der Sachdimension durch Kreativität geschehen.

Die *Partizipation* derer, die auf die eine oder andere Weise – insbesondere als Betroffene – mit einer Entscheidung zu tun haben, an der Entscheidungsfindung soll dazu dienen, das Entscheidungsproblem aus vielen Richtungen zu beleuchten, was insgesamt zu einer Erhellung des Problems führt. James Brian Quinn (1980: 87) spricht etwas euphorisch von „collective wisdom". Als Praktik eines begrenzt rationalen Umgangs mit der Komplexität von Entscheidungssituationen lässt sich die partizipative Einbeziehung von Entscheidungsbetroffenen in die Entscheidungsfindung, wodurch ja erst einmal die Komplexität in der Sozialdimension gesteigert wird, dann begreifen, wenn man ein gravierendes Problem der „partisan mutual adjustment" in den Blick nimmt. Diese Vorgehensweise berücksichtigt lediglich den sich von selbst einstellenden Kreis der Entscheidungsbeteiligten, der fast immer nur ein mehr oder weniger eingeschränkter Ausschnitt des Spektrums aller Entscheidungsbetroffenen ist. „Partisan mutual adjustment" nimmt dies als gegeben hin, unternimmt also keine ernsthaften Anstrengungen, um möglichst viele Betroffene auch zu Beteiligten zu machen und so dafür zu sorgen, dass das Spektrum relevanter Informationen und verschiedener Entscheidungskriterien möglichst weitgehend repräsentiert wird. Im Gegenteil: Gemäß der Einschätzung, dass mit der Anzahl der Entscheidungsbeteiligten der Einigungsaufwand steigt, wird sogar oft empfohlen, den Kreis der Entscheidungsbeteiligten klein zu halten (Downs 1966: 180–183; Luhmann 1978: 344–347). Das ist jedoch eine radikale Reduktion von Rationalitätsansprüchen. Will man das Wissen über das zu behandelnde Problem und mögliche Problembearbeitungsalternativen sowie das Spektrum der einbezogenen Entscheidungskriterien verbreitern, besteht eine sehr häufig sich anbietende Möglichkeit darin, gezielt darauf hinzuwirken, dass mehr Entscheidungsbetroffene die Chance erhalten, sich mit substantiellen Beiträgen an der Entscheidungsfindung zu beteiligen.

Man kann manchmal sogar noch weiter gehen. Über den Kreis der noch oder schon Betroffenen hinaus lässt sich der ‚unverbrauchte' Blick derer nutzen, die noch nicht in die jeweiligen Betriebsblindheiten hinein sozialisiert worden sind. Für Organisationen heißt das etwa: „Man kann einen neuen Kollegen als unwiederbringliche Chance sehen, etwas über den eigenen Betrieb zu lernen, was man anders nicht lernen kann." (Baecker 1994: 94) Die von Peter C. Dienel (1978) propagierte „Planungszelle", die in stadtplanerischen Entscheidungsprozessen des Öfteren praktiziert worden ist, geht diesbezüglich einen mittleren Weg. Es werden nicht die Betroffenen, sondern ihnen in der sozialen Zusammensetzung ähnliche Nicht-Betroffene in die Entscheidung einbezogen: nicht die Bewohner eines sanierungsbedürftigen Stadtteils, sondern Menschen vergleichbarer sozialer Lage, die ganz woanders leben. So soll einerseits etwa der spezifische Blickwinkel wenig verdienender allein erziehender Mütter zur Geltung kommen – aber andererseits ohne die Eigeninteressiertheit und emotionale Aufgeladenheit unmittelbar Betroffener.

Partizipation ist heute bei vielen Entscheidungsangelegenheiten institutionalisiert. Immer schon gab es in der modernen öffentlichen Verwaltung Mitzeichnungsrechte, die dafür sorgen, dass neben der in einer bestimmten Angelegenheit federführenden Verwaltungseinheit weitere beteiligt werden, die relevante Sachinformationen und Interessen einbringen können. Alle Arten von Mitbestimmung – der Mitarbeiter in Arbeitsorganisationen, aber etwa auch der Studierenden oder Schüler in Hochschulen bzw. Schulen oder sogar der Strafgefangenen in Gefängnissen – haben ebenfalls eine lange Tradition. Seit den 1970er Jahren hat die Bürgerbeteiligung an staatlichen Planungen, insbesondere

8.3 Partizipation und Kreativität

bei vielen lokalen und regionalen Infrastrukturplanungen, zugenommen. Schließlich sind im selben Zeitraum allmählich verstärkte Bemühungen zu nennen, Entscheidungsgremien wie Unternehmensvorstände oder Berufungskommissionen in Hochschulen in verschiedenen Hinsichten – von Berufsausbildung bis zu Geschlecht oder Alter – diverser zusammenzusetzen, um die Partizipation bislang benachteiligter Bevölkerungsgruppen an Entscheidungen zu steigern.[4] Neben solchen Partizipationsangeboten durch die Entscheidungsträger gibt es in den letzten Jahrzehnten dort, wo diese Angebote von Betroffenen als unzureichend angesehen werden, immer wieder auch Partizipationsforderungen – etwa durch Bürgerinitiativen oder soziale Bewegungen. Die Proteste gegen „Stuttgart 21" oder die „Fridays for Future"-Bewegung sind dafür Beispiele.

Die rationalitätssteigernde Wirkung von Partizipation beruht darauf, dass es unter Bedingungen hochgradiger gesellschaftlicher Differenzierung und kultureller Pluralisierung – um nur diese beiden Faktoren anzuführen – keinen Akteur gibt, der von seiner Position und seiner Informationsverarbeitungskapazität her in der Lage wäre, sich das Spektrum relevanter Perspektiven auf ein anstehendes Entscheidungsproblem umfassend selbst zu erarbeiten; und selbst wenn er dazu in der Lage wäre, hätte er kein Interesse daran, weil ihm ja unweigerlich seine spezifische eigene Lage bestimmte Interessen nahelegt und andere nicht. Entsprechend kann eine möglichst vielen Seiten eines Problems gerecht werdende Form der Problembearbeitung nur so zustande kommen, dass möglichst viele in unterschiedlicher Weise von dem Problem Betroffene an der Entscheidungsfindung beteiligt werden. Partizipation führt so zu „plural planning" (Davidoff 1965). Bei einer Innenstadtsanierung etwa fragt die zuständige Planungsbehörde dann nicht mehr nur die ansässigen Gewerbetreibenden um ihre Meinung – mit der vielerorts zu beobachtenden Folge, dass die Innenstädte zu „Einkaufsparadiesen" hergerichtet werden, die inzwischen aufgrund des vermehrten Kaufens im Internet veröden, und ihre Lebensqualität als Wohn- und Erholungsgebiet verlieren. Sondern auch die Interessen der Wohnbevölkerung im betreffenden Innenstadtgebiet sowie derjenigen, die den „Freizeitwert" der Innenstadt schätzen, werden auf die eine oder andere Weise durch Hearings, Meinungsumfragen, „advocacy planning" (Davidoff 1965) und Ähnliches in die Planung einbezogen.

Partizipation ist freilich kein Allheilmittel, sondern durchaus ambivalent, was sich insbesondere in zwei Hinsichten immer wieder zeigt. Erstens steigert sie zumeist das Konfliktniveau von Entscheidungsprozessen. Konflikte können

---

[4] Zahlreiche empirische Studien zeigen, dass divers zusammengesetzte Gruppen tendenziell entsprechend vielfältigere Informationen und Interessen verarbeiten (George/Chattopadhyay 2008). Dies ist allerdings nicht immer der Fall, hängt also von weiteren Bedingungen ab.

zwar durchaus produktiv sein, wie nicht zuletzt die parlamentarische Demokratie als institutionalisierter Dauerkonflikt von Regierung und Opposition – die „intelligence of democracy" (Lindblom 1965) – zeigt. Dysfunktional sind Konflikte jedoch dann, wenn Konfliktparteien in kompromissloser Sturheit nichts als ihre eigenen Partikularinteressen verfolgen und sich dies womöglich sogar in unauflösbaren wechselseitigen Blockaden zuspitzt.

Zweitens muss man sich des begrenzt rationalen Charakters von Partizipation bewusst sein. Man kann niemals sicher sein, dass nicht dennoch wichtige relevante Kriterien übersehen werden, weil sich kein artikulationswilliger Betroffener findet. Dass ein Akteur von einer bestimmten Entscheidung betroffen ist, stellt sich immer wieder sowohl für ihn selbst als auch für andere erst im Nachhinein heraus – nämlich dann, wenn negative Folgen dieser Entscheidung für ihn manifest werden, die nicht vorausgesehen worden sind. Die Einführung einer neuen Produktionstechnologie in einem Unternehmen mag z. B. allein deshalb betrieben worden sein, weil dadurch Arbeitskräfte und damit Lohnkosten eingespart werden; dass die neue Technologie zu so beträchtlichen Qualitätsverlusten der produzierten Waren führt, dass dadurch der Absatz massiv zurückgeht, zeigt sich erst nach einiger Zeit. Hätte die Absatzabteilung dies vorher gewusst, dann hätte sie sicherlich Alarm geschlagen und versucht, diese Umstrukturierung der Produktion so lange zu verhindern, bis die Qualitätseinbußen auf ein erträgliches Maß reduziert worden wären.

Eine Unterschätzung der Notwendigkeit, sich aufgrund eigener Betroffenheit von bestimmten Problemen auch an der Problembearbeitung zu beteiligen, kommt auf gesellschaftlicher Ebene vor allem bei denjenigen Entscheidungen vor, die sogenannte „Jedermannsinteressen" verletzen (Offe 1969: 145/146). Lange Zeit waren Belange ökologischer Nachhaltigkeit von dieser Art. Jedem war klar, dass bestimmte natürliche Ressourcen endlich sind, auch wenn die Wissenschaft immer wieder Mittel und Wege findet, ihren Verbrauch zu strecken oder sie zu substituieren. Doch der egoistische Standpunkt, die ökologischen Probleme den künftigen Generationen aufzubürden und sich selbst nicht ernsthaft darum zu kümmern, ließ sich irgendwann nicht mehr aufrechterhalten. Und dennoch nahmen Unternehmen wie Konsumenten allesamt noch längere Zeit den Standpunkt ein: Da ja jeder betroffen sei, würden sich schon genügend viele der jeweils anderen um diese Angelegenheiten kümmern. Die Paradoxie liegt hier also in der Sozialdimension darin, dass gerade diejenigen Probleme, die die extensivste Betroffenheit erzeugen, manchmal die geringste Entscheidungsbeteiligung initiieren.

Neben und in Kombination mit Partizipation kann *Kreativität* stimuliert werden, um die Betrachtung von Entscheidungsproblemen zu öffnen. Insbesondere

8.3 Partizipation und Kreativität

intuitive, möglichst ‚unbefangen' an ein Entscheidungsproblem herangehende Kreativität ist hier anzusprechen – also weniger die ‚befangene', nämlich geschulte Kreativität von Experten für die betreffenden Entscheidungsangelegenheiten. Das bedeutet nicht, dass Experten unfähig zur intuitiven Kreativität sind. Es bedarf allerdings ‚geistiger Lockerungsübungen', die auf die Devise hinauslaufen, „memory as an enemy" (Cohen/March 1974: 227) zu behandeln. Denn nur so kommt man aus dem Trott eines ‚Das haben wir immer schon so gemacht' heraus, wie er u. a. der „simple-minded search" inkrementalistischer Informationsverarbeitung zugrunde liegt.

Wie schafft man es, ‚mal ganz anders' über ein Entscheidungsproblem nachzudenken? Eine bekannte Technik hierbei ist Brainstorming (Clark 1958), dessen zwei wichtigste Prinzipien darin bestehen, erstens alles denken und sagen sowie zweitens erst einmal nichts kritisieren zu dürfen. Diese Kombination sorgt für eine größtmögliche Offenheit. Wenn etwa – um ein Beispiel aus Kap. 7 aufzugreifen – ein Unternehmen mit Absatzrückgang kämpft und diesen so früh erkennt, dass man nicht mehr nur inkrementalistisch reagieren kann, werden unkonventionelle Antworten möglich: dass – was real durchaus ab und zu vorkommt – beispielsweise eine Fahrradfabrik auf die Produktion von Plastikbechern umsteigt oder ein Stahlproduzent zum Tourismuskonzern wird. Solch radikale Umorientierungen setzen voraus, dass die arbeitsteiligen Spezialisierungen der einzelnen Teilbereiche der Organisation und die Interdependenzen zwischen ihnen in ihrer je gegebenen Gestalt gleichsam eingeklammert werden und die Akteure sich in eine fiktive Tabula-rasa-Situation hineinversetzen. Die Negation des Gegebenen dient hierbei einer möglichst weitgehenden Öffnung für andere Möglichkeiten – ohne dass diese bereits positiv vorgezeichnet sein müssen. Es geht also nicht nur darum, schon durchdachte und ausgearbeitete andere Antworten auf bestimmte Problemsituationen zu geben, sondern es werden viel grundsätzlicher „different questions" aufgeworfen (Cates 1979: 531) – „including alternatives not usually considered feasible." (Etzioni 1968: 286) Auch Lindblom (1979: 522) als Verfechter des Inkrementalismus sieht dann, wenn sich Entscheider in eine Sackgasse verrannt haben, eine sinnvolle „supplementation of incremental analysis by broad-ranging, often highly speculative, and sometimes utopian thinking about directions and possible futures, near and far in time."

So wird eine „Aussichts-Erforschung des In-Möglichkeit-Seienden" (Bloch 1959: 240) vorgenommen – also anschlussfähiger Utopien: in ihrer Andersheit ambitioniert, aber prinzipiell umsetzbar. Ein Beispiel dafür, in welcher Form dies umgesetzt werden kann, sind Planungsstäbe oder -kommissionen – wenn etwa ein Ministerium auf die zahllosen Probleme seines Politikfelds nicht durch entsprechend zahlreiche punktuelle Regelungen reagiert, sondern einen

Planungsstab bildet, der gleichsam am Reißbrett grundlegende Alternativmodelle für die Gestaltung dieses Politikfelds entwerfen und durchdenken soll. In kleinerem Maßstab ging das schon einmal angesprochene kommunale Umweltamt bei der Planung seiner Kampagne für nachhaltigen Konsum ebenfalls so vor: Kreativität wurde zunächst durch eine beauftragte Agentur für Öffentlichkeitsarbeit eingebracht; deren Ideen wurden jedoch nicht einfach übernommen, sondern partizipativ weiter diskutiert. Verschiedene mit der Kampagne befasste Arbeitsgruppen konnten „den Gestaltungsvorschlag diskutieren und eigene Ideen einbringen … Dies war extrem hilfreich, da verschiedene Blickwinkel einfließen konnten und gleichzeitig die Wirkung erprobt werden konnte. … Da mit dem Vorhaben rechtzeitig begonnen wurde, war … genug Zeit …," um Konflikte über unterschiedliche Gestaltungspräferenzen austragen zu können – mit dem Resultat: „Für die Ergebnisrationalität war dieser Schritt ein enormer Zugewinn."

Eine solche Planungsgruppe wird sowohl hinsichtlich der Quantität als auch hinsichtlich der Qualität der von ihr betrachteten Alternativen dann am effektivsten arbeiten, wenn auch solche Ideen produziert und aufgenommen werden, die, gemessen am Status quo, als ‚Spinnerei' erscheinen – was nur möglich ist, wenn sich die Arbeit des Planungsstabs bewusst aus den eingefahrenen Denkbahnen herauslöst. Das wiederum bedingt, dass keine unmittelbar umsetzbaren Ergebnisse erwartet werden. So galt beispielsweise für die Arbeitsgruppe, die im Bundesverkehrsministerium Ende der 1960er Jahre den so genannten „Leberplan" – eine nach dem damaligen Minister benannte grundsätzliche Neuordnung des Fernverkehrs in der Bundesrepublik – ausarbeitete, u. a.: „… die Arbeit der Gruppe wurde während der ersten Monate nicht nur gegenüber der Öffentlichkeit und den anderen Ressorts, sondern auch gegenüber dem eigenen Haus abgeschirmt …" (Scharpf 1971: 51). Derart handlungs- und rechtfertigungsentlastet können Entscheidungsvorschläge somit eine „suspension of judgment" (Alexander 1982: 285) der neuen Ideen erreichen.

Zugleich müssen derartige Vorschläge freilich eine grundsätzliche Anschlussfähigkeit an den Status quo aufweisen. Andernfalls sind die neu entworfenen Formen der Problembearbeitung unrealisierbar, wie sich spätestens beim Versuch ihrer Implementation zeigt. Die projektierten neuen Wege müssen als Potentialität – als nicht nur denk-, sondern auch verwirklichbare andere Möglichkeiten – in den bisherigen Strukturen und Prozessen der Entscheidungssituation enthalten sein. Anschlussfähige Utopien sind in diesem Sinne keine abstrakten, sondern konkrete Utopien (Bloch 1959: 224–288). Die Suche nach anschlussfähigen Utopien zielt so auf das „Noch-nicht": das, was nicht ist, aber werden könnte. Die Prüfung der generierten Entscheidungsalternativen daraufhin, ob sie prinzipiell im Rahmen des Status quo umsetzbar sind, erfolgt jedoch immer erst im zweiten Schritt. Genau das macht die begrenzte Rationalität intuitiver Kreativität aus.

Utopisches Denken wird oft pauschal als Luxus angesehen, dem sich nur hingeben kann, wer viel Zeit und Geld übrig hat. Daran ist einerseits richtig, dass diese Radikalisierung des ausschweifenden Blicks, wie alle Komponenten von Planung, voraussetzt, dass der Entscheider keinem ihn auf Inkrementalismus beschränkenden Zeitdruck unterliegt. Andererseits gibt es Situationen, in denen die Devise eines Entscheidungshandelnden nur lauten kann: Sei realistisch – also utopisch! Das sind genau die schon angesprochenen Situationen, in denen Inkrementalismus absehbar in eine Sackgasse führt. Ab einem bestimmten Zeitpunkt der Problemeskalation ist freilich die Chance, sich eine kreative Auszeit nehmen zu können, vertan. Umso wichtiger ist es, dass Entscheidungshandelnde im Sinne einer aktiven Problemsondierung frühzeitig erkennen, dass sich etwas zusammenbraut, und dann noch die Zeit zum „mixed scanning" haben. Das wiederum setzt voraus, die ebenfalls bereits erwähnte Paradoxie aufzulösen, dass man sich schon und ausgerechnet dann, wenn Inkrementalismus noch ganz passabel funktioniert, anstrengt, ein höheres Rationalitätsniveau zu erreichen.

8.4 Verständigungsorientierung oder Mehrheitsentscheidung

Devise P.4
Strebe die Einigung auf eine Alternative der Problembearbeitung Einigung auf eine Alternative der Problembearbeitung auf der Grundlage wechselseitiger Empathie und wechselseitigen Lernens an! Wenn das nicht gelingt: Involviere die wichtigsten Betroffenen, lasse sie ihre Argumente austauschen und führe dann eine Abstimmung durch!

Planung will in der Sozialdimension über „partisan mutual adjustment" hinausgehen. Das Kräfteparallelogramm der Entscheidungsbeteiligten, oft durch Vetopositionen zementiert, bringt häufig sehr stark am Status quo orientierte Entscheidungen hervor. Genau deshalb setzt Planung, wie schon erläutert, auf Partizipation. Je stärker diese aber ausgeweitet wird, desto schwieriger wird es wiederum, eine Einigung aller zu erzielen.

Hier liegt ein bereits angesprochenes Spannungsverhältnis zwischen Sozial- und Sachdimension vor: Je mehr Entscheidungsbeteiligte, desto größer ist das

Rationalitätspotential des Entscheidens im Sinne der Sachadäquanz – doch dieses Potential realisiert sich oft nicht, weil das Konfliktniveau mit der Anzahl der Entscheidungsbeteiligten steigt und man nicht konstruktiv zusammen-, sondern destruktiv gegeneinander arbeitet. Um dieses Spannungsverhältnis zwar nicht gänzlich überwinden, aber doch in Richtung einer Rationalitätssteigerung des Entscheidens auflösen zu können, setzt Planung auf zweierlei: zunächst auf Verständigungsorientierung als Verhandlungsmodus der Entscheidungsbeteiligten – und falls dies nicht gelingt, auf Mehrheitsentscheidungen.

Verständigungsorientierung ist darauf ausgerichtet, eine Fixierung der Entscheidungsbeteiligten auf ihre jeweiligen Eigeninteressen – wie im „partisan mutual adjustment" – zu lockern. Dies kann in zwei Stufen geschehen. Die Beteiligten können erstens lernen, die relative Berechtigung der Gesichtspunkte der je anderen anzuerkennen, bleiben dabei aber noch einem Denken in partikularen Interessen verhaftet. Zweitens können die Entscheidungsbeteiligten, darüber hinausgehend, die Pluralität partikularer Perspektiven insgesamt überwinden und zur Leitidee übergreifender Interessen und Erfordernisse – in der Politik als „Gemeinwohl" tituliert – vorstoßen. Auch wer davon ausgeht, dass die Belange des größeren Ganzen – der Organisation, der Nation oder gar der Menschheit – letztlich unerforschlich sind, kann die Erfahrung machen, dass die Ausrichtung an ihnen zum einen mäßigend bei der Verfolgung der je eigenen Interessen wirken kann und zum anderen mehr als bloß Toleranz bei der Anerkennung der partikularen Interessen anderer zu erzeugen vermag.

Arthur Benz (1994: 112–148) schildert den sich keineswegs zwangsläufig einstellenden, aber doch immer wieder mit einer gewissen Eigendynamik stattfindenden Übergang von „partisan mutual adjustment" zur Verständigungsorientierung am Beispiel einer politischen Auseinandersetzung über die Ansiedlung einer Firma in einer strukturschwachen Region. Die neu geschaffenen Arbeitsplätze werden dringend benötigt – aber was, wenn als Werksgelände nur ein Naturschutzgebiet in Frage kommt? Benz (1994: 118/119) fasst das Entscheidungsgeschehen im Zusammenspiel von Firma, Umweltgruppen und Verwaltung so zusammen:

> Die Verhandlungen ... betreffen zunächst die Frage des Standorts und möglicher Alternativen. Sie brachen jedoch schnell ab, da das Unternehmen in der Frage des Standorts unbeweglich blieb. In der Folgezeit gelang es den Umweltverbänden, ein Grundstück auf dem Werksgebiet zu erlangen. Sie hatten damit die Möglichkeit, gegen das Vorhaben zu klagen. Nachdem sich eine lange gerichtliche Auseinandersetzung abzeichnete, vereinbarten die beteiligten Verbände, das Land, die Stadt und das Unternehmen ... weitere Verhandlungen.

8.4 Verständigungsorientierung oder Mehrheitsentscheidung

Dabei wurde nach den ersten beiden Runden die Standortfrage als nicht verhandelbar ausgeschlossen. Das Unternehmen konnte somit sein Vorhaben durchsetzen. Allerdings erreichten die Verhandlungspartner dennoch eine Einigung, weil das Land ökologische Ausgleichsmaßnahmen zusagte, damit Nachteile für die Umweltschützer in einem Tauschgeschäft ausglich. Nachdem diese Kompensationslösung feststand, mussten im Weiteren die Forderungen der Umweltschützer und die Möglichkeiten des Landes, das die Ausgleichsmaßnahmen zu finanzieren hatte, auf einen Nenner gebracht werden. Auch hierüber konnte eine Einigung erzielt werden, indem beide Seiten wechselseitige Zugeständnisse machten und einen Kompromiss erreichten. Auf der Grundlage dieser Einigung über die Unternehmensansiedlung und ihre ökologischen Folgen entwickelte sich schließlich eine fortgesetzte Zusammenarbeit zwischen dem Unternehmen, der Verwaltung und den Umweltgruppen, wobei letztere bei den ökologischen Begleitmaßnahmen im Werksgelände und bei Projekten in dessen Umgebung beteiligt wurden. Dies verweist auf ein verbessertes gegenseitiges Verständnis aller Beteiligten für die Belange der anderen Seite und die Bereitschaft, vom anderen zu lernen.

Das Beispiel zeigt, dass zunächst – ganz im Sinne von „partisan mutual adjustment" – „positionsbezogene" Verhandlungen dominierten, in denen die Beteiligten einander wechselseitig mit ihren Einflusspotentialen zur Fügsamkeit bringen wollten. Die Firma war insoweit erfolgreich, als sie sich hinsichtlich des Werksgeländes durchsetzen konnte. Ihr Versprechen von Arbeitsplätzen bzw. die Drohung, gar nicht in der Region zu investieren, falls sie das Gelände nicht erhält, taten ihre Wirkung. Die Umweltgruppen verschafften sich aber mit dem Grundstücksankauf ebenfalls ein Drohpotential. Sie konnten dadurch die Werksansiedlung blockieren und so ökologische Ausgleichsmaßnahmen des Landes herausschlagen. Nach dieser „Ausgleichszahlung" gaben die Umweltgruppen ihren Widerstand gegen die Werksansiedlung auf. Beide Seiten hatten bis hierher ihre Minimalanforderungen an eine rationale Entscheidung erreicht: Werksansiedlung ohne weitere Proteste, unter zugesicherter Berücksichtigung ökologischer Belange.

Viele Verhandlungen realisieren nicht mehr als das. Hier allerdings ging die Verhandlungsdynamik weiter. Die Ausgestaltung der vereinbarten ökologischen Ausgleichsmaßnahmen fand als „kompromissorientierte" Verhandlung zwischen Umweltgruppen und Verwaltung statt. Man sondierte also diejenigen Punkte, in denen man konsensfähig war, und klammerte strittige Punkte aus. Dabei verzichtete man auf Drohgebärden bzw. das ‚Abkaufen' des Widerstands der anderen Seite durch Versprechungen. Dies ging bereits über „partisan mutual adjustment" hinaus: Man redete mehr miteinander, als für „positionsbezogenes" Verhandeln für erforderlich wäre. Die intensivere Kommunikation miteinander wirkte vertrauensbildend. Bis dahin hatte noch wechselseitiges Misstrauen vorgeherrscht. Das jetzt erzielte Verhandlungsergebnis zeitigte also bereits eine deutliche Verbesserung der Ausgangslage weiteren Verhandelns.

Nochmals intensivierte Kommunikation und ein weiter gefestigtes wechselseitiges Vertrauen leiteten in die „verständigungsorientierte" Verhandlungsphase über. In ihr ging es um die längerfristige Kooperation von Umweltgruppen, Unternehmen und Verwaltung bei der ökologisch verträglichen Gestaltung des Werksgeländes, weitergehend sogar der Produktionsverfahren und der Produkte. „Verständigungsorientierte" Verhandlungen laufen auf wechselseitiges Lernen voneinander hinaus. Alle Verhandlungspartner stellen die eigenen Intentionen und Situationsdeutungen mehr oder weniger weitgehend zur Disposition, zeigen sich also bereit, die Absichten und Sichtweisen ihrer Gegenüber nicht bloß als potentielle Behinderungen dessen anzusehen, was man selbst will, sondern als Chancen zur je eigenen Selbstkritik aufzufassen.

Hier geht Verhandeln vom Modus des bloßen „bargaining" in den des „arguing" (Saretzki 1996) über, also in eine auf allen Seiten vorherrschende Haltung, andere nur noch durch allseits einleuchtende gute Gründe zu überzeugen und sich selbst auch nur auf diese Weise überzeugen zu lassen. Zwar lassen sich so keine Interessendivergenzen wegzaubern. Wohl aber können Entscheidungsbeteiligte von einer Orientierung des „minimize own loss!" zu einer des „maximize joint gain!" gelangen (Scharpf 1997: 84–89). Je weiter auf diese Weise der zwischen Entscheidungsbeteiligten erzielte Konsens reicht, desto mehr können alle davon ausgehen, dass die je anderen sich an die getroffenen Vereinbarungen halten werden.

Verständigungsorientierung ist vor allem in solchen Entscheidungssituationen angebracht, in denen harte Interessengegensätze oder sogar Identitäten aufeinanderprallen. Verständigungsorientierung kennzeichnet hierbei einen solchen Modus des kollektiven Entscheidens, bei dem anstelle einer rücksichtslos partikularistischen Maximierung der je eigenen Entscheidungskriterien diese im Horizont übergreifender Erfordernisse und Gerechtigkeitsprinzipien reflektiert und entsprechend ‚gemäßigt' verfolgt werden. Voraussetzung dafür ist die Fähigkeit der Akteure zur Empathie. Sie besteht darin, sich verstehend in die Position eines Gegenübers hineinzuversetzen (Krappmann 1969: 142–150) – und zwar gerade nicht deshalb, um ihn strategisch übertrumpfen zu können, sondern um von ihm zu lernen. Diese Annäherung der verschiedenen Entscheidungsbeteiligten geht wohlgemerkt nicht so vonstatten, dass jeder Beteiligte versucht, seine eigenen

8.4 Verständigungsorientierung oder Mehrheitsentscheidung

Kriterien möglichst zu vergessen und in einen allgemein geteilten Kriterienkonsensus zu überführen. Ein solches Vorgehen führt – wie in der Politik oft genug beobachtet werden kann – zu diffusen Allgemeinplätzen, die keinerlei Instruktivität für eine Entscheidungsfindung besitzen, so dass hinterrücks doch wieder jeder eigenen Kriterien benutzt und der Konsensus nur als legitimatorische Rhetorik offizieller Verlautbarungen dienen kann. Verständigungsorientierung zielt demgegenüber nicht auf ein Überspielen, sondern auf eine Transzendierung der je eigenen Kriterien der Entscheidungsbeteiligten ab – also auf spezifische und damit instruktive Kompatibilisierungen divergenter Entscheidungskriterien, die jedoch als solche weiterhin kenntlich bleiben.

Wenn sich abzeichnet, dass keine hinreichende Verständigungsorientierung zustande kommt, kann man als nächstbeste Vorgehensweise, die immer noch deutlich rationaler als „partisan mutual adjustment" ist, auf *Mehrheitsentscheidungen* zurückgreifen. Dabei entscheidet jeder Entscheidungsbeteiligte wie beim „partisan mutual adjustment" ganz am eigenen Interesse orientiert; aber diese Voten für bestimmte Entscheidungsalternativen werden nun so aggregiert, dass nicht das Kräfteverhältnis der Einflusspotentiale gezählt wird, sondern jeder Beteiligte über genau eine Stimme verfügt, also Einflussgleichheit hergestellt ist.

Die begrenzte Rationalität von Mehrheitsentscheidungen wird im Direktvergleich mit „partisan mutual adjustment" schnell deutlich. Letztere unterstellt, dass die sachliche Wichtigkeit eines Entscheidungskriteriums bezüglich eines Entscheidungsproblems mit der Einflussstärke desjenigen Entscheidungsbeteiligten korreliert, der dieses Kriterium repräsentiert. Denn je größer das Einflusspotential ist, das ein Akteur einsetzt, um seinem Entscheidungskriterium Geltung zu verschaffen, desto gewichtiger wird dieses Kriterium in der sich schließlich ergebenden Kriterienordnung sein. Eine derartige Unterstellung trifft aber längst nicht immer zu. Es gibt mindestens zwei häufig anzutreffende Typen sozialer Konstellationen, in denen bestimmte Entscheidungsbeteiligte ein von der Sache her weit überzogenes Einflusspotential geltend machen können:

- Erstens sind in sehr vielen Entscheidungssituationen diejenigen Entscheidungsbeteiligten bevorzugt, deren Entscheidungskriterien ein Beharren auf dem Status quo nahe legen: „Keine Experimente!" – so der berühmte erfolgreiche Wahlslogan der CDU im Jahr 1957. Denn ‚da weiß man, was man hat'.
- Zweitens verschafft Arbeitsteilung, ob auf Organisations- oder Gesellschaftsebene, bestimmten Entscheidungsbeteiligten, die an besonderen Engpässen strategische Schlüsselpositionen innehaben, sachlich unangemessene Machtpotentiale (Crozier 1963). Hier sind beispielsweise bestimmte

Berufsgruppen wie Fluglotsen zu nennen, aber auch Unternehmer, die Arbeitsplätze schaffen oder vernichten können.

Solch offensichtliche Diskrepanzen zwischen dem Einflusspotential einzelner Entscheidungsbeteiligten und der übergeordneten Relevanz der von ihnen repräsentierten Entscheidungskriterien ignoriert die „partisan mutual adjustment". Dies stellt einen gravierenden Rationalitätsverzicht in sozialer Hinsicht dar. Mehrheitsentscheidungen sind demgegenüber ein Weg, um genau diese Rationalitätseinbußen auszugleichen. Denn ein Entscheiden nach dem Mehrheitsprinzip nivelliert die Einflussdifferenzen zwischen den verschiedenen Entscheidungsbeteiligten, indem allen, gleichgültig wie groß oder klein ihr Einflusspotential ist, bezüglich der anstehenden spezifischen Entscheidung ein gleich großes Einflusspotential, nämlich eine Stimme, zugestanden wird. Konkret bedeutet das beispielsweise bei der politischen Wahl, dass das Votum eines Großunternehmers nicht mehr zählt als das eines Hilfsarbeiters. Diese Einflussnivellierung schließt aus, dass sich von der Sache her wenig relevante Entscheidungskriterien nur deshalb durchsetzen, weil sie von den jeweils einflussreichsten Entscheidungsbeteiligten vertreten werden – oder dass umgekehrt sachlich hochgradig relevante Kriterien unter den Tisch fallen, weil keine einflussreichen Akteure hinter ihnen stehen. Wenn etwa in einem Unternehmen bei gesamtorganisatorischen Schlüsselentscheidungen jede einzelne Abteilung eine Stimme erhält, dann bedeutet dies, dass sich nicht immer wieder die große und den organisatorischen Status quo verkörpernde Produktionsabteilung durchsetzt, selbst wenn die Marktsituation des Unternehmens innovative Produktveränderungen, wie sie von der kleinen Forschungsabteilung propagiert werden, dringend erforderlich macht.

Die Nivellierung vorgegebener Einflussdifferenzen durch das Mehrheitsprinzip bedeutet somit: Weil ein Entscheidungsbeteiligter, um den eigenen Kriterien Geltung zu verschaffen, nicht mehr einfach sein überlegenes Einflusspotential ausspielen kann, was immer nur einigen wenigen möglich ist, sieht sich aufgrund der durch das Mehrheitsprinzip hergestellten Gleichrangigkeit aller Entscheidungsbeteiligten jeder von ihnen der Chance, aber auch der Notwendigkeit gegenüber, sich eine Mehrheit der übrigen Entscheidungsbeteiligten zur Durchsetzung der je eigenen Kriterien zu suchen. Nur diejenigen Entscheidungskriterien, die in diesem Sinne mehrheitsfähig sind, können dann noch die zu treffende Entscheidung bestimmen. Wenn also die Produktionsabteilung eines Unternehmens die von ihr präsentierten Erfordernisse in gesamtorganisatorische Entscheidungen einbringen will, dann kann sie dies gemäß dem Mehrheitsprinzip nur noch so tun, dass sie möglichst viele der anderen Abteilungen für ihre Position gewinnt. Genau die gleiche Chance, dies zu tun, hat aber auch jede andere Abteilung Gesamtorganisatorisch durchsetzbar sind dann nur noch diejenigen Entscheidungen, die von einer Mehrheit der Abteilungen getragen werden.

Genau hieraus ergibt sich die begrenzte Rationalität von Mehrheitsentscheidungen: In dem Maße, wie sich eine Mehrheit von Entscheidungsbeteiligten trotz und wegen der Divergenz ihrer generellen Perspektiven und der irreduziblen Pluralität ihrer Entscheidungskriterien hinsichtlich eines spezifischen Entscheidungsproblems auf eine bestimmte Form der Problembearbeitung zu einigen vermögen, kann davon ausgegangen werden, dass die getroffene Entscheidung einer entsprechenden Vielfalt situativer Aspekte Rechnung trägt. Weil eben nicht mehr der jeweils einflussstärkste Entscheidungsbeteiligte über die Möglichkeit verfügt, sich über die anderen hinwegzusetzen und seine eigenen Entscheidungskriterien durchzusetzen, und auch niemand sich einfach auf seine Vetoposition zurückziehen kann, sondern jeder Entscheidungsbeteiligte bestrebt sein muss, seine Kriterien mit denen anderer Beteiligter situativ zumindest so weit zu kompatibilisieren, dass sich eine Mehrheitsposition herstellen lässt, wird die Pluralität von Entscheidungskriterien sowohl erhalten als auch problembezogen transzendiert.

8.5 „Something better"

Devise P.5
Wenn du eine Alternative der Problembearbeitung gefunden hast, die „satisficing" ist: Suche im Rahmen der verfügbaren Zeit weiter nach einer noch besseren Alternative, sofern es dir wichtig ist und du Chancen siehst, eine zu finden!

In Bezug auf die Alternativenauswahl kann Planung über inkrementalistisches „satisficing" hinaus in Richtung eines von Thomas Schelling (1981: 15–17) propagierten „'something better' approach" gehen. Dieser ist „... a technique that economics commonly employs in addressing whether a particular condition or policy or program has virtue. That technique is to explore whether, in respect of alternative outcomes or consequences, some alternative policy or condition or program is 'better'." (Schelling 1981: 15) Ökonomisches Denken kennt keinen absoluten Maßstab für die Güte einer Entscheidung; es kann lediglich im Vergleich zweier oder mehrerer Entscheidungen deren jeweilige relative Güte bestimmen: Die eine Alternative ist besser als eine andere. Am Beispiel der politischen Entscheidung, in einer „Ölkrise" wie Ende der 1970er Jahre Benzin zu rationieren, macht Schelling (1981: 15) klar, was das heißt: „Of gasoline rationing we explore whether there is something better, something that meets whatever objectives rationing was supposed to fulfill and does a little more besides, or meets some of them more amply, or achieves the same results at lower costs to someone concerned."

Als Vorgehensweise vergleicht der „‚something better' approach" Alternativen der Problembearbeitung im Hinblick auf ihr Rationalitätsniveau. Genauer: Sobald man eine Alternative gefunden hat, die als „satisficing" eingestuft wird, und noch Zeit hat, um weitere Alternativen suchen und prüfen zu können, versucht man, eine bessere zu finden. Damit geht „something better" einerseits über „satisficing" hinaus; andererseits beruht Ersteres auf Letzterem. „Satisficing" stellt die Rückfallposition des „something better" dar. Man hat immerhin ‚den Spatz in der Hand' und kann genau deshalb Ausschau halten nach ‚der Taube auf dem Dach'.

Wie auch „mixed scanning", beruht der „‚something better' approach" auf einer Zweistufigkeit des Entscheidens. Doch während beim „mixed scanning" die zweite Stufe inkrementalistisch abläuft, ist es bei „something better" andersherum. Hier findet auf der ersten Stufe zunächst ein inkrementalistisches Vorgehen, nämlich „satisficing", statt. Das heißt bezüglich des Anspruchsniveaus des Entscheidungshandelnden: Es wird konstant gehalten. Inkrementalistisches Entscheiden begnügt sich damit, eine Entscheidungsalternative zu finden, die dem je gegebenen Anspruchsniveau genügt – und diese Alternative wird dann ohne Vergleich mit noch weiteren Alternativen gewählt. Hier fungiert also das konstante Anspruchsniveau als absoluter Maßstab, dem eine Entscheidung jeweils genügen muss. Damit erlegt sich der Akteur aber eine Beschränkung auf, die der inhärenten Dynamik von Anspruchsniveaus nicht entspricht – was aus Komplexitätsgründen nötig sein kann. Wenn aber die Komplexität der Entscheidungssituation eine Lockerung dieser Beschränkung erlaubt, kann das Anspruchsniveau gleichsam ‚laufen gelassen' werden. Es verschiebt sich dann von selbst nach oben oder unten – je nachdem, wie einfach oder schwierig es zu erreichen ist (March/Simon 1958: 182/183; Jones/Gerard 1967: 326–328). Je leichter ein erst einmal gegebenes Anspruchsniveau zu realisieren ist, desto höher kann man es schrauben und immer noch mindestens eine Entscheidungsalternative finden, die ihm genügt; und je schwerer es erreichbar ist, desto mehr Abstriche muss man machen, um über noch wenigstens eine Alternative zu verfügen, die als zumindest ausreichend einzustufen ist.

Ein „satisficing", das das je gegebene Anspruchsniveau nicht zur Disposition stellt, insbesondere nicht ‚nach oben', bildet im „‚something better' approach"

8.5 „Something better"

das zufriedenstellende Minimum, auf dessen Grundlage dann – im Rahmen der noch verfügbaren Zeit – nach ‚Höherem' gestrebt werden kann. Man ist ‚auf der sicheren Seite' und kann schauen, ob man nicht vielleicht noch eine bessere Entscheidungsalternative findet. Dabei werden folgende Kalkulationen angestellt:

- Wie viel besser als das gegebene Anspruchsniveau ist die erst einmal gefundene Alternative? Je weniger sie das Anspruchsniveau überschreitet, desto größer ist die Neigung, die verbleibende Zeit zur Suche nach besseren Alternativen zu verwenden.
- Wie viel Zeit bleibt noch für die Entscheidung? Je mehr Zeit man noch hat, desto größer ist die Neigung zur Suche nach besseren Alternativen.
- Wie wichtig ist diese Entscheidung im Vergleich mit anderen aktuellen Möglichkeiten der Zeitverwendung – u. a. anderen Entscheidungen, aber auch zum Beispiel Freizeitaktivitäten etc.? Je wichtiger man die Entscheidung nimmt, desto größer ist die Neigung, mit der Suche nach besseren Alternativen fortzufahren.
- Wie aufwendig und Erfolg versprechend erscheint die Suche nach einer besseren Alternative? Je geringer der erforderliche Aufwand und je größer die Erfolgswahrscheinlichkeit zu sein scheint, desto größer ist die Neigung, weiter zu suchen.

Wenn entsprechend dieser Kalkulation die Suche nach einer noch besseren Alternative unternommen worden und erfolgreich gewesen ist, stellt sich aufs Neue die Frage: Wie viel Zeit bleibt noch, und soll weiter gesucht werden? Gegebenenfalls kommt diese Frage beim „something better" noch mehrere Male auf.

Bis hierher wird unterstellt, dass sich das zu bewältigende Problem in dem Zeitraum, der für die Entscheidungsfindung zur Verfügung steht, nicht weiter verschlechtert. Oftmals ist freilich genau das der Fall. Dann gilt es, hat man eine befriedigende Entscheidungsalternative gefunden, komplizierter abzuwägen: Der voranschreitenden Problemverschlechterung, die eine befriedigende Problembewältigung immer aufwendiger macht, ist die Wahrscheinlichkeit, eine deutlich bessere Entscheidungsalternative zu finden, gegenüberzustellen. Je schneller sich das Problem verschlechtert, also etwa die Absatzzahlen eines Unternehmens zurückgehen, und je unwahrscheinlicher es ist, „something better" zu finden, desto eher sollte man es beim „satisficing" belassen.

8.6 Planung als Wagnis

„Something better" ist zum einen eine der fünf Vorgehensweisen von Planung. Jede einzelne kann das Rationalitätsniveau einer Entscheidung gegenüber dem Inkrementalismus steigern; und in Kombination miteinander gilt das erst recht. Damit stellt sich Planung insgesamt gegenüber dem Inkrementalismus als „‚something better' approach" dar. Wie deutlich geworden ist, kann ein Entscheidungshandelnder sich Planung leisten, solange er selbst dann, wenn ein Planungsprozess ergebnislos bleibt, auf Inkrementalismus zurückfallen kann. Es handelt sich also bei aktiver Problemsondierung, „mixed scanning", Partizipation und Kreativität, Verständnisorientierung und Mehrheitsentscheidung sowie dem „‚something better' approach" allesamt um kontrollierte Risiken.

Voraussetzung von Planung ist freilich, dass die Komplexität der Entscheidungssituation unter dem Niveau liegt, auf dem nur Inkrementalismus oder sogar noch weniger – siehe dazu Kap. 6 – möglich ist. Am dringendsten erforderlich als Voraussetzung aller anderen Maßnahmen der Komplexitätsreduktion ist es auf jeden Fall, sich mehr Zeit zu verschaffen. Für alle fünf Vorgehensweisen von Planung stellt dies eine Conditio sine qua non dar. Neben vielen situationsspezifischen Vorkehrungen, die getroffen werden können, um Zeit zu gewinnen, steht eine generelle Strategie. Sie besteht darin, viele Entscheidungen inkrementalistisch und damit vergleichsweise schnell zu treffen, um sich bei wenigen Entscheidungen mehr Zeit nehmen und Planung leisten zu können. Damit stellt sich das Verhältnis von Planung und Inkrementalismus ähnlich dar, wie ich im Kap. 1 das Verhältnis von Entscheiden und nicht-entscheidungsförmigem Handeln umschrieben habe: So wie Entscheiden der Luxus ist, den man sich nur leisten kann, weil man meistens nicht-entscheidungsförmig handelt, so ist im Rahmen entscheidungsförmigen Handelns Planung der Luxus, den man sich durch viel Inkrementalismus erarbeiten muss.

Es wäre allerdings zu einfach, würde man den Inkrementalismus allein in einem solchen Ermöglichungsverhältnis zur Planung sehen. Inkrementalismus kann Planung auch umgekehrt unmöglich machen. Das ist immer dann der Fall, wenn er selbst dafür sorgt, dass die Komplexität einer Entscheidungssituation dauerhaft so hoch bleibt oder sogar erst so ansteigt, dass nicht mehr als Inkrementalismus möglich ist. Das ist es, was den Inkrementalismuskritikern letztlich schwant, wenn sie dieser Strategie begrenzter Rationalität „inertia" vorhalten: dass inkrementalistisches Entscheiden sich selbstzufrieden einrichtet und gar keine Ambitionen mehr hat, über sich selbst hinaus zu gelangen, oder gar zu einer „self-fulfilling prophecy" (Merton 1948) wird: Weil jetzt inkrementalistisch

8.6 Planung als Wagnis

entscheiden wird, muss morgen wieder inkrementalistisch entschieden werden, u.s.w.

Planungseuphorie und inkrementalistisches Phlegma: Entscheiden bewegt sich oftmals zwischen diesen beiden höchst unterschiedlichen, aber gleichermaßen unguten Polen und muss beide meiden. Planung zu versuchen, wo sie nicht möglich ist, und im Inkrementalismus zu verharren, wo mehr möglich wäre: Beides ist der Rationalität des Entscheidens abträglich.

Dass Planung immer wieder auch da versucht wird, wo die Komplexität der Entscheidungssituation sie gar nicht zulässt, unterstreicht nochmals die sehr große gesellschaftliche Legitimität von Planung als Entscheidungsmodus (Hwang 2006) – was im Umkehrschluss noch dezidierter artikuliert wird: Planungsverzicht gilt als hochgradig illegitim. Doch selbst wo Planung machbar ist, bietet sie als prozedurale Rationalität keine Garantie für bessere Entscheidungen, also für Ergebnisrationalität. Das gilt so allgemein auch für Inkrementalismus und für das noch zur Sprache kommende Coping. Doch alle hier behandelten Vorgehensweisen von Planung erscheinen im Vergleich zu den Praktiken inkrementalistischen Entscheidens als gewagter. Die Wahrscheinlichkeit, das angestrebte und prinzipiell mögliche Rationalitätsniveau tatsächlich zu erreichen, ist bei Planung wohl geringer – etwa im Vergleich von Kreativität mit „simpleminded search". Intuitive Kreativität kann ergebnislos enden oder blühenden Unsinn produzieren – und zwar häufiger, als „simple-minded search" misslingt. Denn der Rationalitätsanspruch intuitiver Kreativität ist deutlich höher als bei einem reaktiv-problemfixierten Entscheiden; und allein der Umstand, mehr Zeit zur Verfügung zu haben, stellt noch keinen Sprung nach vorn in der Sachdimension sicher. Je höher das Rationalitätsniveau ist, von dem aus man Ambitionen auf weitere Rationalitätssteigerungen formuliert, desto größerer Anstrengungen bedarf das gleiche Ausmaß an Steigerung – und desto mehr ist man angesichts begrenzter Kapazitäten auch darauf angewiesen, ein bisschen Glück bei seiner Entscheidung zu haben, und muss umgekehrt damit rechnen, dass man auch Pech haben kann.

Diese insgesamt größere Gewagtheit von Planung gegenüber Inkrementalismus ist dennoch tragbar, weil Planung eben Inkrementalismus als Rückfallposition hat. Der Entscheidungsakteur kann jederzeit auf Inkrementalismus umschalten, wenn beispielsweise intuitive Kreativität oder „mixed scanning" oder „something better" ergebnislos bleibt oder scheitert. Er wird zwar möglicherweise für diesen Rückfall in angebliche „inertia" angegriffen werden; doch letztlich sprechen die Fakten für ihn, wenn er auf ernsthafte, aber eben nicht erfolgreiche Bemühungen der Planung verweisen kann.

8.7 Als-ob-Planung

Eine letzte Beobachtung zu Planung unterstreicht nochmals auf andere Weise, dass „planning gains even more legitimacy" in Gegenwartsgesellschaften (Hwang 2006: 89). Eine empirische Untersuchung zum Entscheidungshandeln von Kleinanlegern auf dem Finanzmarkt stieß mehrfach, also nicht bloß in einem einzigen Fall, auf eine Entscheidungspraktik, die man „Als-ob-Planung"[5] nennen könnte – die so tut, als handele es sich um Planung, was aber bei genauerem Hinsehen gar nicht der Fall ist (Schimank et al. 2017: 227–231). Denn die bereits angesprochene „Hyperkomplexität" (Svetlova 2009) des Finanzmarkts schließt Planung selbst in vergleichsweise wenig turbulenten Zeiten, die es immer seltener zu geben scheint, aus: sachlich die immer vielfältiger und komplizierter werdenden Finanzmarktprodukte; sozial das strategische Spiel gegen die anderen Anleger, von deren antizipiertem und dann tatsächlichem Verhalten abhängt, was man selbst am besten tut; und zeitlich der Druck, Anlagen zu kaufen, bevor ihr – durch das Verhalten der anderen bestimmter – Preis steigt, und zu verkaufen, bevor ihr Preis sinkt. Dennoch – oder: gerade deswegen – reden sich Kleinanleger ein, dass es ungeachtet immer wieder eintretender kurzfristiger Turbulenzen eine längerfristig ablesbare Tendenz der Kursentwicklung bestimmter Anlagen gibt.[6]

Die sogenannte „Fundamentalanalyse" (Beunza/Stark 2004: 374/375), die den sachlich begründeten Wert einer Aktie jenseits schwankender Zu- oder Abneigungen von Investoren ermittelt, dient hier als angeblich wissenschaftlich abgesicherte Wissensgrundlage, obwohl sie im wissenschaftlichen Diskurs umstritten ist. Ähnlich sehen viele Anleger solche Einzelaktien, die als „Basisinvestments", „Value-Aktien" oder „Wachstumsaktien" verstanden werden und denen auf Grundlage „einfacher Heuristiken" (Gigerenzer/Todd 1999) eine besondere ‚Zeitlosigkeit' zugeschrieben wird. Auch hier dient die retrospektive Betrachtung dazu, Zukünftiges zu prognostizieren: – so folgender Kleinanleger: „Wachstumsaktien, das sind ja die Aktien, die also seit vielen Jahren oder seit über 100 Jahren schon auf dem Markt sind und eben Großunternehmen sind, die auch … nach Menschenermessen nicht pleitegehen können, und in die sollte man eben halt investieren." Eine andere Art der Als-ob-Planung investiert langfristig in Exchange Trade Fonds (ETF), die Indizes wie den DAX oder den DOW JONES

---

[5] Im Anschluss an Hans Vaihingers (1917) „Philosophie des Als ob".
[6] Das Als-ob ist also weniger eine Täuschung anderer – etwa Familienangehöriger, gegenüber denen man die riskanten Geldanlagen legitimieren muss. Sondern es handelt sich primär um eine Selbsttäuschung als Selbst-Beruhigung: Man spielt nicht Lotto, sondern hat gute Gründe für seine Anlagen.

8.7 Als-ob-Planung

nachbilden. Dies ist eine Form der Risikostreuung – also ein inkrementalistisches Vorgehen. Es wird aber als langfristig rationale Planung ausgegeben – so z. B. von diesem Anleger: „Also … das ist eine ganz große langfristige Anlage, und das werde ich auch unserem Sohn noch empfehlen, dass er auch so einen Sparplan aufnehmen muss für ETFs. Er ist 26, und wenn er eine, in 50 Jahren, da kann er damit wirklich ein reicher Mann werden, wenn man das regelmäßig macht, denn der Dax bleibt ja nicht stehen jetzt bei 10.800. Auf lange Sicht geht er ja auf die 20.000, genau wie der Dow Jones irgendwann auf die 30.000 zugehen wird. Nicht morgen, auch nicht übermorgen. Aber auf lange Sicht schon." Solche Anleger gründen die Rationalität ihrer Anlagestrategien auf die vergangene Ergebnisrationalität des Finanzmarkts, die in die Zukunft projiziert wird. Nach diesem Finanzmarktverständnis lässt sich zwar nicht vorhersagen, wie sich dessen Dynamiken und das eigene Investment exakt entwickeln werden; aber es lässt sich retrospektiv folgern, dass die Aktienanlage diejenige Geldanlage darstellt, die auf längere Sicht die höchste Ergebnisrationalität in Gestalt von Renditen ermöglicht.

Solche Als-ob-Planung dürfte es nicht nur auf dem Finanzmarkt geben. Wenn im Weiteren Coping als dritter – sub-inkrementalistischer, also in Abb. 6.1 auf der rechten Seite angesiedelter – Entscheidungsmodus angesprochen wird, wird sich zeigen, dass Als-ob-Planung in Wirklichkeit eine Spielart von Schein-Entscheiden ist. Man stellt etwas als Planung, also als ambitioniertes Entscheiden dar – doch in Wirklichkeit handelt es sich nicht einmal um Entscheiden.

Coping 9

Inhaltsverzeichnis

9.1	Schein-Entscheiden	120
9.2	Zielausdünnung	128
9.3	Abwarten	132
9.4	Zugreifen	135
9.5	Sich-umfreuen	138
9.6	„Opening" und „closing"	142

Was tun Entscheider, die sich nicht einmal mehr inkrementalistisch „durchwursteln" können? Die im wahrsten Sinne des Wortes ratlos sind – und dennoch irgendetwas tun müssen.[1] Mit dieser Frage tut sich die Entscheidungsforschung nach wie vor schwer. Das Gegeneinander von Planung und Inkrementalismus beherrscht die Diskussion: Wie viel Planung ist möglich – und wo überall bleibt leider Gottes nichts anderes als Inkrementalismus übrig? Soweit geht das Zugeständnis an die Realität – doch dass es noch schwieriger werden kann, wird verdrängt. Das ist alles andere als gut, will man möglichst rational mit Situationen umzugehen, in denen auch die Devisen des Inkrementalismus versagen. Den Kopf in den Sand zu stecken, weil man nicht bereit ist, anzuerkennen, dass Entscheidungssituationen ein Ausmaß an Komplexität annehmen können, das auch Inkrementalismus als „bounded rationality" überfordert: Das ist der sicherste Weg in einen nicht-rationalen Umgang mit dieser Komplexität.

---

[1] Und sei es, einen guten – akzeptablen – Grund dafür zu finden, warum Nichtstun am besten ist.

Dieses Kapitel ist eine gestraffte und weiter präzisierte Fassung von Schimank (2019).

© Der/die Autor(en), exklusiv lizenziert an Springer Fachmedien Wiesbaden GmbH, ein Teil von Springer Nature 2022
U. Schimank, *Entscheiden*, https://doi.org/10.1007/978-3-658-37196-8_9

Auch hier lassen sich fünf Arten von Praktiken, wie zumindest eine ‚Rest-Rationalität' des Entscheidens gewahrt werden kann, als Devisen subinkrementalistischen Entscheidens formulieren. Doch es sei von vornherein klargestellt: Diese Devisen des Coping provozieren noch mehr als die des Inkrementalismus. Wann immer Entscheider anderen oder wenigstens sich selbst Coping eingestehen, schwingt bedauernd mit, dass die Wichtigkeit des jeweiligen Problems eigentlich eine andere Umgangsweise erfordert hätte, die aber leider Gottes nicht möglich war. Vor dem Hintergrund des Planungsimperativs wird Coping schnell als defizitär abqualifiziert. Es kann deshalb zumeist auch nicht in Gestalt von rechtlichen oder organisationalen Verfahren sowie vorzeigbaren alltagsweltlichen Maximen ‚guten' Entscheidens institutionalisiert werden, sondern bleibt ein eher uneingestandenes, wenngleich Kundigen wohlbekanntes und von ihnen bei Bedarf genutztes Repertoire von Praktiken. Eine bereits in anderem Zusammenhang zitierte Formel Luhmanns abwandelnd könnte man von „brauchbarer Illegitimität" sprechen. Je wichtiger ein Problem ist, desto mehr gehören zum Coping legitimierende Planungsfassaden in Richtung derjenigen, die den Entscheider argwöhnisch daraufhin beobachten, ob er planvoll agiert. Man tut dann so, als ob man einen gut überlegten Plan habe, damit z. B. Abwarten nicht als unverzeihliches Zaudern erscheint, sondern als schlaues Hinhalten.

9.1 Schein-Entscheiden

Devise C.1
Tue so, als ob du eine rationale Alternativenabwägung vollzogen hättest – gegenüber anderen oder auch gegenüber dir selbst!

Vieles Handeln, das als rationale Entscheidung deklariert wird, tut nur so. Wir treten gegenüber anderen so auf, als ob wir eine rationale Handlungswahl vornähmen; wir glauben das nicht selten sogar selbst. Bei Ersterem geht es um die Errichtung von Rationalitätsfassaden; Letzteres reicht über Fassaden für andere hinaus und läuft auf Rationalitätsfiktionen hinaus.

Mit *Rationalitätsfassaden* macht der Betreffende nur den anderen, aber nicht sich selbst etwas vor. Er weiß sein faktisches Handeln und seinen „talk" darüber auseinanderzuhalten (Brunsson 1989). Letzteres dient der beschönigenden Legitimation dessen, was er tatsächlich praktiziert. Ein Akteur stellt also sein Entscheiden so dar, als läge ihm ein Maß an rationalem Abwägen von Alternativen zugrunde, das faktisch nicht gegeben ist. Das beginnt rhetorisch mit dem

9.1 Schein-Entscheiden

allgegenwärtigen „Planungs"-Gerede in Unternehmen ebenso wie in der Politik: Man tut so, als ob man Planung betreibt – und in Wirklichkeit liegt höchstens oder nicht einmal Inkrementalismus vor. Eine Planungsbehörde erweckt z. B. den Anschein, als habe sie sämtliche Alternativen für eine Stromtrasse sorgfältig entsprechend den rechtlichen Vorgaben geprüft und habe so die nun gewählte Trassenführung ausgewählt. Dabei hat sie es sich einfach gemacht und sich für diejenige Alternative entschieden, bei der mit dem geringsten Widerstand von Bürgern zu rechnen ist; dieses Procedere hat darüber hinaus am wenigsten Zeit gekostet. Ganz so wie jemand, der deshalb Soziologie studiert, weil der beste Freund es tut, dem man also einfach folgt; doch man bringt viele sachliche Gründe dafür vor, warum Soziologie das Studium der Wahl ist.

Wer so auf der „Vorderbühne" anders agiert als auf der „Hinterbühne" (Goffman 1956), muss Enthüllung fürchten. Diejenigen, die durch die Rationalitätsfassaden getäuscht werden sollen, können misstrauisch werden oder es auch von Anfang an sein und dahinter kommen, was wirklich gespielt wird. Es ist klar, dass die Bezugsakteure der Entscheider, insbesondere wenn es sich nicht bloß um ein unbeteiligtes Publikum handelt, sondern um Betroffene oder Aufsichtsinstanzen, zwar einerseits immer wieder interessiert daran sind, und sei es aus purer Neugier, auf die „Hinterbühne" zu schauen, um dann zu entdecken, dass das tatsächliche Geschehen viel weniger oder ganz anders rational verläuft als dessen Inszenierung auf der „Vorderbühne". Andererseits können die Entscheider bezüglich ihrer Rationalitätsfassaden aber oftmals auch mit einer gewissen Mischung aus Takt und Verständnis auf Seiten der Bezugsakteure rechnen. Diese schauen gar nicht so genau hin, wollen nicht wirklich wissen, was abläuft. Und selbst wenn die Bezugsakteure die Fassade durchschauen, tun sie immer wieder so, als nähmen sie diese für bare Münze. Sogar wenn alle Beteiligten darüber wissen, dass es mit der rationalen Wahl nicht weit her ist, wird die gemeinsame Rationalitätsdarstellung wechselseitig taktvoll aufrechterhalten (Turner 1991: 99/100).

Ein Beispiel hierfür ist eine Beschlussvorlage, die eine Verwaltung dem Kommunalparlament liefert: „Die Verwaltung will der Politik die Entscheidung als beste Alternative als Ergebnis ausgiebiger Abwägung verkaufen und errichtet somit eine Planungsfassade. ... Die Politik ist sich zum großen Teil allerdings darüber bewusst, dass für die Verwaltung in dieser Entscheidungssituation nicht mehr als Coping möglich ist, und hat dafür Verständnis, da es ihr häufig auch so ergeht. Nur so ist zu erklären, dass es zu der Magistratsvorlage keinerlei Nachfragen gab und der Beschluss einstimmig gefasst wurde. ... Politik und Verwaltung haben hier sozusagen gemeinsam taktvoll die Fassade aufrechterhalten." Hinter solchem Geschehen steht oftmals ein Verständnis des Publikums für die Nöte derer, die sich als rationale Entscheider darstellen müssen. Dieses Verständnis rührt nicht zuletzt daher, dass die Bezugsakteure selbst oft genug in der gleichen Lage sind. Nur dann, wenn es dem Publikum strategisch nützt oder es eine normative Erwartung hegt, wird es takt- und verständnislos rationale Entscheidungen verlangen und rigoros skandalieren, wenn es Fassaden durchschaut.

Begrenzt rational können Rationalitätsfassaden dann sein, wenn sich Entscheidungshandelnde, die aufgrund des hohen Komplexitätsgrads ihrer Entscheidungssituation unfähig zu einer rationaleren Entscheidung sind, mit Rationalitätsfassaden zumindest eine Zeit lang – manchmal sehr lange – über die Runden retten. Die erwähnte Planungsbehörde kommt mit ihrem „partisan mutual adjustment", das wenig sachliche Rationalität aufweist, zumindest weiter – kann das bereitgestellte Geld pünktlich ausgeben und die Mitarbeiterstellen rechtfertigen. Und wer keinerlei Idee hat, welches Studienfach ihn interessieren könnte, kann lästige Nachfragen und Vorwürfe abwehren, indem er Schein-Gründe angibt. Das klingt nach Ausreden – und was soll an denen rational sein! Aber in sehr komplexen Entscheidungssituationen können einem Ausreden dabei helfen, dass man als entscheidungsfähiger Akteur überhaupt weiter im Spiel bleibt, anstatt sich zu disqualifizieren. Natürlich gibt es Entscheider, bei denen eine solche Disqualifizierung völlig gerechtfertigt wäre. Aber andere müssen nur eine ‚Durststrecke' überwinden; und denen können Rationalitätsfassaden dazu verhelfen, dass das gelingt, auf dass sie danach wieder inkrementalistisch oder sogar planerisch tätig werden können.

Über Rationalitätsfassaden hinaus geht eine Vorspiegelung von Rationalität, die auch den betreffenden Akteur selbst einbezieht, also als Selbsttäuschung angelegt ist. Derartige *Rationalitätsfiktionen* empfehlen für bestimmte Entscheidungsprobleme bestimmte Entscheidungen oder zumindest deutlich eingegrenzte Richtungen des Entscheidens; und diese Empfehlung tritt so suggestiv auf, dass der Akteur sich das, was eigentlich eine Entscheidung ausmacht, subjektiv guten Gewissens sparen kann. Die Thematisierung der gewählten Alternative vor dem Hintergrund der nicht gewählten Alternativen – das Abwägen – und die Begründung dieser Wahl als rational erscheinen als nicht erforderlich. Der Akteur ist davon überzeugt, dass diejenige Alternative, die er auf der Grundlage der Rationalitätsfiktion wählt, dieselbe ist, auf die er auch nach aufwendigen eigenen Überlegungen gekommen wäre. Anders gesagt: Rationalitätsfiktionen sind intersubjektiv geteilte Routinen, die sich darstellen, als ob es sich um Entscheidungen handele. Man könnte auch von einer Quasi-Entscheidung sprechen, die ein allgemein akzeptables funktionales Äquivalent für aufwendiges Entscheiden darstellt: Entscheidungen ‚von der Stange' statt Einzelanfertigungen.

9.1 Schein-Entscheiden

Solche Als-ob-Entscheidungen gibt es viele. Wenn sich beispielsweise jemand dazu entschließt, regelmäßig Sport zu treiben, um die eigene Gesundheit zu fördern, gilt dies heutzutage als eine rationale Entscheidung. Dabei hat der Betreffende überhaupt nicht länger darüber nachgedacht, ob für die Bewältigung seiner gesundheitlichen Probleme Sport ein geeignetes Mittel ist – welche anderen Wege es für ihn speziell geben könnte, gesünder zu leben – geschweige denn: ob es sich in Konkurrenz mit anderen Lebenszielen überhaupt lohnt, stärker auf die eigene Gesundheit zu achten. Vielleicht ist ja dem Betreffenden die eigene berufliche Karriere viel wichtiger als ein langes Leben; oder er müsste bei genauerem Hinsehen entdecken, dass sein ausschweifendes Sexualleben oder seine Freude an üppigem Essen und Trinken gar nicht zu einer Prioritätensetzung für Gesundheit passt. Und selbst wenn ihm Gesundheit so wichtig ist, wären ja auch andere Alternativen als Mittel der Gesundheitsförderung zu bedenken: etwa vegetarische Ernährung, Stressreduktion, regelmäßigere Vorsorgeuntersuchungen, längerer Schlaf usw. All dies bleibt ausgeblendet, wenn jemand einfach der Rationalitätsfiktion folgt, dass Sport gesund sei. Aber getan wird dabei so, als sei der Entschluss, Sport zu treiben, durch Vergegenwärtigung des Horizonts anderer Möglichkeiten getroffen worden, bevor dann die Wahl auf das Sporttreiben fiel. Und natürlich wird darüber hinaus auch unterstellt, dass der Wirkungszusammenhang zwischen Sporttreiben und Gesundheitssteigerung kritisch geprüft und abgesichert ist. Doch nichts davon ist tatsächlich der Fall. Die Entscheidungsförmigkeit der Wahl einer Handlungsalternative und damit auch die prozedurale Rationalität dieser Wahl sind hochgradig fingiert.

Als solche Selbsttäuschungen wirken Rationalitätsfiktionen für den betreffenden Akteur in sachlicher, sozialer und zeitlicher Hinsicht komplexitätsreduzierend:

- In sachlicher Hinsicht leistet eine Rationalitätsfiktion angesichts unvollständiger Informationen über eine komplexe Entscheidungssituation eine durchgreifende Unsicherheitsabsorption. Anstatt benötigte Informationen mit großem Aufwand zu suchen und sich dabei erst richtig zu vergegenwärtigen, wie wenig man über die Entscheidungssituation weiß, hat man ohne größeres Kopfzerbrechen ein klares Bild davon, was zu tun ist.
- In sozialer Hinsicht liefert der Rückgriff auf eine Rationalitätsfiktion eine unbezweifelbare Legitimität dessen, was man tut – was insbesondere dann wichtig wird, wenn das Entscheiden unerwünschte Ergebnisse zeitigt. Denn wer das tut, was allgemein als rational gilt, kann eigentlich nichts falsch gemacht haben; etwaige problematische Folgen lassen sich dann auf nicht zu verantwortende widrige äußere Umstände zurückführen.

- In zeitlicher Hinsicht bringt der Rückgriff auf eine Rationalitätsfiktion dem Akteur große Zeitgewinne. Er muss keine aufwendigen Such- und Bewertungs- sowie Einigungsprozesse durchführen, um eine bestimmte Alternative auszuwählen; sondern diese wird ihm gleichsam alternativlos präsentiert.

Rationalitätsfiktionen gibt es auf sehr unterschiedlichen Generalisierungsniveaus. Auf der einen Seite beziehen sich sehr spezifische Rationalitätsfiktionen auf eng umrissene Entscheidungsprobleme. Dies wäre beispielsweise die „gängige Vorstellung ..., dass Organisationen EDV nutzen" müssen: „Eine Organisation, die das nicht tut, erscheint uns unmodern, nicht mehr zeitgemäß, wenig rational." (Walgenbach 1999: 320) Ein anderes Beispiel für eine ähnlich spezifische Rationalitätsfiktion wäre die Aussage, dass bei Berufswahlentscheidungen Berufsberater eine geeignete Anlaufstelle sind, um eine bessere Wahl treffen zu können. Ein sehr hohes Generalisierungsniveau weist demgegenüber die Rationalitätsfiktion auf, dass mehr Informationen nie schaden können, um eine gute Entscheidung zu treffen. Vielleicht die generellste in der westlichen Moderne verbreitete Rationalitätsfiktion lautet: Angesichts eines Problems irgendetwas zu tun, ist allemal besser, als völlig untätig zu bleiben.[2]

Alle angeführten Beispiele von Rationalitätsfiktionen illustrieren deren Schillern zwischen Wahrheit und Vorurteil. Letztere Seite betont, wer – wie Peter Walgenbach (1999: 325, Hervorh. weggel.) – von „Rationalitätsmythen" spricht: „Mythen in dem Sinne, dass ihre Möglichkeit und Wirksamkeit von einem geteilten Glauben an sie abhängt, sie also nicht einer objektiven Prüfung unterzogen werden können ..." Wissenssoziologisch kommt es jedoch für die alltagspraktische Verwendung solcher Vorstellungen über rationale Zwecksetzungen und Mittelwahlen gar nicht darauf an, ob eine wissenschaftliche Fundierung vorliegt oder nicht. Die „neoliberale" Wirtschaftspolitik der vergangenen Jahrzehnte stützte sich auf – wie Claus Offe (2003: 23) es treffend genannt hat – „wissensarme Gewissheiten", die kurzerhand mit den Weihen bestimmter wirtschaftswissenschaftlicher Schulen versehen zu „allseits unbezweifelten Lebenstatsachen" deklariert wurden. Diese mit jeder Rationalitätsfiktion verbundene Wahrheitsprätention begründet das eigentümliche Verhältnis von Fiktion und Selbsttäuschung. Einerseits ist sich der Akteur, der auf eine Rationalitätsfiktion rekurriert, darüber bewusst, dass er genau besehen keine rationale Entscheidung trifft, weil er sich eben den damit verbundenen Aufwand subjektiv unübersehbar nicht macht.

---

[2] Zur Relativierung dieser Maxime siehe noch Kap. 10.

9.1 Schein-Entscheiden

Die Wahl der Handlungsalternative fällt ihm viel zu leicht, um als Entscheidung eingestuft zu werden. Dass der Akteur andererseits dennoch – im Modus des Als-ob ebenso subjektiv plausibel – davon ausgeht, eine rationale Entscheidung getroffen zu haben, begründet sich daraus, dass er überzeugt ist, seine Wahl auf gleichsam wissenschaftlicher Grundlage zu treffen. Wissenschaftliche Wahrheit schließt gewissermaßen die rationale Entscheidung kurz. Man könnte auch sagen: Der Verzicht auf prozedurale Rationalität wird durch verbürgte Ergebnisrationalität gerechtfertigt. Der Akteur braucht nicht mehr selbst zu entscheiden, weil es eine eindeutig prädestinierte Alternative gibt. Wenn er sich tatsächlich mit allem prozeduralen Aufwand selbst entschieden hätte, wäre seine Wahl – so die Unterstellung – nicht anders ausgefallen. Und wenn doch, hätte er falsch gelegen.

Wissenschaftliche Wahrheit ist aber nur eine der Möglichkeiten, Rationalitätsfiktionen zu begründen. Eine andere besteht darin, als erfolgreich angesehene andere Akteure zu kopieren und dies als Erfahrungslernen einzustufen. Bei genauerem Hinsehen entpuppt sich diese Selbsteinschätzung freilich als höchst trügerisch. Der zunächst einmal ratlose Akteur ist zum einen nur allzu bereit, zu unterstellen, dass die eigene Entscheidungssituation der Situation des zum Vorbild genommenen anderen Akteurs hinreichend ähnlich ist, um eine Imitation von dessen Entscheidung zu rechtfertigen. Hier werden Typisierungen schnell überstrapaziert. Zum anderen schaut der Akteur in seiner Ratlosigkeit hinsichtlich des Erfolgs seines Vorbilds gerne nicht sonderlich genau hin – lässt also etwa ungeprüft, ob dieser Erfolg langfristig Bestand hat und ob er ohne gravierende negative Nebenwirkungen erzielt worden ist. So kopieren beispielsweise Unternehmen, über Branchen und nationale Wirtschaftsräume hinweg, „Lean Management" oder irgendein anderes gerade modisches Beraterkonzept; ein nationales Hochschulsystem nach dem anderen implementiert Evaluationen, Zielvereinbarungen und Hochschulräte; und eine Hausfrau nach der anderen kommt darauf, dass ein Ceran-Kochfeld besser als die althergebrachte Elektro-Kochplatte ist. In der Regel gibt es allseits bekannte Musterbeispiele, auf die verwiesen wird – z. B. vor einige Jahrzehnten die japanischen Unternehmen oder immer noch die US-amerikanischen Elite-Universitäten.

Hier kommen Berater als Sozialfiguren ins Spiel, die solche Musterbeispiele propagieren (Brüsemeister/Schützeichel 2004); und es gibt eine Pluralität von Beratern, so dass man sich diejenigen aussuchen kann, die einem nach dem Munde reden. Spätestens an dieser Stelle könnte ein Beobachter innehalten und fragen, ob man wirklich noch von Rationalität sprechen kann, wenn jeder sich seinen eigenen Guru hält, dessen Botschaften kritisch zu hinterfragen er gerade vermeidet. Die krudesten Vorurteile lassen sich so mit den Weihen der Rationalität versehen. Das stimmt; doch der analytische Blick kann über das für einen aufgeklärten Geist Empörende dieses Tatbestands hinwegsehen und die trotz alledem begrenzte Rationalität auch solcher Rationalitätsfiktionen erkennen. Die zugegeben nicht sehr hohe, aber gleichwohl gegebene Rationalität beruht darauf, dass ein Akteur, der keine Zeit und nicht die nötigen Informationen für eine eigene Urteilsbildung hat, sich auf ein sozial verbreitetes Urteil verlässt. Er kann dabei sehr wohl auf ein Vor- oder Fehlurteil hereinfallen, wie dann viele andere auch. Doch auf sich gestellt hätte er nur völlig aus dem hohlen Bauch heraus entscheiden oder am besten gleich würfeln können; eine etwas größere Wahrscheinlichkeit, dass die stattdessen herangezogene Rationalitätsfiktion eine gewisse Fundierung hat, besteht nun doch.

Macht ein Akteur sich diese Kalkulation so klar, verliert die betreffende Rationalitätsfiktion den Charakter einer Selbsttäuschung. Er durchschaut dann, dass seine Quasi-Entscheidung auf sozialem Vertrauen beruht, und auf wie wackligen Beinen sie damit steht. Für die Zuversicht, die der Akteur in seine Entscheidung hineinlegt, ist es freilich besser, dass die Selbsttäuschung bestehen bleibt. Wer an die hochgradige Rationalität dessen, was er tut, glaubt, fühlt sich nicht nur besser, sondern geht auch mit einem ganz anderen Elan an die Implementation der Entscheidung und ist nicht schon durch den kleinsten Fehlschlag völlig entmutigt. Glaube versetzt bekanntlich ab und zu vielleicht keine Berge, aber doch wenigstens kleinere Hügel.

Zwei Wege des Umgangs mit extrem hoher Komplexität bestehen somit darin, nur so zu tun, als widme man sich ihr, oder sich einzubilden, dass man sie rational bewältige. An diesem Punkt kann man auch die normative Entscheidungstheorie, wie sie in den „management sciences" und an den „business schools" weltweit Heerscharen von Managernachwuchs beigebracht wird, ins Bild rücken. Es handelt sich bei diesem Gedankengebäude mit wissenschaftlichem Anstrich nicht einfach um eine Theorie, die reales Entscheiden möglichst adäquat abbildet und erklärt. Sondern die normative Entscheidungstheorie ist performativ (MacKenzie 2004). Handelnde werden durch sie erst als rationale Entscheider erzogen, kommen sich aber als ‚natürlich' und ‚immer schon' so vor: „consultants and decision analysts use rational decision theory to construct rational decisions …" nicht nur als Richtschnur, sondern als angebliche Faktizität des Entscheidens, insbesondere in Unternehmen und anderen Arten von Organisationen (Cabantous et al. 2008 – Zitat: 406). Dies vollzieht sich in drei Schritten:

- „rationality as convention" (Cabantous et al. 2008: 407/408): In der Ausbildung zum Manager wird ein Rollenverständnis als rationaler Entscheider vermittelt, und dies kann zur sich selbst erfüllenden Prophezeiung werden:

9.1 Schein-Entscheiden

Weil jemand sich diesem Rollenverständnis verpflichtet fühlt, versucht er ihm möglichst nachzukommen; und damit – einschließlich der Vorbildwirkung auf andere – wird es zum allgemeinen Standard.

- „rationality as commodity" (Cabantous et al. 2008: 408–410): Dieses Rollenverständnis wird verstärkt durch Unternehmensberater, indem diese es als normative Erwartung, der ‚gute' Manager als Entscheidungsträger gerecht werden müssen, anrufen; und die Unternehmensberater verdienen prächtig daran, die Minderwertigkeitsgefühle der Entscheidungsträger, die sich der „bounded rationality" ihres faktischen Entscheidens nur allzu bewusst sind, auszunutzen.
- „rationality as tool" (Cabantous et al. 2008: 410–412): Als Mittel, um ein wahrhaft rationaler Entscheider zu werden, bieten diese Berater eine kontinuierlich wechselnde – damit man immer wieder was anderes verkaufen kann – Ausrüstung an „tools of decision analysis" an, die „... equip managers to pursue rationality with greater confidence in their ability to achieve it." (Cabantous et al. 2008: 410) Das so inszenierte „ritual of rationality" bestätigt die Entscheidungsträger als „real managers" (Cabantous et al. 2008: 411/412).

Einige so ausgebildete Entscheidungsträger werden die Farce durchschauen, andere nicht. Einige nutzen also Rationalitätsfassaden, andere unterliegen Rationalitätsfiktionen. Dass möglicherweise Ersteres überwiegt, gibt Gerald Smith (2008: 458) mit Bezug auf Forschungen aus den 1970er Jahren zu bedenken: „For decades managers trained in decision analytic methods declined to use them." Ist das inzwischen so anders? Wenn nicht, wäre das ja ein Hoffnungsschimmer: Trotz massiver Indoktrination durch Teile der „management sciences" bewahren sich Entscheidungsträger einen Sinn für Realitäten.

Sofern diese Realitäten so aussehen, dass man mit Rationalitätsfassaden und -fiktionen allein nicht auskommt: Was tun Akteure in hochkomplexen Entscheidungssituationen, in denen es kaum etwas zu gewinnen gibt, sondern man nur versuchen kann, erst einmal über die Runden zu kommen und Schlimmeres zu verhüten? Dies sind nicht die Stunden, in denen Entscheider durch erfolgreich aufgehende Pläne glänzen können; sie können sich genau umgekehrt nur noch darum bemühen, als Entscheider nicht ganz von der Bildfläche zu verschwinden. Dazu kommen die weiteren vier Devisen des Coping zum Tragen.

9.2 Zielausdünnung

> **Devise C.2**
> *Gib spezifizierte Ziele der Problembearbeitung auf und begnüge dich mit vagen Zielkorridoren!*

Planung setzt sachlich, sozial und zeitlich anspruchsvolle Zielbündel. Inkrementalismus reduziert dies angesichts höherer Komplexität rigoros auf machbare kleine Schritte, fährt also ‚auf Sicht' und hofft, dass eine Sequenz kleiner Schritte entsprechend flexibel ist, um sich den sich unter Umständen immer wieder wandelnden Umständen anpassen zu können. Coping betreibt angesichts nochmals gesteigerter Komplexität eine weitgehende Zielausdünnung.

Was das heißt, kann am Beispiel einer kommunalen Behörde mit Publikumsverkehr verdeutlicht werden, in der eines Tages Organisationsstress aufkommt, weil zu länger- und mittelfristigen ungünstigen Rahmenbedingungen noch akute Tagesprobleme hinzutreten:

- eine Organisationsaufgabe, die häufige Konflikte mit den Klienten in sich birgt, und eine äußerst diffizile, gerade wieder geänderte Rechtslage;
- eine schwierige Umorganisationsphase;
- personelle Engpässe, zusätzlich – auch infolgedessen – ein hoher Krankenstand auf der Arbeitsebene;
- eine unbesetzte Leitungsposition, und nur zwei von sechs Teamleiterpositionen besetzt;
- am betreffenden Tag ein auswärtiger Termin des stellvertretenden Leiters und eine Erkrankung eines Teamleiters.

Die einzige verbleibende Teamleiterin musste – als dafür nicht eingearbeitete – kommissarische Leiterin der Behörde dafür sorgen, „dass der Dienstbetrieb weiterlief." Das hieß, „die Sachbearbeiter aus den Teams bei sich ergebenden rechtlichen Fragestellungen zu unterstützen, Beschwerden entgegen zu nehmen und Notfälle irgendwie noch unterzubringen." Die kommissarische Leiterin konnte in dieser Situation nicht anders, als durchaus formulierte Zielgrößen – sachgerechte, effiziente und faire Behandlung der Klienten, was dann weiter z. B. als maximale Wartezeit von Laufkunden oder maximale Fehlerquote von Bescheiden operationalisiert sein könnte – allesamt zu ignorieren, weil all ihr Streben nur

9.2 Zielausdünnung

noch darauf ausgerichtet war, den Tag ohne innere Zerwürfnisse, wütende Klienten oder schlechte Presse zu überstehen. Dieser Vermeidungsimperativ, kein positiv spezifiziertes Ziel leitete ihr Entscheiden. Es galt also, das Tagesgeschäft so zu managen, dass die vielen Störungen nicht in einem großen Knall endeten, und dort, wo der größte Druck herrschte oder sich situative Gelegenheiten zur Abfertigung von Einzelfällen ergaben, diese Chancen kurzerhand zu ergreifen. Eine den organisationalen Zielgrößen entsprechende Prioritätensetzung der Fälle entsprechend deren Bedürftigkeit konnte nicht stattfinden.

Man könnte natürlich sagen: Das ist ‚hausgemachte' Komplexität, die man gar nicht erst aufkommen lassen darf. Doch das ist wohlfeiles Gerede in einem seit Jahrzehnten großen Sparzwängen unterliegenden Bundesland, wo also allein schon die ausgedünnte Personaldecke tagtäglicher Komplexitätstreiber ist. Die Ursachen – und manchmal: Schuldigen – dafür, warum Entscheidungssituationen extrem komplex sind, interessieren hier aber nicht weiter, weil die Entscheiderin daran nichts machen kann. Es geht schlicht darum, dass es solche Situationen, aus welchen Gründen auch immer, immer wieder gibt, und wie man mit ihnen umgehen kann.

Ähnlich ins kalte Wasser geworfen wurde im Oktober 2009 der neue griechische Finanzminister, der am zweiten Tag im Amt erfuhr, welch riesige Staatsschuldenkrise sein Amtsvorgänger verheimlicht hatte.[3] In sachlicher Hinsicht war die griechische Staatsschuldenkrise auf viele Faktoren zurückzuführen, die in ganz verschiedenen gesellschaftlichen Sphären – von der Wirtschaft über das Gesundheits- und Bildungssystem bis zum Militär und Familienleben – angesiedelt waren und mannigfaltige sich negativ aufschaukelnde Wirkungsverkettungen hervorbrachten: manche davon bekannt, andere opak. Das verband sich in sozialer Hinsicht mit einer Akteurkonstellation, die durch extrem divergierende, oft diametral entgegengesetzte Interessen und Forderungen der involvierten nationalen und internationalen politischen und anderen Akteure charakterisiert war. Viele von ihnen konnten in bestimmten Hinsichten als Vetospieler auftreten und taten dies auch. In zeitlicher Hinsicht schließlich befand sich der Minister in einer Situation durchgängig hoher Zeitknappheit, die immer wieder extreme Deadlines wie diese setzte: „… um einen Bankrott zu vermeiden, hatten wir etwas mehr als eine Woche Zeit, eine Vereinbarung auszuhandeln …" (Papakonstantinou 2017: 141) – und zwar mit einer Mehrzahl von Gegenübern, die jeweils ganz eigene Vorstellungen hatten. Zudem galt in verschiedenen Phasen: „Das Ganze drohte zu einer sich selbst erfüllenden Prophezeiung zu werden." (Papakonstantinou 2017: 84). Eine solche eigendynamische Problemeskalation über die Zeit hätte den

---

[3] Siehe zu diesem Beispiel die Erinnerungen von Giorgos Papakonstantinou (2017).

griechischen Staatsbankrott hervorrufen können, wenn herabgestufte Ratings den Zugang zu Finanzmitteln erschwert hätten, was die finanziellen Schwierigkeiten des griechischen Staats weiter verschärft hätte, was zu einer weiteren Herabstufung geführt hätte, usw.: „Wenn die Märkte daran glauben, dass die Schulden tragfähig sind, dann leihen sie weiterhin Geld, so dass die Schulden de facto tragfähig sind – ein Zirkelschluss. Wenn sie sich hingegen entscheiden, dass die Schulden nicht tragfähig sind, leihen sie dir kein Geld mehr und die Schulden werden untragbar." (Papakonstantinou 2017: 237) Der griechische Finanzminister orientierte sich unter diesen Umständen vor allem daran, den Spagat hinzubekommen, weder die Gunst der externen Geldgeber wie vor allem der EU-Partner zu verspielen noch das eigene Volk gegen sich aufzuwiegeln. Hierbei nicht ins Straucheln zu geraten und abzustürzen war sein Vermeidungsimperativ. So hangelte er sich von Woche zu Woche weiter.

Beide Beispiele können nicht als plötzliche und zeitlich befristete Krisen – wie eine hereinbrechende Naturkatastrophe – eingestuft werden: schlimm genug, aber Ausnahmezustand! Sondern es geht um chronische, Jahre bzw. Jahrzehnte währende bzw. immer wieder vorkommende, den Beteiligten wohlbekannte Situationen. Die Protagonisten – die Behördenleiterin und der Finanzminister – richten ihr Entscheiden nicht an klaren, vorab definierten Zielen aus. Anstelle eines systematisch geordneten Katalogs präziser Ziele einschließlich einer daraus ableitbaren Schrittfolge der Zielverfolgung sehen diese Entscheider das jeweilige eigene Tun vielmehr im Rahmen vager, sehr Vieles offen haltender Zielkorridore wie ‚irgendwie über den Tag kommen' oder ‚irgendwas tun, um die EZB bei Laune zu halten, ohne die eigenen Rentner gegen sich aufzubringen'. Wenn nötig, stellte man selbst diese Korridore zur Disposition und tauschte sie gegen andere aus wie z. B.: ‚Was kümmert mich die EZB, wenn Frau Merkel auf meiner Seite ist'.

Der Scheitelpunkt von Zielausdünnung ist „Status quo als Argument" (Luhmann 1968b): eine Wahrung dessen, was einen keineswegs begeistert, womit man oft sogar massiv unzufrieden ist, ohne aber etwas greifbares Besseres vor Augen zu haben. Doch man kann sich lebhaft noch Schlechteres vorstellen. Wenn selbst diese Bestandserhaltung ohne Verbesserungsbestreben nicht mehr möglich ist, geht es nur noch darum, unabwendbare Verschlechterungen zu begrenzen, etwa zeitlich zu strecken. Wenn es beispielsweise manchen Mittelschichteltern dämmert, dass es den eigenen Kindern – anders als in den Generationen zuvor – nicht länger besser als einem selbst gehen dürfte, muss man sich darauf konzentrieren, den unabwendbaren sozialen Abstieg zumindest abzufedern – wofür vor allem Erbschaften dessen, was die vorherigen Generationen erarbeiten konnten, dienen.

Der Case-Manager eines Jugendamts, der für keinen der viel zu vielen Fälle, für die er verantwortlich ist, genügend Zeit aufbringen konnte, um sie nach den

9.2 Zielausdünnung

Regeln der Kunst sozialpädagogisch zu bearbeiten, konnte selten – nur in leichten Fällen – zielgerichtet Positives bewirken und musste in manchen Fällen hinnehmen, dass sich der Zustand von Klienten sogar weiter verschlimmerte. Seine Vermeidungsalternative beschränkte sich notgedrungen nur noch darauf, zu verhindern, dass bei einem seiner Klienten der worst case, also eine dramatische Eskalation, eintritt. So entschied er sich in einem Fall für eine sofortige Inobhutnahme eines Kleinkindes, weil er befürchten musste, dass es durch das Verhalten seiner dauernd betrunkenen Eltern zu Schaden kommen könnte, und räumte diesem Fall fortan auch prioritäre Aufmerksamkeit ein – auf Kosten anderer Fälle, bei denen so schlimme Folgen nicht erwartbar waren.

Zielausdünnung ist – das haben alle Beispiele gemeinsam – die Schlussfolgerung daraus, dass entweder ein durchaus spezifizierbares Ziel auf absehbare Zeit völlig unerreichbar ist oder dass sogar vorerst gänzlich unklar ist, was ein adäquates Ziel sein könnte. Weil es in beiden Fällen unmöglich erscheint, ex ante auch nur halbwegs ‚richtige', also angemessene und realistisch erreichbare Ziele auszumachen, werden darauf erstens keine Zeit, Energie und begrenzten Ressourcen verschwendet, sondern für bessere Verwendungen aufgespart; und zweitens werden Zieleingrenzungen aufgegeben, um so den Entscheidungshorizont zu öffnen: Vielleicht tun sich ja Möglichkeiten auf, wo man sie nicht vermutet hätte. In diesen beiden Hinsichten ist Zielausdünnung durchaus noch begrenzt rational – besser als ein starres Festhalten an unerreichbaren oder illusionären Zielsetzungen.

Cornelia Koppetsch (2013: 116) beobachtet am biographischen Entscheiden heutiger junger Erwachsener eine ähnliche Zielausdünnung, wie sie die Behördenleiterin und der griechische Finanzminister betreiben: „Der Einzelne muss sein Leben so gestalten, dass er in der Lage ist, ‚im Rennen zu bleiben'."[4] Auch hier also Anpassungsfähigkeit statt Zielorientierung: „Es wäre für die meisten jungen Erwachsenen heute fatal, einem ‚Lebensplan' zu folgen …" (Koppetsch 2013: 116). Doch sie sind genötigt, als Rationalitätsfassade so zu tun, als ob: Nur eine Hochglanz-Außendarstellung von Langzeit-Planung erspart einem bohrende Nachfragen, weshalb man ‚nichts aus seinem Leben mache'. Schon hier erweist sich: Coping ist noch viel weniger als Inkrementalismus legitimierbar, weshalb man es oft nur klammheimlich praktiziert, unter Vorspiegelung von Planung oder wenigstens Inkrementalismus.

---

[4] Ein ähnliches Beispiel ist die von Friedhelm Guttandin (1996) geschilderte, durch große Ungewissheiten geprägte Lebensführung von Mittelschichtangehörigen in einer paraguayanischen Kleinstadt.

9.3 Abwarten

> **Devise C.3**
> *Gib dich vorerst damit zufrieden, dass du weiter ‚im Spiel bleibst' und Zeit gewinnst!*

Wenn ein Entscheider über größere Strecken unschlüssig oder gar völlig ratlos ist, was für ihn längerfristig spezifizierbare Ziele sein könnten, kann er in diesen Zeiten nicht mehr tun als zu warten, bis sich das – wie und wodurch auch immer – klärt. Abwarten ist die nächste Komponente von Coping, die ebenfalls bei der Behördenleiterin wie beim Finanzminister vorkommt.

Für die Behördenleiterin ist der durch Warten zu bewältigende Zeitraum relativ klar abgesteckt: Am nächsten Tag ist der stellvertretende Leiter von der Dienstreise zurück, und sie kann die Leitung an ihn abgeben. Dessen größere Leitungserfahrung lässt ihn möglicherweise routinierter mit Notfallsituationen umgehen, sollte wieder eine solche eintreten. Die Behördenleiterin brauchte also nur einen Tag auf Zeit zu spielen, und sie wusste, dass sie nur solange durchhalten musste. Ähnlich ging eine Behörde vor, bei der eine Referatsleiterstelle neu besetzt werden musste, weil der Stelleninhaber in den Ruhestand gehen wollte. Als die verschiedenen Suchstrategien zu keinem geeignet erscheinenden Nachfolger führten, verschaffte man sich in begrenztem Maße Zeit, indem man mit dem Stelleninhaber eine Vertragsverlängerung aushandelte. Ein Beispiel dafür, dass Abwarten terminiert werden kann, bietet eine Ausländerbehörde, die über den Antrag auf eine Aufenthaltserlaubnis eines Asylbewerbers erst dann entscheidet, wenn das ebenfalls angerufene Familiengericht seine Entscheidung getroffen hat, weil sich dadurch die bislang sehr unsichere Sachlage – so die Hoffnung – vereindeutigt, so dass man selbst entscheidungsfähig wird.

Der griechische Finanzminister musste sich hingegen über längere und vor allem unbestimmte Zeiträume immer wieder vor allem aufs Hinhalten verlegen Er setzte dabei insbesondere darauf, dass über Zeit auf allen Seiten – auch ohne sein Zutun, dem er keine große Wirkung zusprach – Einsicht ins Notwendige wachsen würde: bei der griechischen Bevölkerung in die zu erbringenden großen Opfer, und bei den ausländischen und internationalen Geldgebern darin, dass man Griechenland finanziell stärker und länger unter die Arme greifen muss, als man anfangs zu tun gewillt war. Hier geht es also darum, dass die anderen Entscheidungsbeteiligten und –betroffenen ihre Sicht der Dinge so ändern, dass sie den Finanzminister nicht länger mit einer extrem komplexen Sozialdimension des Entscheidens konfrontieren, sondern mit der Zeit ein gewisses Entgegenkommen erwartet werden kann. Die Behördenleiterin demgegenüber tritt die Entscheidung an einen erfahreneren Entscheider ab, die Behörde mit dem Stellenbesetzungsproblem verschafft sich Zeit für weitere Sondierungen, und die Ausländerbehörde wartet auf die Entscheidung einer anderen Instanz, die in der Sachdimension Klarheit schafft.

Abwarten klingt nach einem wenig Arbeit machenden Nichtstun. Doch in vielen Fällen ist das genaue Gegenteil der Fall. Von den Beispielen könnte man am ehesten noch bei der Ausländerbehörde denken, dass sie vielleicht tatsächlich die Angelegenheit zeitweilig ruhen lassen kann, bis das Gerichtsurteil gefällt ist; sie dürfte freilich genügend andere zu bearbeitende Fälle haben, um die Hände nicht in den Schoß legen zu können. Das Stellenbesetzungsverfahren in der anderen Behörde läuft in der durch die Vertragsverlängerung hinzu gewonnenen Zeit unvermindert weiter, das ist ja gerade der Zweck der Übung. Erst recht sind der griechische Finanzminister und die Behördenleiterin beschäftigt, und zwar sogar ziemlich hektisch. Beide treffen zahlreiche Entscheidungen; doch was sie dabei zu vermeiden suchen, sind solche Entscheidungen, die den Status quo auf riskante Weise weitreichend verändern. Sie ‚verwalten' – wie es unberechtigterweise abschätzig heißt – den deplorablen Status quo, weil sie entweder nicht wissen, wie ein besserer Zustand aussähe, oder keinen halbwegs erfolgversprechenden Weg dorthin kennen.

Ein anderes Phänomen, das die Geschäftigkeit des Nichtstuns verdeutlicht, ist dilatorisches Entscheiden, wie es etwa bei der Wahl des Kaisers im Heiligen Römischen Reich Deutscher Nation lange Zeit zum Einsatz gelangte (Stollberg-Rillinger 2016: 19–34). Weil die einander überlagernden Interessenkonflikte der verschiedenen Player und Bündnisse im Reich dauerhaft so heikel waren, und die Machtverhältnisse so ungewiss, dass keine Seite sich ihrer momentanen und erst recht längerfristigen Überlegenheit sicher sein konnte, war jede definitive Entscheidung der Kaiserfrage extrem riskant. Egal, wer gewählt wurde – die Gefahr einer anschließenden militärischen Auseinandersetzung war groß, was allen Seiten bewusst war. Mit dieser extremen Komplexität in der Sozialdimension wurde daher so umgegangen, dass der Entscheidungsprozess immer weiter fortgesetzt wurde, man immer wieder neue Gründe fand, eine definitive Kaiserwahl zu vertagen, um Krieg zu vermeiden. Im Zweifelsfall sorgte die Abwesenheit eines der Wahlberechtigten – etwa wegen vorgeschützter Krankheit – dafür, dass man wieder einmal nicht entscheiden durfte bzw. musste. Dieses fortgesetzte Verzögern einer Entscheidung musste als solches getarnt werden, wofür insbesondere der Kommunikationsmodus des Palavers diente: das endlose Hin- und Herwenden von Argumenten für und wider bestimmte Entscheidungsalternativen, beginnend mit der Frage, worin eigentlich das Entscheidungsproblem besteht. Palaver ist die

Verselbständigung des Ringens um Rationalität im konflikthaften Gegeneinander von spezifischen Zweifeln und diese zurückweisenden Begründungen – wenn das bei allen Einschätzungsdifferenzen geteilte Streben nach einer ‚guten' Entscheidung nur noch eine Fassade dafür darstellt, dass man tatsächlich allseits eine Nicht-Entscheidung anstrebt, weil die Differenzen unüberbrückbar erscheinen. Man übertüncht wortreich, dass man nicht miteinander reden kann.

Solche Entscheidungsverzögerung, begleitet von Palaver, gibt es natürlich auch in der Moderne – siehe etwa manche Parlamentsdebatten über ‚ewig' wiederkehrende Themen, zu denen dann nie eine substantielle Entscheidung getroffen wird. Gerade heute muss Abwarten aber als Entscheidungsmodus getarnt werden, weil er sonst angesichts der übermächtigen, tief in der Kultur der Moderne verankerten Rationalitätsfiktion des Aktivismus – Je größer ein Problem ist, desto mehr muss man tätig werden – völlig indiskutabel wäre. Können z. B. Politiker, denen zu steigenden Miet- und Immobilienpreisen nichts mehr einfällt, weil alles schon ausprobiert worden ist, sagen: ‚Solange niemand eine ganz neue Idee hat, wie man mit diesem Problem umgehen kann, tun wir gar nichts – und konzentrieren uns vielmehr auf andere Fragen'? Das sieht eher wie der sicherste Weg aus, Wähler zu verprellen, weshalb man sich genötigt sieht, bekanntermaßen untaugliche, aber in bestimmten Wählergruppen populäre Entscheidungsalternativen zu propagieren, von denen man weiß, dass andere sie verhindern werden.

Was ist dann dennoch die begrenzte Rationalität dieses – teils häufig als Aktivität camouflierten – Abwartens? Sie besteht zum einen darin, keine vorschnellen Entscheidungen zu treffen, bei denen erstens das Verhältnis zwischen Aufwand und möglichem Ertrag zu ungünstig ausfällt, die zweitens womöglich gar irreversible weitere Verschlechterungen nach sich ziehen könnten und drittens Ressourcen einsetzen, die dann für Weiteres nicht mehr zur Verfügung stehen. Beim möglichen Ertrag sind Höhe und Erfolgswahrscheinlichkeit zu berücksichtigen: Wenn letztere sehr gering erscheint, ist auch ein hoher potentieller Ertrag wenig attraktiv – was nur Lottospieler missachten. Und die Ressourcenlage legt Abwarten umso näher, je mehr gilt, dass man nur einen Versuch hat. Zum anderen ist Abwarten begrenzt rational, wenn mit einer gewissen Wahrscheinlichkeit erwartet werden kann, dass sich die jetzt bestehende sachliche oder soziale Komplexität der Entscheidungssituation früher oder später, vielleicht sogar auf absehbare Zeit wie bei der Ausländerbehörde, klärt. Die dahinter stehende Hoffnung lautet: ‚Kommt Zeit, kommt Rat!' Umgekehrt verliert Abwarten in dem Maße an begrenzter Rationalität, wie man absehen kann, dass das betreffende Entscheidungsproblem unaufhörlich größer wird und ab einem bestimmten Punkt bei weiterem Nichtstun eine Katastrophe droht. Für Notfallmediziner oder Manager einer Sturmflut ist längeres Abwarten somit keine Option. Auch der sich aktuell vollziehende Klimawandel ist keine Problemdynamik, deren durch politische Entscheidungen zu gestaltende Bearbeitung auf allen gesellschaftlichen Ebenen von der je individuellen Lebensführung bis zu den Rahmenbedingungen des Wirtschaftens großen Aufschub duldet – obwohl in ganz vielen Hinsichten weiterhin größeres Unwissen darüber herrscht, was man am besten tun sollte.

Zielausdünnung und Abwarten laufen zusammengenommen – um eine Betrachtungsweise von Orrin Klapp (1978: 154–167) aufzugreifen – auf eine Komplexitätsbewältigung durch „opening" hinaus. Der Möglichkeitshorizont des Entscheidens wird geweitet, indem Zielsetzungen gelockert werden und man sich mehr Zeit nimmt. Die beiden weiteren Devisen des Zugreifens und „Sichumfreuens" stellen demgegenüber das komplementäre „closing" dar, das im Anschluss den Horizont wieder auf spezifische Möglichkeiten des Entscheidens, die es gegeneinander abzuwägen gilt, verengt.

9.4 Zugreifen

Devise C.4
Wenn sich Gelegenheiten für eine improvisierte Problembearbeitung bieten, nutze diese schnell entschlossen!

Es geht beim Abwarten wie für einen mittelmäßigen Flipperspieler um nicht mehr und nicht weniger als darum, den Ball im Spiel zu halten, um Zeit zu gewinnen – in der Hoffnung, dass man irgendwann die Kugel so serviert bekommt, dass man einen gezielten Schuss auf ein punkteträchtiges Ziel versuchen kann, oder dass sich ein ‚Lauf' einstellt, in dem die Kugel ohne gezieltes eigenes Zutun punktet (Schimank 1999). Entscheidende können sich unter solchen Umständen als „masters of delay until the time is ripe" (Collingridge 1992: 151) erweisen.[5]

Doch wenn die Zeit reif ist, was sich manchmal ganz plötzlich ergibt, muss entschlossen zugegriffen werden, weil sich die Gelegenheit dafür oftmals nur für kurze Zeit bietet; und schließt sich dieses „window of opportunity" wieder, dann womöglich für längere Zeit, in der man sich wieder in Geduld üben muss. Zugreifen bedeutet dabei, dass man oft eher erahnt als klar erkennt, dass sich eine Chance auftut. So wie ein Jäger, der stundenlang von seinem Hochsitz aus

---

[5] Siehe auch Francois Julliens (1996: 91–119) Herausarbeiten des „warten Könnens" als Kunstlehre klassischer chinesischer Politik, insbesondere Diplomatie und Kriegsführung.

das Gelände sondiert hat, ohne dass ihm irgendetwas auffiel, plötzlich im Augenwinkel etwas erspäht – vielleicht nur einen Schatten oder eine Bewegung – und nun aufgeschreckt blitzschnell auszumachen versucht, ob diese Beobachtung eine Täuschung oder belanglos oder aber einen gezielten Schuss wert ist, der natürlich immer auch noch daneben gehen kann. Wie dieses Beispiel andeutet, hat man es beim Zugreifen stets mit zwei Schwierigkeiten zu tun, die einem wohl bewusst sind:

- Man muss zum einen in zeitlicher Hinsicht schnell entscheiden. Ein umfassendes Abwägen, ob die sich bietende Entscheidungsmöglichkeit sich lohnt oder nicht, ist nicht möglich. Das sprichwörtliche scheue Reh ist längst verschwunden, wenn der Jäger lange Kalkulationen anstellt.
- Zum anderen ist in sachlicher oder sozialer Hinsicht in Rechnung zu stellen, dass die vor die Flinte gelaufene Chance des Entscheidens nur im seltenen Glücksfall passgenau dem Entscheidungsproblem entspricht. Wer einen Rehbock erlegen wollte, wird mit einem Wildschwein konfrontiert und hat keine Zeit zu überlegen, ob es das auch tut – ob man dafür geeignete Kochrezepte hat und ob die Gäste, denen man Reh in Aussicht gestellt hat, mit Wildschwein vorlieb nehmen.[6]

Beide Schwierigkeiten laufen zusammengenommen darauf hinaus, dass Zugreifen in hohem Maße *Improvisation* in Gestalt von „Basteln, Flicken, Probieren, Kombinieren" (Guttandin 1996: 31) bedeutet. Friedhelm Guttandin (1996: 34) präzisiert für biographisches Entscheiden, was ein solches Improvisieren beinhaltet: „Keine Pläne, keine Kalkulationen, kein Berechnen von Zwecken, konkurrierenden Mitteln, eventuellen Nebenfolgen, sondern die Direktheit situativ bedingter Eingebung und Aktion …". Das kann auf lange Sequenzen des Improvisierens hinauslaufen – und wenn es gut geht, stellt es sich dann im Nachhinein so dar wie beim früheren Bundespräsidenten Roman Herzog: „Richard von Weizsäcker hat mich mal gefragt: ‚Wie haben Sie Ihre Karriere geplant? Die ist so logisch aufgebaut.' Da habe ich gesagt: Wie ein Geißeltierchen … Es treibt im warmen Wasser, lässt die Fangarme spielen, und wenn was Interessantes vorbeikommt, schlägt es zu." (ZEIT-Magazin, 20.1.2011) So mancher muss freilich viel länger in unangenehm kaltem Wasser ausharren, ohne zu wissen, ob sich so bald etwas Besseres bieten wird.

---

[6] Der Jäger als Beispiel einer Entscheiderin gilt heutzutage zugestandenermaßen als ‚politisch inkorrekt'. Vielleicht kann mir jemand ein anderes Beispiel nennen, das die angesprochenen Sachverhalte ähnlich gut illustriert.

9.4 Zugreifen

Ein anderes Beispiel aus dem Verwaltungsalltag: Ein plötzlicher Netzwerkausfall sorgte dafür, dass zigtausende Mitarbeiter und Versorgungsempfängerinnen eines Bundeslandes ihre Besoldungs- bzw. Versorgungsbezüge nicht rechtzeitig erhalten hätten. Es war mit dem Schlimmsten zu rechnen – einschließlich hoher Schadensersatzansprüche. Dann ergab sich bei einem Telefonat zwischen einem Mitarbeiter der zuständigen Verwaltung und einem Mitarbeiter einer zuarbeitenden Organisation, dass letzterer Zugriff auf die betreffenden Daten und nichts dagegen hatte, dass an seinem PC die Erfassungen und Mitteilungen vorgenommen werden. So wurde – auf dem ‚kleinen Dienstweg' – das Problem bewältigt, ohne dass die Betroffenen überhaupt merkten, dass es ein Problem gab.

Ähnlich die kommissarische Behördenleiterin: Sie konnte hier und da Laufkunden an Mitarbeiter vermitteln, die unversehens etwas Zeit zwischen ihren Terminen hatten. Dabei zählte freilich überhaupt nicht, wer schon wie lange gewartet hatte und wie wichtig ein Anliegen war, sondern allein, wer zufällig gerade vor der Behördenleiterin stand. Zielsetzungen wie Fairness und Bedürftigkeit, die eigentlich herangezogen werden müssen, spielten also keinerlei Rolle. Hätte man sich an ihnen orientiert, wäre wohl niemand zum Zuge gekommen, weil deren Abwägen Zeit erfordert hätte, die nicht da war. Stattdessen wurden willkürlich manche bevorzugt, und viele andere hatten das Nachsehen. Man kann das als ungerecht einstufen. Man kann aber auch sagen: Wenigstens einigen hat dieses Vorgehen genutzt – im Vergleich dazu, dass aus Gerechtigkeitsgründen niemandem geholfen worden wäre.

Der griechische Finanzminister konnte bei mehreren Gelegenheiten nutzen, dass er bestimmte Verhandlungspartner schon von früher kannte und sie durch Zufall mehr Zeit für das Gespräch mit ihm hatten als vorgesehen, weil man z. B. länger auf dem Flughafen gemeinsam wartete. So konnte er hier und da für etwas mehr Verständnis für die griechische Situation werben. Ebenso bot eine unvorhergesehene bessere Entwicklung der griechischen Staatsfinanzen zu einem bestimmten Zeitpunkt die Chance, schneller mit der Haushaltskonsolidierung voranzukommen und so auch für Zufriedenheit der ausländischen Geldgeber zu sorgen. Eine andere „große Chance" ließ die griechische Regierung hingegen, wie er rückblickend konstatierte, aus: „… anlässlich der Regional- und Kommunalwahlen kurzfristig parlamentarische Neuwahlen auszurufen und uns damit ein frisches Regierungsmandat zu holen." (Papakonstantinou 2017: 211) Hier hätte man – so seine ex-post-Einsicht – zugreifen sollen und hat es verpasst.

Man kann also Gelegenheiten des Zugreifens erfolgreich nutzen; man kann sie aber auch verpassen, oder es kommen nie welche; und man kann vermeintliche Gelegenheiten nutzen, die sich dann als Fehler erweisen. Die Erfolgswahrscheinlichkeit ist dabei oftmals nicht gut einschätzbar, wodurch ein nicht unerhebliches

Restrisiko bleibt. Die begrenzte Rationalität des Zugreifens im Vergleich zum immer weiteren Warten ergibt sich aus folgendem Abwägen: Wie wahrscheinlich ist es, dass sich in absehbarer Zeit noch etwas Besseres bietet – und wie hoch ist umgekehrt das Risiko, jetzt einen die Situation deutlich verschlechternden Fehlgriff zu tun? Mit Blick auf letzteres sollte man sich zumindest vor weitreichenden irreversiblen Entscheidungen hüten.

9.5 Sich-umfreuen

Devise C.5
Passe deine Maßstäbe dafür, was eine ‚gute' Entscheidung ist, den Resultaten deines Entscheidens an!

Ob das, worauf zugegriffen wird, wirklich brauchbar ist, lässt sich ex ante nicht sagen. Es muss sich durch Ausprobieren erweisen. Eine fünfte Komponente von Coping ist dabei hilfreich: *Sich-umfreuen*.[7] Es wird in den Fallbeispielen der kommissarischen Behördenleiterin und des griechischen Finanzministers nicht explizit vorgeführt, kann aber durchaus plausibel unterstellt werden. Sich-umfreuen bedeutet: die Maßstäbe dafür, was eine 'gute' Entscheidung ist, ein ganzes Stück weit an den Resultaten des Entscheidens auszurichten. Das kann zum einen ein Sich-arrangieren in Gestalt einer Anspruchsreduktion sein. Der Entscheider registriert, dass er einen zu großen Wirkungsgrad oder eine zu hohe Effizienz der Entscheidung erhofft hat, und macht Abstriche. Zum anderen kann der Entscheider auch feststellen, dass die Entscheidung zwar mit Blick auf die erwarteten Wirkungen wenig gebracht hat, dafür aber in ganz anderen Hinsichten durchaus positive Wirkungen hervorbringt. Hierbei ergibt sich erst mit der Zeit aus den realisierten Gelegenheiten, deren improvisierender Nutzung und den sich einstellenden Resultaten, was man dann als erstrebenswerte Zielsetzungen mittlerer Reichweite ansieht. Diesbezüglich ist Coping – wenn man so sagen darf – konsequent opportunistisch (Luhmann 1971). Prinzipientreu agiert, wer an seinen Kriterien festhält und die Resultate des Entscheidens daran misst – wie blamiert auch immer er dann dasteht. Sich-umfreuen heißt dagegen, die Prinzipien soweit den Resultaten anzunähern, dass man sich zumindest nicht blamiert hat.

---

[7] Keine eigene Wortschöpfung, sondern offenbar – wie mir gesagt wurde – im Schweizerdeutsch vorkommend. Google bietet keine nähere Klärung.

9.5 Sich-umfreuen

Die Zielausdünnung des Entscheidens ermöglicht solch ein ex-post-Zurechtlegen bescheidener spezifischer Ziele als ‚schon immer so' gewollt. Der Entscheider versteht sich als ‚lernbereit', wenn er sieht, was an dem, was er entschieden hat, zumindest einigermaßen funktioniert, so dass er fürs Erste sich und anderen sagen kann, was er über ein bloßes Im-Spiel-Bleiben hinaus erreicht hat und weiter verfolgen will. Nahezu, aber nicht völlig prinzipienlos! Was zu wenig für ein Sich-umfreuen wäre, hat David Collingridge (1992: 3) so formuliert: „For all the disadvantages piled upon our backs, however, most of the time we choose well enough to avoid catastrophe."[8] Alles, was über dieses bloßes Vermeiden endgültigen Scheiterns hinausgeht, kann ein Grund des Sich-umfreuens – genauer: des darin enthaltenen Sich-freuens – sein.

Schaut man sich nun wiederum zunächst die kommissarische Behördenleiterin an, dann heißt Sich-umfreuen bei ihr eine massive Anspruchsreduktion. Anstelle einer sachlich adäquaten, sozial gerechten und zügigen Bearbeitung der Anliegen der Kunden geht es nur noch darum, eine individuelle und noch mehr eine sich wechselseitig aufschaukelnde kollektive Rebellion der Klienten angesichts der offensichtlichen Unzulänglichkeiten und Ausfälle der organisationalen Leistungsproduktion zu vermeiden. Wenn zumindest das gelingt, kann die Behördenleiterin mit sich zufrieden sein. Situative Gelegenheiten zur Abfertigung von Einzelfällen bringen hier und da Erleichterung – freilich völlig ohne sachliche und soziale Bedürftigkeitsprüfung. Wer gerade im passenden Moment in der Nähe ist und am lautstärksten auf sich aufmerksam macht, wird bedient. Es gibt somit einzelne Erfolgserlebnisse des Entscheidens, also mehr als eine Bankrotterklärung der Behörde. In der Tagesbilanz der Behördenleiterin werden diese Erfolgserlebnisse in den Vordergrund gerückt – auch wenn es nur wenige und zufällige, nicht den Prioritäten entsprechende sind.

Ein anderes Beispiel aus der Verwaltungspraxis bezieht sich auf eine schwierige Aufgabenumverteilung zwischen zwei Behörden. Die eine hatte eine Zusatzaufgabe im Rahmen der Bekämpfung der Corona-Pandemie übernommen, was aber nicht auf Dauer sein sollte. Als sie die Aufgabe abgeben wollte, sperrte sich jedoch die andere Behörde dagegen, diese Aufgabe nun zu übernehmen. Hier musste zunächst ‚auf Zeit gespielt', also abgewartet werden, weil man sich in einer Blockadesituation befand. Dann ergab sich plötzlich die Möglichkeit, dass das baldige Ausscheiden eines mit der Aufgabe befassten Mitarbeiters in

---

[8] Dies ist das sub-inkrementalistische Pendant zur inkrementalistischen Problemverschiebung: wenigstens noch für eine gewisse Zeit eine nicht zu bewältigende finale Problemzuspitzung zu vermeiden. Um es an einem Extrembeispiel zu illustrieren: Für einen Todkranken kann jeder Tag, den ihm ärztliches Entscheiden möglichst schmerzfrei sichert, ein Geschenk sein.

ersterer Behörde ermöglichte, sofort eine Auszubildende für dieses Aufgabenfeld einzustellen, was für drei Monate die Personalkapazität vergrößerte, so dass die Aufgabenlast weniger drückend wurde. In diesem Zeitraum wurde auch ein Kompromiss mit der anderen Behörde gefunden, der auf eine mittelfristige Übernahme der Aufgabe hinauslief. Das war kein begeisterndes Ergebnis, denn für längere Zeit hatte man diese Aufgabe weiterhin zu bewältigen, und die temporäre Erhöhung der Personalkapazität war schnell wieder vorbei. Dennoch wurde dann vor allem hervorgehoben, welch positive Effekte diese Entscheidung habe, „egal, wie marginal diese waren," und dass doch ‚das Schlimmste geschafft' sei. Sich-umfreuen steigert sich hier geradezu zu einem „Schönreden der Situation".

Beim griechischen Finanzminister wurde die anfängliche schockartige Einsicht, dass die neugewählte Regierung ihr Reformprogramm vergessen konnte, weil sofort Schluss mit dem Schuldenmachen sein und stattdessen ein Schuldenabbau begonnen werden müsse, in der Folgezeit schnell ein von außen auferlegter, jedoch von ihm als grundsätzlich gerechtfertigt akzeptierter Zwang. Mit ersten kleinen Erfolgserlebnissen setzte dann ein Sich-umfreuen dahingehend ein, dass er damit zufrieden war, dass zum Einen das Szenario eines anfangs sehr real drohenden schnellen Staatsbankrotts mitsamt Verlassen der Eurozone unwahrscheinlicher wurde und zum Anderen der dafür implementierte Konsolidierungsprozess zeitlich gestreckt werden konnte, um Härten für die griechische Bevölkerung etwas zu mildern. In einer Zwischenbilanz der ersten Phase seiner Amtszeit hält der Finanzminister Mitte 2010 durchaus zufrieden fest: „Wir hatten es geschafft. Ein Desaster war vermieden worden, Griechenland würde nicht das erste Land in der Eurozone werden, das nicht mehr in der Lage wäre, seine Schulden zurückzuzahlen …." Was damit „geschafft" war, sagt er gleich im nächsten Satz: „Wir konnten den nächsten Tag überleben und weitere Schlachten schlagen – aber die wahre Odyssee hatte gerade erst begonnen." (Papakonstantinou 2017: 181) Die Problematik war also, wie ihm bewusst war, alles andere als abgehakt. Doch immerhin hatte man bis jetzt ein ultimatives Scheitern abgewendet.

Kurz nach der zitierten Einschätzung konnte er sogar Zeichen der Besserung registrieren: „In jenem Sommer hatten wir alle den Eindruck, dass Bewegung in die Sache gekommen war. Die Zahnräder drehten sich wieder langsam, die Maschine begann zu arbeiten, Vernunft kehrte in ein wildgewordenes System zurück." (Papakonstantinou 2017: 184) Doch bald zeigte sich, dass es nicht kontinuierlich weiter bergauf ging. Als die definitiv revidierten Schuldenstände des griechischen Staates für die Vorjahre bekannt wurden, wurde klar, dass die Sparbemühungen noch drastischer ausfallen mussten, um die vereinbarten Ziele zu

9.5 Sich-umfreuen

erreichen – „… was noch nie zuvor irgendwo auf der Welt gelungen ist." (Papakonstantinou 2017: 212) Doch wurde Griechenland auch Mut gemacht: „… wir könnten wenigstens mit der Verlängerung der offiziellen Kreditlaufzeiten rechnen – das würde uns helfen, an die Kapitalmärkte zurückzukehren. Und wir dürften auf eine wirtschaftliche Wende im Frühjahr oder Sommer des kommenden Jahres rechnen." (Papakonstantinou 2017: 222) Das Entscheidungshandeln durchlief also ein Auf-und-ab. Dass Papakonstantinou seinem Nachfolger schließlich eine schlechter bewertete staatliche Kreditwürdigkeit übergab, als er übernommen hatte, heißt somit nicht unbedingt, dass sich die Problematik der Staatsfinanzen insgesamt verschlechtert hatte. Denn inzwischen war durch seine Aktivitäten die Problematik ganz oben auf der Agenda und wurde in einer kollektiven Anstrengung vieler Akteure bearbeitet, anstatt sich untergründig weiter zu verschärfen; und dass Erfolge angesichts der extrem komplexen Lage Zeit brauchen würden, ist ebenfalls evident.

Betrachtet man als weiteres Beispiel biographisches Entscheiden unter hoher Ungewissheit, dann läuft es auf die von Ronald Hitzler (1996) porträtierte „Bastelbiographie" hinaus, bei der man sich immer wieder von sich selber, etwa von beruflichen Wendungen oder von neuen Freizeitaktivitäten, überraschen lässt. Man könnte so etwas negativ als Enttäuschungen erleben: Beispielsweise hat es mit der Dissertation nicht geklappt, an der Hochschule Fuß zu fassen; und daher musste anstelle der ersehnten Wissenschaftlerlaufbahn ein ‚Brotjob' angetreten werden. Oft genug findet aber auch ein Sinneswandel statt: Der ‚Brotjob' fängt an, Spaß zu machen, weil er einen zwar nicht inhaltlich begeistert, aber man mit vielen netten Kollegen zusammenarbeitet, woraus schnell auch persönliche Freundschaften werden.

Begrenzt rational ist Sich-umfreuen, wenn man es als Haltung damit vergleicht, auf ewig dem, was unerreichbar ist, nachzutrauern, oder ständig weiter vergeblich zu versuchen, im Nebel Ziele für sich auszumachen, die den Einsatz ‚wirklich' wert sind. Beides führt zu nichts außer Zeitverschwendung und Frustration, was gleichermaßen unproduktiv bleibt. Dabei rechnet der Akteur mit keiner Ewigkeitsgarantie seiner wenig ambitionierten nachträglich zurechtgelegten Ziele des Sich-umfreuens, sondern vielmehr damit, dass es sein kann, dass er früher oder später aufs Neue ziemlich unschlüssig darüber sein wird, was er sich eigentlich als Ziele setzen soll – womit er wieder bei der Zielausdünnung angelangt ist. Coping kann also manchmal auf ein dauerhaftes Sich-anfreunden mit Entscheidungsresultaten hinauslaufen, die zunächst einmal nicht ernsthaft in Erwägung gezogen wurden; aber oft akzeptiert man ein Provisorium erst einmal genau deshalb, weil es als ein solches eingestuft wird – und wenn es sich am Ende als bestmöglicher Dauerzustand herausstellen sollte, ist die Akzeptanzschwelle bereits überschritten. Anfängliche Notbehelfe können sich also als gute Normalität entpuppen.

9.6 „Opening" und „closing"

Charakterisiert man die drei geschilderten Entscheidungsmodi – das schon angesprochene Modell Klapps nutzend – daraufhin, wie sie mit dem Möglichkeitsraum des Entscheidens umgehen, präferieren Inkrementalismus und Planung entgegengesetzte Pole des Spektrums:

- Inkrementalismus zieht sich auf „good closing" zurück, um „bad opening" zu vermeiden: Vorsicht angesichts einer Komplexität, die als ausufernd und überwältigend erlebt wird. Das zeigt sich in allen Devisen. Stets geht es darum, sich auf einen überschaubaren Horizont zu beschränken, um sich nicht in einem Ozean des Möglichen zu verirren.
- Planung setzt demgegenüber auf „good opening", um „bad closing" zu vermeiden: Eine im Vergleich zu Situationen des Inkrementalismus geringere Komplexität erlaubt mehr, als inkrementalistische Vorsicht rät. Allerdings ist, wie deutlich geworden ist, Inkrementalismus bei allen Devisen die Rückfallposition. Man kann also deshalb mehr wagen, weil man notfalls zum Inkrementalismus zurückkehren kann.

Für Coping, das mit dem höchsten Ausmaß an Komplexität konfrontiert ist, ist dann interessanterweise nicht eine weitere Steigerung von „good closing" zu verzeichnen, sondern eine Hintereinanderschaltung von „good opening" und „good closing". Zunächst wird der Horizont der betrachteten Entscheidungsmöglichkeiten sehr großflächig erweitert, weil sich im normalerweise ins Auge gefassten und auch im – wie bei Planung – moderat erweiterten Horizont nichts Vielversprechendes zeigt. Dieses radikale „good opening" leitet in ein ähnlich radikales „good closing" über: Wenn dann endlich doch etwas in den Blick gerät, was vielleicht ,etwas sein könnte', wird kurzerhand ohne langes Abwägen die Gelegenheit beim Schopf ergriffen. Coping treibt also zum einen den umschweifenden Blick der Planung ins Extrem; zum anderen lenkt es die vorsichtige Blickverengung des Inkrementalismus dergestalt um, dass nicht mehr die Angst, etwas Falsches zu tun, sondern die Angst, immer noch länger gar nichts tun zu können, wenn man eine sich bietende Gelegenheit verpasst, den Ton angibt.

Reflexives Entscheiden 10

Inhaltsverzeichnis

10.1 Gestaltung von Entscheidungssituationen im Prozess 144
10.2 Strukturelle Gestaltung von Entscheidungsprämissen 147
10.3 Nicht-Entscheiden 149

Bis zu diesem Punkt habe ich Entscheider, die mit bestimmten Komplexitätsprofilen von Entscheidungssituationen konfrontiert sind, daraufhin betrachtet, welche Entscheidungspraktiken wie situationsadäquat sind. Wann ist z. B. „satisficing" ein prozedural rationaler Umgang mit sachlicher und zeitlicher Komplexität der Entscheidungssituation, wann kann man „something better" probieren, und wann ist nicht einmal „satisficing" passend, sondern muss durch Zielausdünnung, Abwarten und Zugreifen ersetzt werden? Bei dieser Betrachtung werden die Komplexitätsprofile der Entscheidungssituationen als gegeben, also als nicht veränderbar, angenommen. Das kann so sein und ist vielleicht sogar meistens so. Oftmals können Akteure aber Entscheidungssituationen ad hoc, aus dem laufenden Entscheidungsprozess heraus, zu verändern versuchen, oder es können die eine Entscheidungssituation prägenden Entscheidungsprämissen von den Entscheidern selbst oder von anderen, übergeordneten Entscheidern entscheidungsförmig umgestaltet werden. Weiterhin ist eine prinzipiell immer gegebene Option des Entscheidens bislang außer Acht gelassen worden: sich für das Unterlassen von Entscheiden zu entscheiden. Diesen drei Möglichkeiten eines reflexiven, auf die Modalitäten des eigenen Entscheidens gerichteten Entscheidens wende ich mich nun abschließend zu.

10.1 Gestaltung von Entscheidungssituationen im Prozess

Ein ganz simples, immer wieder vorkommendes Beispiel dafür, wie jemand das Komplexitätsprofil einer Entscheidungssituation im laufenden Entscheidungsprozess so gestalten kann, dass die Komplexität reduziert wird und dadurch ein höheres Maß an Rationalität des Entscheidens realisiert werden kann, besteht darin, sich mehr Zeit zu nehmen. Ich dachte beispielsweise, ich brauche nicht länger als drei Jahre für die Fertigstellung meiner Dissertation. Doch der so angelegte Plan, eine Sequenz von ‚milestones', kann, wie sich ab einem bestimmten Punkt der Implementation zeigt, nicht durchgehalten werden – oder wenn ich ihn durchhalte, leidet die Qualität der Arbeit so sehr, dass ich damit nicht zufrieden bin. Auch wenn mir das in anderen Hinsichten – z. B. bei der Finanzierung des Lebensunterhalts, wenn das Stipendium ausläuft – Probleme bereitet und damit Entscheidungsbedarf aufwirft, entscheide ich mich, die zeitliche Komplexität zu reduzieren, indem ich sechs Monate dranhänge, um so ein in sachlicher und sozialer Hinsicht besseres Resultat zu erreichen: eine originellere und fundiertere Arbeit, die entsprechend mehr Anklang bei den Gutachtern findet. In diesem Fall reduziert der Entscheidungshandelnde selbst die Komplexität seiner Entscheidungssituation. In anderen Fällen tun das andere für ihn – wenn beispielsweise ein Vorgesetzter, weil er erkennt, dass sein Mitarbeiter im Rahmen der ursprünglich gesetzten Deadline für eine Entscheidungsvorlage kein brauchbares Ergebnis vorlegen kann, ihm eine Woche mehr gewährt.[1]

Eine solche im Prozess vorgenommene Umgestaltung einer Entscheidungssituation kann sich im Rahmen des jeweiligen Entscheidungsmodus bewegen, also etwa bei einem inkrementalistischen Entscheiden das „partisan mutual adjustment" etwas komfortabler gestalten, indem mehr Geld für Ausgleichszahlungen bereit gestellt wird als anfänglich kalkuliert, oder beim „satisficing" das Anspruchsniveau etwas erhöhen. Die Umgestaltung kann aber auch weiter gehen, also Praktiken eines anderen Entscheidungsmodus einbauen oder sogar den anfänglich gewählten Entscheidungsmodus verändern. Ich will im Weiteren fünf Arten dieser weitergehenden prozessualen Umgestaltung des Entscheidungsmodus ansprechen – wobei leicht nachvollziehbar ist, dass jede davon, entsprechend unaufwendiger, auch im Rahmen eines bestimmten Entscheidungsmodus vollzogen werden kann.

---

[1] Im Folgenden wie auch bei der strukturellen Gestaltung von Entscheidungssituationen bleibt unberücksichtigt, dass andere Akteure einem Entscheider – oder, dann eher versehentlich, der Entscheider selbst – umgekehrt auch das Leben noch schwerer machen können, ihn also z. B. planungsunfähig machen und ins Coping stürzen.

10.1 Gestaltung von Entscheidungssituationen im Prozess

Man kann erstens beim Entscheiden merken, dass man einen zu anspruchsvollen Entscheidungsmodus gewählt hat, und fährt diesen dann herunter, damit man wenigstens noch ein geringeres Niveau an begrenzter Rationalität realisieren kann, statt in einem völligem Fiasko zu enden. Beispielsweise kann ein Planungsprozess durch äußere Umstände ins Stocken geraten, und dann kann Abwarten als Coping einsetzen; oder der Planungsprozess erzeugt völlig andere als die angestrebten Effekte, mit denen man sich jedoch durch Sich-umfreuen anfreunden kann. Ebenso könnte sich im Zuge einer inkrementalistischen „Politik der kleinen Schritte" plötzlich ein „window of opportunity" auftun, das einem eine ungeahnte, aber sehr attraktive Option bietet; hier könnte der Inkrementalismus dann auf Coping als Zugreifen umschalten, um danach wieder weiter in kleinen Schritten – aber auf einem neuen Kurs – zu prozedieren. Oder es wird zwar Inkrementalismus praktiziert – aber satisficing" wird nicht erreicht. In einer Verwaltungsbehörde mit viel Publikumsverkehr hieß das: „Ein Großteil der Arbeit kann nicht abgearbeitet werden, und die Rückstände wachsen. Man versucht auf allen Ebenen, die Sich-Beschwerenden zu besänftigen und öffentlich wirksame negative Presseaufmerksamkeit damit zu verhindern. Das eigentliche Problem wird nicht, auch nicht inkrementalistisch, gelöst." Stattdessen bleibt man in einem „täglichen Improvisieren" stecken, als „Versuch, noch im Spiel zu bleiben".

Dies sind alles Beispiele, in denen die Ansprüche an prozedurale Rationalität gesenkt werden müssen, was auf eine entsprechende Hybridisierung von zunächst planerischem oder inkrementalistischem Entscheiden in Richtung Coping hinausläuft. Zweitens können Entscheider sich bemühen, Inkrementalismus oder – wenn mehr nicht möglich ist – Coping durch Planung zumindest zu rahmen, damit beides nicht aus dem Ruder läuft. Hier kommt insbesondere „mixed scanning" ins Spiel, womit man zumindest große Richtungsentscheidungen in den Blick nimmt. Ein Entscheider kann z. B. die Fortführung des Status quo – Energieerzeugung durch fossile Brennstoffe – mit einer radikalen Alternative wie Sonnenenergie vergleichen, um Kosten und Nutzen von beidem grob zu vergleichen, so dass einer von beiden Wegen dann gewählt und kleinteilig ‚auf Sicht' weiter verfolgt werden kann. Solch eine Rahmung kann das Risiko verringern, sich in eine Sackgasse zu verrennen.

Drittens kann man von vornherein oder zwischendurch Kombinationen der Entscheidungsmodi ins Auge fassen, also z. B. Kreativität verbinden mit „partisan mutual adjustment" und Abwarten in der Zeitdimension. Man wählt hierbei Kreativität als planerischen Entscheidungsmodus, um ganz neue Alternativen in den Blick zu bekommen; man stellt aber von Anfang an in Rechnung, dass der Spielraum, eine dieser Alternativen durchzusetzen, nicht groß ist, und kalkuliert ein, dass dies ein länger währendes Geduldspiel werden kann. Umgekehrt kann aber auch als Coping begonnenes Entscheiden sich zu mehr prozeduraler Rationalität ‚hocharbeiten'. Die Stabsstelle einer Universitätsleitung geriet unverhofft in eine solche Ausgangslage, als der im Planungsmodus unterbreitete Vorschlag, Zielvereinbarungen mit den Fachbereichen fortzuführen, auf diffuses „Unbehagen" bei den Mitgliedern der Leitung stieß, die schließlich entschied, „die Zielvereinbarungen für ein Jahr auszusetzen." Die Leitung schwenkte also ohne klar erkennbare Gründe von Planung auf Abwarten als Coping-Praktik um. Dieser plötzliche Schwenk mobilisierte auch bei der Stabsstelle Coping. Das hieß:

- Zielausdünnung: „Die Zielvereinbarungen in der Schwebe zu halten erschien der Stabsstelle die bessere Alternative zu sein, statt mit weiteren Argumentationsversuchen einen Beschluss zu ihrer Abschaffung zu riskieren." Man konzentrierte sich entsprechend darauf, die Fachbereiche – die auf finanzielle Planungssicherheit warteten – zu beschwichtigen.
- Zugreifen: „Die Stabsstelle konnte bei der Hochschulleitung erwirken, dass den Dekanaten zumindest ein weiteres Jahr eingeräumt wurde, um die Restmittel der vorherigen Runde zu verausgaben. Damit konnten finanzielle Engpässe bei den Fachbereichen gemildert ..." werden.
- Sich-umfreuen: „Die Zielvereinbarungen waren im Ungewissen, aber für den beginnenden, ebenfalls von der Stabsstelle koordinierten Strukturplanungsprozess lag die Erwartungssicherheit höher, da dieser Prozess von der Hochschulleitung mit hoher Priorität angegangen wurde. ... Fehleinschätzungen blieben aus, die Kommunikation zwischen Stabsstelle und Präsidium verlief ohne größere Irritationen."

Und dies schuf schließlich eine Basis dafür, sich gemeinsam wieder in Richtung Planungsmodus zu bewegen.

Viertens kann man auch das bei einer bestimmten Entscheidung angestrebte Rationalitätsniveau, wie bereits erwähnt, gezielt unter das erreichbare justieren, um z. B. Zeit einzusparen, das dann dem längeren Abwägen einer anderen, als wichtiger eingestuften Entscheidung zu Gute kommt. So kann sich ein Entscheider durch Inkrementalismus oder Coping planungsfähig machen: indem er vieles mit wenig Aufwand entscheidet, selbst wenn mehr möglich gewesen wäre, um Zeit und Aufmerksamkeit und Konfliktbewältigungskapazität dafür einzusparen, sehr wichtige Entscheidungen stärker planerisch angehen zu können.

Fünftens schließlich kann ein Entscheider insbesondere dann, wenn eine bestimmte Art von Entscheidungssituation sich für ihn mehr oder weniger regelmäßig wiederholt, auf längere Sicht die Komplexität der Situation gezielt reduzieren und so etwa dafür sorgen, dass er von einem Komplexitätsniveau, das nur Inkrementalismus zulässt, allmählich auf ein Niveau gelangt, auf dem Planung möglich wird. Allein schon, dass der Akteur Erfahrungen mit dieser Art von Entscheidungssituation sammelt, trägt in gewissem Maße zur sachlichen Komplexitätsreduktion bei. Wenn sich dann zugleich im Zeitverlauf Vertrauen zwischen den Entscheidungsbeteiligten aufbaut, reduziert sich auch das Konfliktniveau, und wechselseitige Erwartungssicherheit stellt sich ein.

Im Ergebnis stellen nicht wenige Entscheidungsprozesse keinen der drei Entscheidungsmodi in Reinform dar, sondern hybride Kombinationen verschiedener Modi. Es war dennoch besser, sich zunächst ausführlich mit den Reinformen zu beschäftigen, um deren spezifische Logik theoretisch zu begreifen. Die empirisch vorzufindenden Hybridformen sind vor diesem Hintergrund dann gut einordbar.

10.2 Strukturelle Gestaltung von Entscheidungsprämissen

Wie alle Akteure bewegen sich auch Entscheider in Situationen, in denen bestimmte normative Strukturen Geltung beanspruchen. Anders gesagt: Es gibt Regeln, die das Entscheiden beachten muss. Das ist unmittelbar augenfällig, wenn Entscheiden im Kontext einer formalen Organisation stattfindet. Organisationen geben sich durch Entscheidungen Regeln wie z. B. Mitzeichnungsrechte, denen Entscheider dann unterworfen sind. So muss beispielsweise in einer Behörde, wenn eine Fachabteilung eine Person für die Besetzung einer Stelle neu einstellen will, die Personalabteilung gefragt werden, ob aus ihrer Sicht etwas gegen diese Entscheidung spricht. Ähnliche Regeln sind insbesondere in der öffentlichen Verwaltung für interorganisationales Entscheiden institutionalisiert – wenn etwa zwei Ministerien gemeinsam bestimmte Entscheidungen treffen.

Organisationsregeln übergeordnet gibt es in allen Gesellschaftsbereichen rechtliche Regelungen, also Gesetze und Verordnungen, die Entscheiden nicht verletzen darf. Schließlich existieren noch weitere Arten von Regeln, an die sich Entscheiden halten muss oder zumindest sollte – etwa Regeln ‚guter Praxis' in vielen Berufen oder ‚ungeschriebene', zwar nicht einklagbare, gleichwohl als moralische Ansprüche durchaus ähnlich verbindliche Regeln eines ‚guten Umgangs' miteinander. So soll man beispielsweise – bis zum Beweis des Gegenteils – vertrauensvoll interagieren und einen Kooperationspartner nicht übervorteilen; wenn man es doch tut, handelt man sich einen schlechten Ruf ein, der zukünftige Beziehungen sehr belasten kann, weshalb man sich das zweimal überlegen sollte. Auch solche informellen Regeln, die nicht entscheidungsförmig zustande gekommen sind, lassen sich teilweise als Entscheidungsgegenstand thematisieren und können so per Entscheidung umgestaltet werden – was bei Organisations- und Rechtsregeln von vornherein so angelegt ist.

Es geht dabei – mit Simon (1946: 123–125, 169, 220–228) gesprochen – um Entscheiden über Entscheidungsprämissen. In den meisten Fällen entscheiden andere Akteure über die Entscheidungsprämissen, denen das Entscheidungshandeln von Akteuren in bestimmten Situationen zu genügen hat. Die „rule-makers" und die „rule-takers" (Streeck/Thelen 2010) sind nicht identisch. So beschließen Parlamente Gesetze, denen dann die Bevölkerung Folge leisten muss; und die Leitung einer Organisation gibt die Regeln vor, an denen sich die Mitglieder orientieren müssen. Es kommt aber auch vor, dass zumindest teilweise dieselben Akteure „rule-maker" und „rule-taker" sind. Nicht nur, dass Gesetze auch für diejenigen gelten, die sie beschlossen haben: Wenn z. B. zwei Unternehmen einen Vertrag darüber abschließen, wie sie ihre zukünftige Zusammenarbeit regeln wollen, setzen sie füreinander gemeinsam Entscheidungsprämissen, die künftiges Entscheiden prägen. Das gilt ebenso dafür, dass Bundestag und Bundesrat Änderungen des Grundgesetzes entscheiden, die künftige Gesetzgebung neu ausrichten können.

In allen drei Komplexitätsdimensionen bestimmen – mal mehr, mal weniger – normative Regeln darüber mit, wie komplex sich Entscheidungssituationen darstellen. Entsprechend kann man durch Gestaltung dieser Regeln – einschließlich der Etablierung neuer Regeln – dafür sorgen, dass Entscheiden in sachlicher, sozialer oder zeitlicher Hinsicht mehr oder weniger komplex wird. Hierzu einige wenige Beispiele, die illustrieren sollen, wie man über Entscheidungsprämissen Komplexität reduzieren kann:

- In der Zeitdimension kann man für eine Entschleunigung, also eine Reduktion von Zeitknappheit, etwa in Form von auferlegten Bedenkzeiten, sorgen. Eine Organisation könnte sich z. B. die Regel geben, dass ein Vorgang frühestens eine Woche, nachdem er beim zuständigen Entscheider angekommen ist, entschieden werden darf. Freilich muss man hier Ausnahmen für dringende Angelegenheiten – wenn z. B. Gefahr im Verzug ist – zulassen. Aber man könnte auch festlegen, dass nicht mehr als fünf Prozent aller Vorgänge als dringlich eingestuft werden dürfen, um zu verhindern, dass doch alles wieder Zeitdruck schafft; und natürlich würde man auch diese Ausnahmen-Obergrenze ausnahmsweise überschreiten, wenn es – dann aber beizubringende – sehr gute Gründe dafür gibt. Eine ähnliche Regelung wird immer wieder für Finanzmärkte diskutiert, um sich zu einer Massenpanik aufschaukelndes kollektives Fehlentscheiden zu verhindern: ein Wiederverkaufsverbot für gekaufte Wertpapiere für einen bestimmten Zeitraum.

- In der Sozialdimension könnte man durch eine Einschränkung von Mitentscheidungsrechten oder – wie schon angesprochen – eine Beseitigung von Vetorechten die Konfliktfähigkeit von Entscheidungsbetroffenen oder -beteiligten reduzieren. Das ist zugegeben ein zweischneidiges Schwert – was im Übrigen für alle, eben auch immer nur begrenzt rationalen, reflexiven Entscheidungen gilt. Akteuren wird die Möglichkeit beschnitten, ihre Interessen wahrzunehmen – zugunsten eines übergeordneten Interesses, zu einer innovativen oder überhaupt zu einer Entscheidung zu gelangen. Man könnte auch umgekehrt mehr Zeit für verständigungsorientiertes Verhandeln vorsehen, also durch eine Reduktion zeitlicher Komplexität eine Chance bieten, soziale Komplexität zu reduzieren.
- In der Sachdimension ließen sich Regeln denken, die dem Transparentmachen solcher Informationen dienen, die bis dahin geheim oder schwierig zu ermitteln waren, um so eine bessere Informationsgrundlage des Entscheidens zu schaffen. Wenn beispielsweise Hotels dazu verpflichtet werden, einen standardisierten Satz von Informationen über die von ihnen angebotenen Zimmer bereitzustellen, können bestimmte böse Überraschungen nicht länger passieren – z. B. ein Zimmer mit Einfach-Fensterglas an einer stark befahrenen Straße. Organisationen könnten sich daran binden, erst dann Entscheidungen zu treffen, wenn bestimmte Informationen vorliegen, also gegebenenfalls beschafft worden sind. Beispielsweise könnte man sich dafür entscheiden, die Entscheidung eines Gesundheitsministeriums, aus Anlass der Corona-Pandemie bestimmte Maßnahmen der Kontaktbeschränkung zu erlassen, erst dann ins Auge zu fassen, wenn bestimmte Fallzahlen eingetreten sind.

Auf der Linie dieser Beispiele ließen sich Regeln daraufhin prüfen, in welcher der drei Komplexitätsdimensionen es einen Unterschied macht, wie sie ausgestaltet sind. Damit eröffnen sich Spielräume reflexiven Entscheidens über Entscheidungsprämissen. So können Möglichkeiten geschaffen werden, dass Coping in Inkrementalismus oder Inkrementalismus in Planung übergehen kann.

10.3 Nicht-Entscheiden

Prozessuales und strukturelles reflexives Entscheiden kann genutzt werden, um in gewissem Maße Komplexitätsmanagement zu betreiben, so dass Entscheider nicht einfach dem gegebenen Komplexitätsprofil einer Entscheidungssituation ausgeliefert sind, sondern dieses Profil für sie in gewissem Maße gestaltbar ist. Es gibt allerdings eine noch zugespitztere Art von Entscheidungssituation: wenn

Entscheidungshandelnde – etwa politische Akteure, Kleinanleger auf dem Finanzmarkt oder Mittelschichtsangehörige bei ihrer Lebensplanung – in einem Zustand nicht bloß vorübergehender, sondern profunder Ratlosigkeit sind. Das gilt nicht nur für Luxus-Dilemmata wie das Gedankenexperiment von Buridans Esel, der im gleichen Abstand von zwei gleichermaßen verlockenden Heuhaufen steht und verhungert,[2] oder für tragische Gerechtigkeitsdilemmata oder Wertkonflikte, bei denen man nicht allen Seiten gerecht werden kann, sondern auch für alle Arten viel unsortierterer „wicked problems". Fällt beispielsweise irgendwem noch etwas ein, was im Nahen Osten nicht schon versucht worden ist, um den Konflikt zwischen Israel und den Palästinensern – jedes Mal vergeblich – zu entschärfen? Aber angesichts der Menschenleben, die dieser Konflikt auf beiden Seiten gekostet hat und weiter kosten wird, erscheint es unvorstellbar, hier jede weitere Bemühung sein zu lassen.

Insbesondere wenn mehrere der folgenden Tatbestände – in Verbindung damit, dass es sich um wichtige Probleme handelt – vorliegen, kann eine solche Ratlosigkeit eintreten:

- Es besteht fundamentales, nicht in absehbarer Zeit zu beseitigendes Unwissen über die Beschaffenheit des zu bearbeitenden Problems, über Wirkungszusammenhänge oder über sinnvolle Kriterien für eine ‚gute' Problembewältigung. So geht es Ärzten bei manchen Krankheiten; und vielleicht ist die Beseitigung von Dauerarbeitslosigkeit auch ein Problem dieser Sorte. Man hat schon so viel erfolglos versucht, und es fällt einem einfach nichts Neues mehr ein.
- Die Kriterien, denen eine ‚gute' Entscheidung nach allgemeiner Anschauung genügen müsste, sind multipel inkompatibel, was z. B. nicht selten bei Personalentscheidungen der Fall ist. Oder es konfligieren die Kriterien der einen Seite unauflösbar mit denen der anderen, und die Standpunkte beider Seiten haben ihre Berechtigung. Manchmal helfen dann Kompromisse, die aber umso unwahrscheinlicher sind, je mehr es nicht nur um Interessen, sondern um Identitätsansprüche geht.
- Der Entscheider kann es nicht allen recht machen; aber alle können dem Entscheider das Leben schwer machen, wenn er eine Entscheidung getroffen hat, die ihnen nicht passt. Oder er kann von allen Seiten blockiert werden, wenn er die Widerstände nicht allen durch ‚Bestechungen' abkaufen kann, was in der Summe jenseits seiner Möglichkeiten liegt.
- Es gibt zwar abstrakt eine von allen Seiten als gut angesehene Lösung des anstehenden Problems – z. B. ein klar konzipiertes ganz anderes System

---

[2] Kein Esel wäre so blöd, wie sich Philosophen anstellen können.

der Alterssicherung als das bestehende. Doch man findet keinen gangbaren Weg vom Status quo dorthin, weil die unterwegs zu erbringenden Opfer zu hoch oder zu ungleich verteilt sind, ohne dass das durch Entschädigungen ausgeglichen werden kann.
- Jede Entscheidung, die ein gewisses Maß an erwünschter Wirksamkeit entfalten könnte, bringt Folgekosten mit sich, die in keinem Verhältnis zum Ertrag stehen – etwa Konflikteskalationen oder die Nebenwirkungen einer medizinischen Behandlung.

In solchen Situationen der Ratlosigkeit könnte – als Ergebnis reflexiven Entscheidens – Nicht-Entscheiden geraten sein, weil jede der verfügbaren Alternativen mit hoher Wahrscheinlichkeit keine Verbesserung bringt, sondern im Gegenteil aufwendig ist, ohne die Lage zu verbessern, oder die Lage deutlich verschlechtert. Nicht-Entscheiden hieße hier nicht bloß, wie beim Abwarten des Coping: noch nicht entscheiden in der Hoffnung, dass sich die Dinge bald ändern werden – entweder von selbst oder durch eigene Anstrengung. Sondern es ginge um ein auf unbestimmte Zeit angelegtes, unter Umständen sehr langfristiges Nicht-Entscheiden.

In der Vormoderne waren Entscheidungsträger nicht selten in solchen Situationen, verfügten dann aber über Möglichkeiten, die in der Moderne nicht länger statthaft sind. Man konnte auf die eine oder andere Weise Gottes Wille ermitteln, also die Entscheidung an unanfechtbare höhere Mächte delegieren; oder man konnte das Los entscheiden lassen, worin sich ebenfalls Gottes Wille ausdrückte, nicht wie nach heutiger Lesart Zufall (Stollberg-Rillinger 2016: 14). So war man entscheidungsfähig; und wenn sich die Entscheidung bei ihrer Umsetzung als problematisch erwies, hatte man nicht nur keine Verantwortung dafür: Da Gott nicht irren kann, handelte es sich nur um Scheinprobleme in den Augen der Menschen, die nicht immer Gottes unerforschlichen Ratschluss nachvollziehen können.

Heute hingegen ist der Druck, eine Entscheidung zu treffen, weil wichtige Dinge nicht einfach liegen gelassen werden dürfen, sehr hoch, ohne diesen Ausweg zu haben.[3] Der in der Kultur der westlichen Moderne angelegte Aktivismus der tätigen Weltgestaltung verdammt Entscheidungsträger, wann immer sie in Situationen kommen, in denen es um viel geht, aber keiner weiß, was man machen sollte, zum bereits angesprochenen *Schein-Entscheiden*. Man demonstriert Aktivität – Politiker etwa mit dem Einsetzen von Kommissionen, durch deren Arbeit erst mal Zeit gewonnen wird, Ärzte bei ‚auskurierten' Patienten

---

[3] Zum „Los des Loses" heutzutage siehe Volker Schmidt (2000).

durch das Verabreichen harmloser Medikamente, die nichts bewirken, aber beruhigen, oder nicht erfolgreiche Bundesligaclubs durch den Austausch von Trainern. Auch so manche Umstrukturierung von Organisationen – vollmundig als ‚Reform' verkauft – soll nichts anderes demonstrieren als, dass man etwas tut, weil Nichtstun tabu ist. Wenn Schein-Entscheiden allerdings als das durchschaut wird, was es ist, steht man schlecht da – weil die Betroffenen einfach nicht einsehen wollen, dass man für sie buchstäblich nichts tun kann.[4]

Fatalismus hat die westliche Moderne offenkundig verlernt – zumindest als offenes Bekenntnis. Das ist einerseits gut, weil die gegenläufige Fortschrittsidee eine unglaubliche Triebkraft gesellschaftlichen Wandels hin zum Besseren entfaltet hat. Wer weiß, wo wir ansonsten heute wären! Doch andererseits ist es untersagt, zu akzeptieren, dass man in manchen – und eben auch sehr wichtigen – Fragen weiterhin fundamental ratlos ist und keinerlei Hoffnung hat, dass sich das auf absehbare Zeit ändern wird. Man kommt im Westen heutzutage niemals völlig aus Entscheidungsdruck heraus. Doch selbst diesem Tabu, sich offen für Nicht-Entscheiden entscheiden zu dürfen, wohnt noch eine Rest-Rationalität inne: Wenn alle wichtigen Angelegenheiten entscheidungsförmig bearbeitet werden müssen, führt das zwar dazu, dass man auch dort, wo man nicht entscheidungsfähig ist, entscheidet bzw. so tut als ob; doch solange das nur wenige Fälle sind, hält die Tabuisierung des Nicht-Entscheidens in vielen anderen Situationen dazu an, entscheidungsförmig zu agieren, auch wenn man den Nutzen dieser Anstrengung nicht so recht sieht oder einfach entscheidungsfaul ist.

---

[4] Es kommt allerdings auch vor, dass die Betroffenen – beispielsweise Patienten – selbst einsehen, dass man nichts für sie tun kann, und dann taktvoll den Schwindel des Schein-Entscheidens mitspielen, damit die hilflosen Entscheider ihr Gesicht wahren können.

Schluss 11

In diesem Buch ging es nicht darum, den Stand der Entscheidungsforschung als wissenschaftliches Thema aufzuarbeiten, mit dem Ziel, so die weitere Forschung voranzubringen. Es wurde nicht vorrangig für interessierte Wissenschaftler geschrieben. Sondern die praktischen Nutzanwendungen des Dargestellten standen im Vordergrund: wissenschaftliches Wissen als Reflexionswissen für Entscheider.

Reflexionswissen – nicht Rezeptwissen, wie man es in vielen Entscheidungs-Ratgebern vorfindet. Stellvertretend sei nur ein handlicher „Taschenguide" von Matthias Nöllke (2015) mit dem vielversprechenden Titel genannt: „Entscheidungen treffen. Schnell, sicher, richtig". Darin wimmelt es nur so von Checklisten, die man heranziehen soll, um Entscheidungssituationen zu durchdringen und eigene Entscheidungen zu prüfen, sowie von Entscheidungstechniken in Gestalt von Rezepten für ‚richtiges' Vorgehen – ganz so, wie Kochrezepte Schritt für Schritt detailliert vorgeben, wie der Braten gelingt. Im Vorwort heißt es allerdings deutlich bescheidener: „… wie können Sie zumindest das Risiko minimieren, eine folgenschwere Fehlentscheidung zu treffen." (Nöllke 2015: 4) Dieses Versprechen finde ich viel passender als „schnell, sicher, richtig". Denn wenn ich eines vermitteln wollte, dann dies: Rezepte für ‚richtiges' Entscheiden kann es in komplexen Entscheidungssituationen nicht geben.

Komplexität lässt sich nicht auf eindeutige, präzise Rezepte, wie man am besten mit ihr umgeht, reduzieren. Was das Befolgen solcher Rezepte bewirkte, wäre das genaue Gegenteil dessen, was vonnöten ist: die je einmalige, immer wieder andere Komplexität von Entscheidungssituationen erst einmal auf sich wirken zu lassen, um ihr beim Entscheiden gerecht werden zu können. Ausgangspunkt von Rezepten – Kochrezepten ebenso wie Bau- und Bedienungsanleitungen – ist nicht zufälligerweise ein standardisiertes Startszenario wie etwa: ‚Man nehme …', das dann in einer festgelegten Schrittfolge in ein vorher feststehendes Endresultat transformiert wird – eine Routine, um nicht zu sagen: ein Ritual! So kann man mit Komplexität nicht umgehen. In einer komplexen Entscheidungssituation hilft nichts anderes als jedes Mal neu ansetzende und ergebnisoffene Reflexion. Dafür ein Inventar an Gesichtspunkten an die Hand zu geben: Das und nur das war das Ziel dieses Buches.

Literatur

Alexander, Ernest R., 1982: Design in the Decision-Making Process. In: Policy Sciences 14, 279–292.
Ansoff, H. Igor, 1976: Managing Surprise and Discontinuity – Strategic Response to Weak Signals. In: Zeitschrift für betriebswirtschaftliche Forschung 28, 129–152.
Arthur, Brian, 1989: Competing Technologies, Increasing Returns, and Lock-In By Historical Events. In: The Economic Journal 99, 116–131.
Baecker, Dirk, 1994: Postheroisches Management. Berlin: Merve.
Beck, Hanno, 2014: Behavioral Economics. Wiesbaden: Gabler.
Benz, Arthur, 1994: Kooperative Verwaltung. Funktionen, Voraussetzungen und Folgen. Baden-Baden: Nomos.
Beunza, Daniel/Stark, David, 2004: Tools of the Trade: The Socio-Technology of Arbitrage in a Wall Street Trading Room. In: Industrial and Corporate Change 13, 369–400.
Bloch, Ernst, 1959: Das Prinzip Hoffnung. 3 Bd., Frankfurt/M. 1972: Suhrkamp.
Brauchlin, Emil/Robert Heese, 1995: Problemlösungs- und Entscheidungsmethodik (4. Aufl.). Bern: Haupt.
Brouthers, Keith D./Floris Andriessen/Igor Nicolaes, 1998: Driving Blind: Strategic Decision-Making in Small Companies. In: Long Range Planning 31, 130–138.
Brunsson, Nils, 1989: The Organization of Hypocrisy – Talk, Decisions, and Actions in Organizations. Chicheste: Wiley.
Brüsemeister, Thomas/Rainer Schützeichel (Hrsg.), 2004: Beratene Gesellschaft – Zur gesellschaftlichen Bedeutung von Beratung. Wiesbaden: VS.
Butler, Richard, 1990: Decision-making Research: Its Uses and Misuses. A Comment on Mintzberg and Waters: 'Does Decision Get in the Way?' In: Organization Studies 11, 12–16.
Cabantous, Laure/Jean Pascal Gond/Michael Johnson-Cramer, 2008: The Social Construction of Rationality in Organizational Decision-Making. In: Gerard P. Hodgkinson/William H. Starbuck (eds.), 2008: The Oxford Handbook of Organizational Decision Making. Oxford: Oxford University Press, 399–417.
Cates, Camille, 1979: Beyond Muddling: Creativity. In: Public Administration Review 33, 527–532.
Clark, Charles Hutchison, 1958: Brainstorming: The Dynamic New Way to Create Successful Ideas. Garden City: Doubleday.

Cohen, Michael D./James G. March, 1974: Leadership and Ambiguity. Boston MA: Harvard University Press.
Collingridge, David, 1992: The Management of Scale: Big Organizations, Big Decisions, Big Mistakes. London: Routledge.
Connolly, Terry, 1980: Uncertainty, Action, and Competence: Some Alternatives to Omniscience in Complex Problem-Solving. In: S. Fiddle (ed.), Uncertainty. Behavioral and Social Dimensions. New York: Praeger, 69–91.
Crozier, Michel, 1963: The Bureaucratic Phenomenon. Chicago, 1964: University of Chicago Press.
Cyert, Richard M./James G. March, 1963: A Behavioral Theory of the Firm. Cambridge MA, 1992: Blackwell.
Danken, Thomas/Katrin Dribbisch/Anne Lange, 2016: Studying Wicked Problems Forty Years On: Towards a Synthesis of a Fragmented Debate. In: der moderne staat 9, 15–33.
David, Paul A., 1985: Clio and the Economics of QWERTY. In: American Economic Review 75, 332–337.
Davidoff, Paul, 1965: Advocacy and Pluralism in Planning. In: Andreas Faludi (ed.), A Reader in Planning Theory. Oxford, 1973: Pergamon, 277–296.
Dienel, Peter C., 1978: Die Planungszelle. Der Bürger plant seine Umwelt. Eine Alternative zur Establishment-Demokratie. Opladen: Westdeutscher Verlag.
Dixit, Avinash K./Barry J. Nalebuff, 1991: Spieltheorie für Einsteiger. Stuttgart, 1997: Schäffer-Poeschel.
Dobelli, Rolf, 2011: Die Kunst des klaren Denkens. 52 Denkfehler, die Sie besser anderen überlassen. München: Hanser.
Downs, Anthony, 1966: Inside Bureaucracy. Boston: Little, Brown and Co.
Dror, Yehezkel, 1964: Muddling Through – „Science" or Inertia? In: Amitai Etzioni (ed.), Readings on Modern Organizations. Englewood Cliffs, 1969: Prentice Hall, 166–171.
Dror, Yehezkel, 1968: Public Policymaking Reconsidered. San Francisco: Chandler.
Dörner, Dietrich et al., 1983: Lohhausen: Vom Umgang mit Unbestimmtheit und Komplexität. Bern: Huber.
Esser, Hartmut, 2000: Soziologie. Spezielle Grundlagen. Band 3: Soziales Handeln. Frankfurt/M.: Campus.
Etzioni, Amitai, 1967: Mixed Scanning: A "Third" Approach to Decision-making. In: Andreas Faludi (ed.), A Reader in Planning Theory. Oxford, 1973: Pergamon, 217–229.
Etzioni, Amitai, 1968: The Active Society. New York: Free Press.
Etzioni, Amitai, 1986: Mixed Scanning Revisited. In: Public Administration Review 46, 8–14.
Feldman, Martha/James G. March, 1981: Information in Organisationen als Signal und Symbol. In: James G. March, Entscheidung und Organisation. Wiesbaden, 1990: Gabler, 455–477.
Festinger, Leon, 1957: A Theory of Cognitive Dissonances. Evanston, IL.: Row.
Galbraith, John Kenneth, 1967: Die moderne Industriegesellschaft. München, 1974: Knaur.
George, Elizabeth/Prithviraj Chattopadhyay, 2008: Group Composition and Decision Making. In: Gerard P. Hodgkinson/William H. Starbuck (eds.), 2008: The Oxford Handbook of Organizational Decision Making. Oxford: Oxford University Press, 361–379.

Gigerenzer, Gerd/Peter M. Todd and the ABC Research Group, 1999: Simple Heuristics that Make Us Smart. Oxford: Oxford University Press.

Goffman, Erving, 1956: Wir alle spielen Theater. München, 1973: Piper.

Guttandin, Friedhelm, 1996: Improvisationsgesellschaft. Provinzstadtkultur in Südamerika. Pfaffenweiler: Centaurus.

Habermas, Jürgen, 1981: Theorie des kommunikativen Handelns. Bd. 1: Handlungsrationalität und gesellschaftliche Rationalisierung. Frankfurt/M.: Suhrkamp.

Healey, Mark P./Gerard P. Hodgkinson, 2008: Troubling Futures: Scenarios and Scenario Planning for Organizational Decision Making. In: Gerard P. Hodgkinson/William H. Starbuck (eds.), 2008: The Oxford Handbook of Organizational Decision Making. Oxford: Oxford University Press, 565–585.

Heinz, Walter R., 2000: Selbstsozialisation im Lebenslauf. Umrisse einer Theorie biographischen Handelns. In: Erika M. Hoerning (Hrsg.), Biographische Sozialisation. Stuttgart: Lucius & Lucius, 165–186.

Hitzler, Ronald, 1996: Die Bastel-Existenz. In: Psychologie Heute 23 (7), 30–35.

Howaldt, Jürgen/Heike Jacobsen, 2010: Soziale Innovation. Auf dem Weg zu einem postindustriellen Innovationsparadigma, VS: Wiesbaden.

Hwang, Hokyu, 2006: Planning Development: Globalization and the Shifting Locus of Planning. In: Gili S. Drori/John W. Meyer/Hokyu Hwang (eds.), Globalization and Organization. World Society and Organizational Change. Oxford: Oxford University Press, 69–90.

Janis, Irving L., 1972: Victims of Groupthink. Boston: Houghton Mifflin.

Jones, Edward E./Harold B. Gerard, 1967: Foundations of Social Psychology. New York: Wiley.

Jullien, Francois, 1996: Über die Wirksamkeit. Berlin, 1999: Merve.

Kahneman, Daniel, 2011: Schnelles Denken, langsames Denken. München, 2014: Pantheon.

Kieser, Alfred, 1998: Der Situative Ansatz. In: Alfred Kieser (Hrsg.), Organisationstheorien. Stuttgart: Kohlhammer, 169–198.

Kirsch, Werner, 1977: Entscheidungsprozesse Bd. 1: Verhaltenswissenschaftliche Ansätze der Entscheidungstheorie. Wiesbaden: Gabler.

Kirsch, Werner, 1977a: Entscheidungsprozesse Bd. 2: Informationsverarbeitungstheorie des Entscheidungsverhaltens. Wiesbaden: Gabler.

Klapp, Orrin E., 1978: Opening and Closing. Strategies of Information Adaptation in Society. Cambridge MA: Cambridge University Press.

Koppetsch, Cornelia, 2013: Die Wiederkehr der Konformität. Streifzüge durch die gefährdete Mitte. Frankfurt/M.: Campus.

Krappmann, Lothar, 1969: Soziologische Dimensionen der Identität. Strukturelle Bedingungen für die Teilnahme an Interaktionsprozessen: Stuttgart, 1975: Klett.

Kuntz, Friederike, 2005: Der Weg zum Irak-Krieg. Groupthink und die Entscheidungsprozesse der Bush-Regierung. Wiesbaden: VS.

Landau, Martin, 1969: Redundancy, Rationality, and the Problem of Duplication and Overlap. In: Public Administration Review 29, 346–358.

Lindblom, Charles E., 1959: The Science of "Muddling Through". In: Amitai Etzioni (ed.): Readings on Modern Organizations. Englewood Cliffs, 1969: Prentice-Hall, 154–166.

Lindblom, Charles E., 1965: The Intelligence of Democracy. Decision-Making Through Mutual Adjustment. New York: The Free Press.

Lindblom, Charles E., 1979: Still Muddling, Not Yet Through. In: Public Administration Review 33, 517–526.
Luhmann, Niklas, 1964: Funktionen und Folgen formaler Organisation. Berlin: Duncker & Humblot.
Luhmann, Niklas, 1964a: Lob der Routine. In: Niklas Luhmann: Politische Planung. Opladen: Westdeutscher Verlag, 113–142.
Luhmann, Niklas, 1968: Zweckbegriff und Systemrationalität. Frankfurt/M., 1973: Suhrkamp.
Luhmann, Niklas, 1968a: Die Knappheit der Zeit und die Vordringlichkeit des Befristeten. In: Die Verwaltung 1, 3–30.
Luhmann, Niklas, 1968b: Status quo als Argument. In: Horst Baier (Hrsg.), Studenten in Opposition. Bielefeld: Bertelsmann, 74–82.
Luhmann, Niklas, 1971: Opportunismus und Programmatik in der öffentlichen Verwaltung. In: Niklas Luhmann, Politische Planung. Opladen, 1975: Westdeutscher Verlag, 165–180.
Luhmann, Niklas 1978: Organisation und Entscheidung. In. Niklas Luhmann, Soziologische Aufklärung, Bd. 3. Soziales System, Gesellschaft, Organisation. Opladen, 1981: Westdeutscher Verlag, 335–389.
Luhmann, Niklas, 1988: Die Wirtschaft der Gesellschaft. Frankfurt/M.: Suhrkamp.
Luhmann, Niklas, 2000: Organisation und Entscheidung. Opladen/Wiesbaden: Westdeutscher Verlag.
Lustick, Ian, 1980: Explaining the Variable Utility of Disjointed Incrementalism: Four Propositions. In: American Political Science Review 74, 342–353.
MacKenzie, Donald, 2004: The Big, Bad Wolf and the Rational Market: Portfolio Insurance, the 1987 Crash and the Performativity of Economics. In: Economy and Society 33, 303–334.
March, James G., 1978: Bounded Rationality, Ambiguity, and the Engineering of Choice. In: Bell Journal of Economics 9, 587–608.
March, James G., 1994: A Primer on Decision Making. How Decisions Happen. New York: Free Press.
March, James G./Herbert A. Simon, 1958: Organizations. New York: Wiley.
Manheim, Marvin L., 1966: Hierarchical Structure. A Model of Design and Planning Processes. Cambridge MA: M.I.T. Press.
Mayntz, Renate/Fritz W. Scharpf (Hrsg.), 1973: Planungsorganisation. München: Piper.
Mayntz, Renate/Fritz W. Scharpf, 1975: Policy Making in the German Federal Bureaucracy. Amsterdam: Elsevier.
Mensch, Gerhard, 1974: Das technologische Patt. Innovationen überwinden die Depression. Frankfurt/M.: Campus.
Merton, Robert K., 1948: The Self-Fulfilling Prophecy. In: Robert K. Merton, Social Theory and Social Structure. Glencoe, Ill., 1957: The Free Press, 421–436.
Meyer, John W., 2005: Weltkultur. Wie die westlichen Prinzipien die Welt durchdringen. Frankfurt/M.: Suhrkamp.
Mezias, John M./William H. Starbuck, 2008: Decision Making with Inaccurate, Unreliable Data. In: Gerard P. Hodgkinson/William H. Starbuck (eds.), 2008: The Oxford Handbook of Organizational Decision Making. Oxford: Oxford University Press, 76–96.
Mintzberg, Henry/H. Raisinghani/D. Theoret, 1976: The Structure of Unstructured Decision Processes. In: Administrative Science Quarterly 21, 246–275.

Nöllke, Matthias, 2015: Entscheidungen treffen. Schnell, sicher, richtig. Freiburg, 2016: Haufe.
Offe, Claus, 1969: Politische Herrschaft und Klassenstrukturen. In: Gisela Kress/Dieter Senghaas (Hrsg.), Politikwissenschaft. Frankfurt/M., 1975: Fischer, 135–165.
Offe, Claus, 2003: Freiheit, Sicherheit, Effizienz. Spannungen zwischen Gerechtigkeitsnormen für Arbeitsmarkt und Wohlfahrtsstaat. In: Jutta Allmendinger (Hrsg.), Entstaatlichung und Soziale Sicherheit – Verhandlungen des 31. Kongresses der Deutschen Gesellschaft für Soziologie in Leipzig 2002. Opladen: Leske + Budrich, 15–32.
Papakonstantinou, Giorgios 2017. Game Over. Griechenland in der Krise: Der Insiderbericht. Wettingen: Kolchis.
Perrow, Charles, 1970: Organizational Analysis. London: Tavistock.
Perrow, Charles, 1984: Normal Accidents. New York: Basic Books.
Pfister, Ulrich, 2019: Einleitung. In: Ulrich Pfister (Hrsg.), Kulturen des Entscheidens. Narrative – Praktiken – Ressourcen. Göttingen: Vandenhoeck & Ruprecht, 11–34.
Popper, Karl Raimund, 1957: Das Elend des Historizismus. Tübingen, 1987: Mohr.
Quinn, James Brian, 1980: Strategies for Change. Logical Incrementalism. Homewood, ILL: Irwin.
Rescher, Nicholas, 1980: Scepticism. Oxford: Rowman & Littlefield.
Rhinehart, Luke, 1971: The Dice Man. Frogmore/St. Albans: Morrows.
Rittel, Horst/Melvin Webber, 1973: Dilemmas in a General Theory of Planning. In: Policy Sciences 4, 155–169.
Saretzki, Thomas, 1996: Wie unterscheiden sich Argumentieren und Verhandeln? Definitionsprobleme, funktionale Bezüge und strukturelle Differenzen von zwei verschiedenen Kommunikationsmodi. In: Volker von Prittwitz (Hrsg.), Verhandeln und Argumentieren – Dialog, Interessen und Macht in der Umweltpolitik. Opladen: Leske + Budrich, 19–40.
Scharpf, Fritz W., 1971: Planung als politischer Prozeß. In: Fritz W. Scharpf, Planung als politischer Prozeß. Frankfurt/M., 1973: Suhrkamp, 33–72.
Scharpf, Fritz W., 1972: Komplexität als Schranke der politischen Planung. In: Fritz W. Scharpf, Planung als politischer Prozeß. Frankfurt/M.: Suhrkamp, 73–113.
Scharpf, Fritz W., 1994: Politiknetzwerke als Steuerungssubjekte. In: Hans-Ulrich Derlien/Uta Gerhardt/Fritz W. Scharpf (Hrsg.), Systemrationalität und Partialinteresse – Festschrift für Renate Mayntz. Baden-Baden: Nomos, 381–407.
Scharpf, Fritz W., 1997: Games Real Actors Play. Actor Centered Institutionalism in Policy Research. Boulder, Colorado: Westview Press.
Schelling, Thomas, 1981: Economic Reasoning and the Ethics of Policy. In: Thomas Schelling, Choice and Consequence. Cambridge MA, 1984: Harvard University Press, 1–26.
Schimank, Uwe, 1999: Flipperspielen und Lebenskunst. In: Herbert Willems/Alois Hahn (Hrsg.), Identität und Moderne. Frankfurt/M.: Suhrkamp, 250–272.
Schimank, Uwe, 2005: Die Entscheidungsgesellschaft. Komplexität und Rationalität der Moderne. Wiesbaden: VS.
Schimank, Uwe, 2019: Coping – Entscheiden, wenn das kaum noch möglich ist. In: Leviathan, 47, 192–213.
Schimank, Uwe/Michael Walter/Lydia Welbers, 2017: Zeitprobleme des Entscheidens: Kleinanleger auf dem Finanzmarkt. In: Anna Henkel/Henning Laux/Fabian Anicker

(Hrsg.), Zeitschrift für Theoretische Soziologie – 4. Sonderband: Raum und Zeit. Weinheim/Basel: Beltz Juventa, 212–245.

Schmidt, Robert, 2019: Entscheiden als retroaktives Regelfolgen. In: Ulrich Pfister (Hrsg.), Kulturen des Entscheidens. Narrative – Praktiken – Ressourcen. Göttingen: Vandenhoeck & Ruprecht, 52–67.

Schmidt, Volker H., 2000: Das Los des Loses. Zu einigen Grenzen rationalen Handelns. In: Leviathan 28, 363–377.

Schon, Donald A., 1967: Technology and Change. The New Heraclitus. New York: Pergamon Press.

Shackle, George L. S., 1979: Imagination and the Nature of Choice. Edinburgh University Press.

Simon, Herbert A., 1946: Administrative Behavior. A Study of Decision-Making Processes in Administrative Organization. New York, 1976: Free Press.

Simon, Herbert A., 1976: From Substantive to Procedural Rationality. In: Herbert A. Simon, Models of Bounded Rationality. Vol. 2. Cambridge MA, 1982: MIT Press, 424–443.

Smith, Gerald F., 2008: Teaching Decision Making. In: Gerard P. Hodgkinson/William H. Starbuck (eds.), 2008: The Oxford Handbook of Organizational Decision Making. Oxford: Oxford University Press, 455–474.

Staehle, Wolfgang H., 1973: Organisation und Führung soziotechnischer Systeme. Grundlagen einer Situationstheorie. Stuttgart: Enke.

Stollberg-Rilinger, Barbara, 2016. Cultures of Decision-Making. London: German Historical Institute London.

Streeck, Wolfgang/Kathleen Thelen, (2010): Introduction: Institutional Change in Advanced Political Economies. In: Wolfgang Streeck/Kathleen Thelen (eds.), Beyond Continuity. Institutional Change in Advanced Political Economies. Oxford: Oxford University Press, 1–39.

Sunstein, Cass R./Edna Ullmann-Margalit, 1999: Second-Order Decisions. In: Ethics 110, 5–31.

Sutcliffe, Kathleen M./Karl E. Weick, 2008: Information Overload Revisited. In: Gerard P. Hodgkinson/William H. Starbuck (eds.), 2008: The Oxford Handbook of Organizational Decision Making. Oxford: Oxford University Press, 56–75.

Svetlova, Ekaterina. 2009. Komplexität an den Finanzmärkten. Das Beispiel des Portfoliomanagements. In Management komplexer Systeme. Konzepte für die Bewältigung von Intransparenz, Unsicherheit und Chaos: Johannes Weyer/ Ingo Schulz-Schaeffer (Hrsg.), München: Oldenbourg, 185–199.

Sydow, Jörg/Georg Schreyögg/Jörg Koch, 2009: Organizational Path Dependence: Opening the Black Box. In: Academy of Management Review 34, 689–709.

Thompson, James D., 1967: Organizations in Action. New York: Mc Graw Hill.

Turner, Ralph H., 1991: The Use and Misuse of Rational Models in Collective Behavior and Social Psychology. In: Archives Européennes de Sociologie 22, 84–108.

Vaihinger, Hans, 1917: Die Philosophie des Als ob. System der theoretischen, praktischen und religiösen Fiktionen der Menschheit aufgrund eines idealistischen Positivismus. Mit einem Anhang über Kant und Nietzsche. 3. durchg. Aufl., Leipzig: Meiner.

van Laak, Dirk, 2008: Planung. Geschichte und Gegenwart des Vorgriffs auf die Zukunft. In: Geschichte und Gesellschaft 34, 305–326.

Walgenbach, Peter, 1999: Institutionalistische Ansätze in der Organisationstheorie. In: Alfred Kieser (Hrsg.), Organisationstheorien. Stuttgart: Kohlhammer, 319–353.

Weiss, Andrew/Edward Woodhouse, 1992: Reframing Incrementalism: A Constructive Response to the Critics. In: Policy Sciences 25, 255–273.

Weizsäcker, Carl Friedrich v./Ernst Ulrich v. Weizsäcker, 1984: Fehlerfreundlichkeit. In: Klaus Kornwachs (Hrsg.), Offenheit – Zeitlichkeit – Komplexität. Zur Theorie der offenen Systeme. Frankfurt/M.: Campus, 167–201.

Wildavsky, Aaron, 1964: Politics of the Budgetary Process. Boston: Little, Brown.

Wildavsky, Aaron, 1973: If Planning Is Everything, Maybe It's Nothing. In: Policy Sciences 4, 127–153.

Witte, Eberhard, 1968: Phasen-Theorem und Organisation komplexer Entscheidungsverläufe. In: Zeitschrift für betriebswirtschaftliche Forschung 20, 625–641.

Wright, George/Paul Goodwin, 2008: Structuring the Decision Process: An Evaluation of Methods. In: Gerard P. Hodgkinson/William H. Starbuck (eds.), 2008: The Oxford Handbook of Organizational Decision Making. Oxford: Oxford University Press, 534–551.

The manufacturer's authorised representative in the EU is Springer Nature Customer Service Centre GmbH, Europaplatz 3, 69115 Heidelberg, Germany. If you have any concerns regarding our products, please contact ProductSafety@springernature.com

Printed and bound by CPI Group (UK) Ltd, Croydon, CR0 4YY
23/03/2026
02076747-0012